U0534492

本书出版获国家社科基金项目"福建原生态村落体育研究"（14CTY022）资助

福建原生态村落体育文化研究

郭学松 著

中国社会科学出版社

图书在版编目（CIP）数据

福建原生态村落体育文化研究/郭学松著.—北京：中国社会科学出版社，2019.11

ISBN 978-7-5203-5415-8

Ⅰ.①福⋯ Ⅱ.①郭⋯ Ⅲ.①体育文化—研究—福建 Ⅳ.①G812.757

中国版本图书馆 CIP 数据核字（2019）第 232734 号

出 版 人	赵剑英
责任编辑	郝玉明
责任校对	张爱华
责任印制	王　超

出　　版	中国社会科学出版社
社　　址	北京鼓楼西大街甲 158 号
邮　　编	100720
网　　址	http://www.csspw.cn
发 行 部	010-84083685
门 市 部	010-84029450
经　　销	新华书店及其他书店
印　　刷	北京明恒达印务有限公司
装　　订	廊坊市广阳区广增装订厂
版　　次	2019 年 11 月第 1 版
印　　次	2019 年 11 月第 1 次印刷
开　　本	710×1000　1/16
印　　张	18.75
插　　页	2
字　　数	289 千字
定　　价	89.00 元

凡购买中国社会科学出版社图书，如有质量问题请与本社营销中心联系调换
电话：010-84083683
版权所有　侵权必究

前　言

　　福建原生态村落体育文化是该地域最具代表性的非物质文化遗产，以种类繁多、存续形式多样、历史底蕴雄厚、特征鲜明、价值内涵丰富等享誉海内外。这些原生态村落体育文化不仅仅是一种单一的身体运动文化，而且在数百年的发展演变历程中，与乡土宗教仪式、宗族仪式、节日习俗、军事战争、劳动生产等传统文化相互融合，汇集了丰富的历史记忆，体现了多重文化象征意义。福建原生态村落体育文化传承的过程中，通过身体运动的形式来勾勒人们的历史记忆，以丰富的文化象征内涵展示着中华传统文化的特质，并产生了乡土民众多元认同的历史心性。本书运用文献调研、实地考察、访谈、口述史、个案等研究方法，以福建原生态村落体育文化作为研究主体，立足于文化挖掘整理，梳理其中所呈现的多元化特征及价值体系，通过对存续现状的梳理，分析在发展过程中存在的问题，结合非物质文化遗产保护机制的探讨，规划福建原生态村落体育文化可持续发展的路径。本书共由五个部分组成，分别为第一章：福建原生态村落体育文化研究概述；第二章：福建原生态村落体育文化的现状与困境；第三章：福建原生态村落体育文化的特征及价值；第四章：福建原生态村落体育非物质文化遗产的保护机制；第五章：福建原生态村落体育文化的可持续发展。

　　第一章，福建原生态村落体育文化研究概述。福建原生态村落体育文化是一个庞杂的体系，这不仅体现在其项目繁多，而且这些项目融合了福建本土文化及移民文化等文化特质，是多元文化体系催生的身体活动文化。在系统研究福建原生态村落体育文化之前，首先要着眼于福建原生态村落体育文化研究范畴的梳理工作。本章从界定福建原生态村落体育文化的研究范畴起始，分别梳理了什么是"原生态""生态体育""原生态体育""原生态村落体育"等相关范畴，在此基础上，阐释福建原生态村落体育文化的理论和实践意义。本研究是在个案研究的基础上进行的，在福建省，这样的研究个案琳琅满目，为此，在深入田野调查研究之前，需要确定被研究的个案样本。在文献调查、问卷调查和实地调查的基础上，分析了福建原生态村落体育文化个案的特征，提出了抽样所依据的"整体性原则""典型性原则""因地制宜原则""可比较性原则"，并依托这些抽样原则，提出了"总体采样法""区域选样法""类别选样法""分层选样法"的样本选取方法。在确定个案研究对象后，依据研究样本的特殊性，归纳分析对这些样本研究的方式方法。其中，重点阐释了田野调查的相关方法，提出了"记忆"在田野工作中的突出作用。在形成民族志的成果方面，课题组主要从跨文化研究和跨学科研究两个方面有针对性地提出了研究报告书写形式。本章对后续章节的研究工作提出了新的思路，将成为推动后续章节顺利开展的重要基石，起到统领全篇之价值。

第二章，福建原生态村落体育文化的现状与困境。福建原生态村落体育文化项目繁多，以村落为生长和繁衍地。要深入了解这些项目的生存现状，需要在大量文献收集分析的基础上，深入到福建9个地市的相关村落做实地考察，方可洞悉其概貌。本研究通过网络设备、相关馆藏机构、各地方文献资料库等媒介，收集与福建原生态村落体育文化相关的材料文献，对相关文献进行整理分析，以此为基础，选择福建九个地市的相关项目进行实地调研。从文化渊源、宗教信仰、宗族发展、族群文化、军事斗争等方面综合阐述了相关地市原生态村落体育文化的基础支撑材料，并通过表格的形式将每个地市原生态村落体育相关事项进行统计整理。在此基础上，选取每个地域较具代表性的项目作为考察的体育事项，分别从其渊源、开展形式、存续状况等方面进行描述，以呈现每个地市相关原生态村落体育的概貌。同时也为后续章节归纳这些原生态村落体育的特征、阐释其相关价值提供参考。在实践调查的基础上，从村落人口流动较大，导致一些项目后继乏人；在城镇化过程中，原生态村落体育文化赖以生存的生态环境遭到破坏，资源部分流失；政府监督和主导作用发挥难以平衡,保护机制不够完善,导致一些项目发展方向存在问题,甚至濒临消亡;面对市场经济的冲击,原生态村落体育在市场价值挖掘方面产生误区;活动开展的场地、活动的组织、活动自身的内隐性思想等方面出现的困境,为后续有针对性地提出非物质文化遗产保护、可持续发展路径等提供依据。

第三章,福建原生态村落体育文化的特征及价值。福建原生态村落体育文化是一种地域文化的展示,在数百年的传承过程中,逐渐与乡土宗教、宗族习俗等地域文化相互融合,形成了一种多元文化构建而成的共生文化,正是这种多元文化的汇集成果,使得这些民间传统体育文化表现出多元特征和价值。以体现福建地域自然、人文文化为主要特质的地域性特征;以保持"原生态"为特质的原真性特征;以延续千余年的岁月留痕为强劲力量的延展性特征;以闪耀视觉为突破的艺术性、观赏性特征;以宗教祭祀、宗族祭祀、节庆仪式等为展演平台的依附性特征;如此等等,皆在于突显福建原生态村落体育文化特征的多元化和象征性。这种多元文化共生体的源起往往又是依托一种传说、神话或故事,由传承主体——人建构而成,展示了广大乡土民众在特殊历史时期的一种心性。在不同社会背景下,作为传承主体的人对这种身体运动的思想认知也存在一定的差异性,逐渐形成了福建原生态村落体育文化多样化的社会价值。因特殊的地域区位关系,一些项目便被不同程度地赋予了政治、文化导向的功能;这些身体展演的项目,使直接和间接的经济价值得以生成;作为一种宗族文化象征,族群往往又会假借这种身体运动来维持或重新建构族群认同;在一种具有一定负荷的运动过程中,其具有了强身健体的价值;因其所展示的技艺性特征,娱乐观赏价值便展示出来;一些项目因为与民族抗争相关事件相互关联,被视为一种爱国主义教育的实践教材。当然,作为一种传统文化,福建原生态村落体育文化所突显的还有文化方面的价值,如文化认同、文化传承、新农村文化建设,等等。正因福建原生态村落体育文化具有如此多样化的社会价值,所以,保护这种文化的延承,使之成为一种社会发展的助推器,意义尤显重大,且不容忽视。在福建原生态村落体育文化价值从一元向多元转换的过程中,似乎也可以洞悉,这种地域文化所呈现的价值始终围绕社会的变迁,适应作为传承主体的人的需求，在不断调试自身时，使其更好地服务社会发展，也服务于自身的延续，以此我们也可发现福建原生态村落体育文化发展的些许规律。

第四章，福建原生态村落体育非物质文化遗产的保护机制。福建省非物质文化遗产中与原生态村落体育相关的事项分布在本省的9个地级市之中，其中宁德地区入选国家级非物质文化遗产名录的项目有3项，入选省级非物质文化遗产名录的项目有10项，入选市级非物质文化遗产名录的项目有11项，目前还没有进入非物质文化遗产的项目有3项。福州地区国家非物质文化遗产项目2项，省级非物质文化遗产项目18项。莆田地域国家非物质文化遗产项目3项，省级非物质文化遗产项目6项，其他情况3项。泉州地区国家非物质文化遗产项目有5项，省级有9项，正在申报入选非物质文化遗产目录的有6项。厦门地区被国家非物质文化遗产名录收录的有3项，被福建省非物质文化遗产名录收录的有8项。漳州地区被国家非物质文化遗产名录收录的有2项，被省非物质文化遗产名录收录的6项，未列入非物质文化遗产目录的5项。龙岩地区被国家非物质文化遗产名录收录的项目有3项，被福建省非物质文化遗产名录收录的有7项，未列入非物质文化遗产目录的4项。三明地区有1项被国家非物质文化遗产名录收录，有8项被福建省非物质文化遗产名录收录，未列入非物质文化遗产目录的7项。南平地区被国家非物质文化遗产名录收录的项目2项，被福建省非物质文化遗产名录收录的项目有7项，多数项目都已经入选市级非物质文化遗产名录。福建省对原生态村落体育非物质文化遗产保护非常重视，在确认、立档、研究、保存、保护、宣传、弘扬、传承及振兴等几个方面作出了巨大贡献，呈现了许多可喜的成果。但是，也存在着经费的到位及使用、法律保护的落实情况、研究成果可推行性、保护机制的健全、监督体系的形成、资源如何合理利用等方面问题。产生这些问题的主要原因有：思想认识方面的原因、法规政策设置方面的原因、政策法规实施方面的原因、政策法规的推行中监督管理方面的原因、城镇化快速发展、人口大量流动、生态环境变迁、传承人老龄化、经济社会压力等。根据目前福建省关于原生态村落体育非物质文化遗产保护过程中存在的问题，从以政策法规的完善为根基、营造政策法规推行的社会环境、明确政策法规的推行主体、培养保护主体与传承主体的保护意识、落实非物质文化遗产保护监督机制、充分发挥政策法规效力等几个方面，有针对性地提出修复福建原生态村落体育非物质文化遗产保护机制。

第五章，福建原生态村落体育文化的可持续发展。本章从这项保护工作的理论与实践意义探讨入手，挖掘整理了目前福建原生态村落体育文化发展的形式，分析了这些传承模式的利弊，提出了推动福建原生态村落体育文化可持续发展的原则，规划了福建原生态村落体育文化可持续发展的多样化路径。福建原生态村落体育文化之所以能够历经不同时期的社会洗礼，而得以延续数百年，主要归因于其在不同社会时期所表征的价值驱动因素。所以，当下对这些非物质文化遗产的保护，在理论上具有文化传承、新农村文化建设、精神文明建设等作用；在实践上具有作为校园学生身心教化的现实教材、作为乡土民众信仰培植的实践方式、作为文化共同体推行的载体、作为爱国主义精神培育的实践工具等功能。从以村落单位为主体，以宗族为传承载体，以乡土宗教仪式为寄生载体，以节日庆典为展演平台，以馆社为组织机构、社会与校园相结合等方面系统梳理了目前福建原生态村落体育文化发展形式中的合理性，以及在实践运行过程中存在的问题。基于此，从以人为本的原则、以组织为根基的发展原则、保持原生性的原则、以保护传承为出发点的原则、合理利用的原则等方面提出了建构福建原生态村落体育文化可持续发展的原则。依据目前存在的问题及相关原则，基于发展目标、发展步骤、发展对策等方面的思考，分别在以传承人为主体的发展路径、以校园为发展场域的传承路径、以师徒与家庭为传承主导的发展路径、以宗族组织为载体的发展方式、以乡土宗教为寄生的发展路径、以村落共同体为单位的发展路径、以传承主体与保护主体共生的发展路径等方面提出福建原生态村落体育文化可持续发展的构思。

目 录

第一章 福建原生态村落体育文化研究概述 ………………………… (1)
  第一节 相关概念研究 ………………………………………………… (2)
    一 "原生态"的概念 ……………………………………………… (3)
    二 "生态体育"与"原生态体育"的范畴 ……………………… (8)
    三 福建原生态村落体育文化的范畴 …………………………… (13)
  第二节 福建原生态村落体育文化研究的意义 ……………………… (18)
    一 福建原生态村落体育文化研究的理论意义 ………………… (18)
    二 福建原生态村落体育文化研究的实践意义 ………………… (20)
  第三节 福建原生态村落体育文化个案的选取 ……………………… (23)
    一 个案研究及福建原生态村落体育文化概况 ………………… (24)
    二 福建原生态村落体育文化研究个案选取的理由 …………… (25)
    三 福建原生态村落体育文化研究个案选取的原则 …………… (27)
    四 福建原生态村落体育文化研究个案选取的方法 …………… (32)
  第四节 福建原生态村落体育文化研究的方法论 …………………… (35)
    一 重在实证的田野调查 ………………………………………… (36)
    二 形成民族志的方式方法 ……………………………………… (55)
  本章小结 ……………………………………………………………… (60)

第二章 福建原生态村落体育文化的现状与困境 ……………………… (62)
  第一节 福建原生态村落体育文化的生存现状 ……………………… (63)
    一 福建原生态村落体育文化的总体分布情况 ………………… (64)
    二 福建原生态村落体育文化的区域分布情况 ………………… (71)

第二节　福建原生态村落体育文化发展的现实困境 ……… (114)
　一　村落人口外出流动,后继乏人 ……………………… (114)
　二　城镇化进程快,生存空间受挤压 …………………… (117)
　三　传承方式失范,保护机制欠完善 …………………… (119)
　四　缺乏与市场接轨,经济效益差 ……………………… (121)
　五　发展理念滞后,导致生存瓶颈 ……………………… (122)
本章小结 ………………………………………………………… (124)

第三章　福建原生态村落体育文化的特征及价值 …………… (126)
第一节　福建原生态村落体育文化的特征及成因 ………… (127)
　一　福建原生态村落体育文化的特征 …………………… (128)
　二　福建原生态村落体育文化的特征成因 ……………… (149)
第二节　福建原生态村落体育文化的价值及成因 ………… (158)
　一　福建原生态村落体育文化的价值 …………………… (159)
　二　福建原生态村落体育文化的价值成因 ……………… (174)
本章小结 ………………………………………………………… (182)

第四章　福建原生态村落体育非物质文化遗产的保护机制 ……… (184)
第一节　福建原生态村落体育非物质文化遗产的
　　　　　保护现状 ………………………………………… (185)
　一　福建原生态村落体育非物质文化遗产的项目
　　　概述 ………………………………………………… (187)
　二　福建原生态村落体育非物质文化遗产项目的
　　　保护现状 …………………………………………… (189)
第二节　影响福建原生态村落体育非物质文化遗产
　　　　　保护的因素 ……………………………………… (195)
　一　思想认识方面的原因 ………………………………… (195)
　二　政策法规设置方面的原因 …………………………… (197)
　三　政策法规实施方面的原因 …………………………… (198)
　四　政策法规推行中监督管理方面的原因 ……………… (199)

五　其他方面的原因 …………………………………… (200)
　第三节　福建原生态村落体育非物质文化遗产保护
　　　　　机制的修复 ………………………………………… (202)
　　一　以政策法规的完善为根基 ………………………… (203)
　　二　营造政策法规推行的社会环境 …………………… (206)
　　三　明确政策法规的推行主体 ………………………… (209)
　　四　培养保护主体与传承主体的保护意识 …………… (212)
　　五　落实非物质文化遗产的保护监督机制 …………… (216)
　　六　充分发挥政策法规的效力 ………………………… (219)

第五章　福建原生态村落体育文化的可持续发展 …………… (221)
　第一节　福建原生态村落体育文化可持续发展的
　　　　　研究意义 …………………………………………… (222)
　　一　理论意义 …………………………………………… (222)
　　二　实践意义 …………………………………………… (224)
　第二节　福建原生态村落体育文化的发展形式及存在的问题 … (228)
　　一　以村落单位为主体 ………………………………… (229)
　　二　以宗族为传承载体 ………………………………… (231)
　　三　以乡土宗教仪式为寄生载体 ……………………… (233)
　　四　以节日庆典为展演平台 …………………………… (235)
　　五　以馆社为组织机构 ………………………………… (237)
　　六　将社会与校园相结合 ……………………………… (238)
　第三节　福建原生态村落体育文化可持续发展的实践 ……… (241)
　　一　福建原生态村落体育文化可持续发展的原则 …… (242)
　　二　福建原生态村落体育文化可持续发展的路径 …… (246)
　本章小结 ……………………………………………………… (268)

参考文献 …………………………………………………………… (270)

第 一 章

福建原生态村落体育文化研究概述

"原生态"是在非物质文化遗产文化孕育下催生的一种文化符号,这种认识理念在2006年以后的学术界开始兴起,虽然学术界对原生态文化的认知仍存在一些不同的观点,但是,不可否认的是其研究理念和研究价值已经得到国家、社会、群众、人类学研究者等的广泛认可,并且投入了大量的人力、物力、财力去深入挖掘整理这些原生态文化。研究立足点已经从商业的方向开始向文化的视角转换,研究领域涵盖摄影、音乐、舞蹈、出版、教育、宗教、旅游、体育、节庆[1]等方面,从而促使"原生态"这一类名词在最近几年内一度成为学术界研究的热点问题。"原生态"之所以能够在短短的几年时间内"走红",源自当下人们对"好古"与"求异"的认识观与价值观的追求,在本质上适应了时代的需要[2];不仅如此,在我国,"原生态"蕴含着中华民族5000多年的灿烂文明,与现代社会的工业化文明、生态环境、社会商业化等形成比较与反差,同时也是对"大知闲闲,小知间间","大言炎炎,小方詹詹","与接为构,日以心斗"的极度鄙弃与厌恶,也是人们对简单朴素、宁静和谐生活的向往、追求及回归。[3] 正是源于"原生态"的象征文化内涵,以

---

[1] 参见刘宗碧、唐晓梅《我国原生态文化概念使用谱系》,《昆明理工大学学报》(社会科学版)2013年第4期。

[2] 参见朱炳祥《何为"原生态"? 为何"原生态"?》,《原生态文化民族学刊》2010年第3期。

[3] 同上。

及这些内涵与当下社会所形成的鲜明对照，十多年来，体育学界也开始重视对原生态体育文化的挖掘整理，特别在以胡小明、白晋湘等学者为领军的体育人类学研究队伍中，像郑国华、韦晓康、杨海晨、万义、谭广鑫、郭学松、李志清等研究者对相关区域的原生态体育文化进行了较为系统的挖掘整理，形成了大量的研究成果，推动了体育人类学研究不断前行。但是，纵观体育学中所形成的研究成果，仍然存在着一些研究范畴、研究范式等需要厘清的问题，故而，课题组[①]从实际研究需求出发，以原生态村落体育为研究对象，对诸如此类问题进行考究和阐释。

第一节 相关概念研究

以互联网"百度"为检索手段共查询到与"原生态"相关的条目20100000条（截至2018年4月），这种现象说明对"原生态"的关注度较高，"原生态"成了一个时髦的词语。运用中国期刊数据库分别对福建原生态村落体育文化的相关术语进行检索，结果得出，以"原生态"为关键词共检索到相关学术论文1732篇，时间段为1993至2018年，2009年度开始突破100篇；以"原生态"为篇名共检索到相关学术论文4913篇，时间段为1989至2018年，2005年116篇，2006年392篇，说明在非物质文化遗产及其他外界条件的影响下，"原生态"作为一个新名词，开始在学术界受到重视；以"原生态村落"为篇名，共检索到32篇文献，时间段为2006至2018年，说明"原生态村落"研究自非物质文化遗产保护受重点关注之后才开始在学术界产生影响；以"原生态体育"为关键词共检索到相关文献数据9篇，刊登时间年段为2009至2018年，以此为篇名共检索到文献数据93篇，刊登时间年段为2005至2018年，到2009年此类刊文量才突破两位数，说明"原生态体育"在最近几年才开始受到体育学界的重视；以"原生态村落体育"为篇名共检索到4篇相关文献，分别为2010年1篇、2015年1篇、2016年2篇，说明"原生

---

① 课题组根据国家社科基金"福建原生态村落体育研究"的需要而组成，成员是主要来自福建的宁德师范学院、三明学院、泉州师范学院的高级教师。

态村落体育"的相关研究才刚刚起步,且受重视程度有待提高;以"原生态民俗体育"为篇名共检索到相关文献 12 篇,主要集中在最近几年,以此为关键词的相关文献 3 篇,多为重合文献;以"民俗体育"为篇名共检索到相关文献 1155 篇,年段为 1997 至 2018 年,在 2011 年突破 100 篇刊文量,说明最近几年,相关学者才开始重视对民俗体育的研究;以"传统体育"为篇名的相关文献为 10341 篇,年段为 1980 至 2018 年,在 2002 年突破 100 篇,在 2006 年突破 300 篇,2009 年突破 600 篇,最近几年都有 700 篇以上,说明传统体育在西方体育文化强势来袭下,最近几年开始受到学术界的重视。下面通过相关检索并对相关文献进行统计分析,结合研究对象对福建原生态村落体育文化的相关范畴进行阐述。

一 "原生态"的概念

关于"原生态"的学术用语使用较早出现在 20 世纪 80 年代,在李康[①]的学术论文中涉及这一学术用语的使用,而"原生态"思想真正兴起于 21 世纪初,自此,"原生态"的术语便开始在各行各业被广泛使用。目前,这一学术理念的使用遍及文化的方方面面,成为学术界、商界等不同领域的"受宠儿",然而,学术界对于"原生态"的概念、范畴颇有争议、莫衷一是,关于其学科归属也在激烈的探讨之中。通过对相关学术文献分析得知,关于"原生态"概念范畴的阐释,主要有以下观点。

"原生态"在各行各界所形成的"时尚性",甚有"忽如一夜春风来,千树万树梨花开"的态势。但是,这种突如其来的热潮现象也反映了当今社会中"人""社会"及"自然"三者之间辩证和谐关系的转换,诸多研究者给出了自我认知。邹源丰认为,"原生态"这一现象的兴起源于当下人们的社会生产、生活的一种需要,体现在人们对自身发展、自然关系、社会关系之间的相互关系的思考与处理方式。因为,"原生态"的型构源自人类的社会实践活动,并在人类发展过程中,伴随着社会实

---

① 参见李康《保护原生态地的法制化轨道——纵观美国保护原生态地的有关法律及对策》,《四川环境》1989 年第 4 期。

践而不断演进,二者是一种项目建构的关系,同时也是一种交融互补的关系。[1] 李松的研究结果指出,"原生态"作为界定文化的一种特征及象征内涵而被使用,主要源自文化观念与现代社会发展所形成的矛盾,这种矛盾导致了被传承的社会文化生活发生转变,甚至产生巨大变异。面对新型文化理念的不断兴起,遗留的传统文化正在被不断边缘化,甚至面临被抛弃的尴尬境界,在这种社会境况下,所型塑的"原生态"理念,寄托了人们的某种诉求,表达了当下人们对文化市场中民族传统文化因素和自我意识严重缺失境况的担忧。[2] 赵小丁研究成果强调,"原生态"的提出具有相对性,与工业社会、后工业社会发展中人类所处的生活形态有很大的关联,突显在生命形态或文化、艺术形态中所蕴含的"原生性"。这种"原生性"的型塑体现在与大自然所形成的共生性,与地域文化所形成的交融性,以及在相关因素影响中所体现的可持续发展性等方面。[3] 以此,我们也可洞悉"原生态"是一种社会发展的"产物",是被型塑出来的学术概念,是社会发展影响的客观呈现,而这种影响出现在不同的领域之中。所以,"原生态"的学术理念,或者术语使用出现在人们的眼前也就不足为奇了。我们知道,在当下社会中,各行各业都在打着"原生态"的品牌,也带来了诸多社会效应,但并不是所有人都能够正确地理解这个术语的内涵。

"原生态"属于一种对文化称谓的学术及生活用语,主要用于和当下主流文化形成对比与映照。相对于当下文化,"原生态"更加突显那些没有被特殊或刻意雕琢,广泛存续于民间,较为原始的并散发着乡土气息的文化形态。[4] 樊华等研究认为,"原生态"是对传统的保留,其现存样态并未受到现代文明发展的影响,体现了人与环境相互依存、和谐共处的文化存续状态。[5] 阎江的研究观点与此相似,突出其历史久远性、保存

---

[1] 参见邹源丰《"原生态"现象的哲学思辨》,《原生态民族文化学刊》2011年第2期。

[2] 参见李松《原生态——概念背后的文化诉求》,《光明日报》2006年7月7日第6版。

[3] 参见赵小丁《蒙古族舞蹈中"原生态文化资源"探索》,《北京舞蹈学院学报》2007年第2期。

[4] 参见陈志强《知识产权视野下的"原生态歌舞"保护——以泉州市为例》,《中北大学学报》(社会科学版)2008年第4期。

[5] 参见樊华、和向朝《一个炒出来的概念》,《文学评论》2011年第1期。

完整性、相对和谐的文化现况。① 杨静的研究进一步指出,"原生态"是一种表演形态,其范畴涉及原生态的唱法、原生态舞蹈、原生态的歌手、原生态大写意风水画等各种类别及形态。② 除此之外,苗欣的研究又将"原生态"划分为"自然的原生态"和"文化的原生态"两种类别。在这两种类别中,其成果同样强调"原生性"的特质,并指出"原生态"应该包括物质文化遗产和非物质文化遗产两个类属。③ 在这些研究者的认知中,"原生态"需要突显其中"原"的寓意和内涵,是指那些存续时间较久,在延承的过程中尚未受到其他文化的冲击或者较少受到他者文化影响的一类民间传统文化。

武汉大学社会人类学者朱炳祥教授在综述前期研究结果的基础上,依据维柯的民族学、人类学著作《新科学》所提出的关于出生和本性的统一性及本性与起源的一致性理论,从"原生态"的三要素(时间、地域、方式)出发,对其进行了综合阐释。他指出"所谓时间上的'原生态'要体现出起源时的初始结构方式;空间(地域)上的'原生态'是一种被选择或被建构的文化形态;而方式上的'原生态'注重突显族群特质,这种方式具有与历史保持一致性的特性"④。在对"原生态"相关概念、范畴、内涵等研究观点的整理、分析、比对中,结合实践调研中所见、所感、所思,总结归纳认为,朱炳祥关于"原生态"内涵的阐释较为翔实,并且符合本研究所需。即"原生态"的时间观应该是中国土生土长的文化,且保持了一定的传承年限,世代相传;空间上,"原生态"与其滋养的社会环境、自然环境、族群生活环境等相互交融;方式上,"原生态"体现着族群的生活方式、族群信仰、民族特质、风俗习惯等。但是,在讨论某个概念范畴时,往往都会涉及这个概念的种属关系,

---

① 参见阎江《非物质文化遗产保护与"原生态"》,《重庆文理学院学报》(社会科学版)2007年第3期。

② 参见杨静《关于非物质文化遗产活态保护的思考——兼谈对原生态的看法》,《美与时代》2011年第12期。

③ 参见苗欣《"原生态"理念与农民安置社区设计问题研究——以长沙为例》,硕士学位论文,湖南大学,2003年,第17页。

④ 朱炳祥:《何为"原生态"?为何"原生态"?》,《原生态文化民族学刊》2010年第3期。

即它的上位概念范畴是什么？其实，这就涉及"原生态"是什么的问题。纵观对"原生态"的研究及现实生活中对"原生态"术语的使用，无碍都将其纳入文化的归属，突显这种文化的原始性特征，即文化发展的一种原初的不经雕琢的更近于艺术起源的状态。[①] 所以，当我们将"原生态"归属于文化的范畴之中，仍需要对"原生态文化"的范畴进行论及，本研究的主题"原生态村落体育"也是"原生态文化"的一个下属范畴。

在弘扬中国传统文化氛围的强势来袭之社会背景下，"原生态文化"被赋予了传统文化传承及当代文化激活的双重使命。"原生态文化"是一个非常宽泛的学术场域，呈现了一种以形式逻辑为基准及实证为原则的科学主义范式。[②] "原生态文化"往往被视为某种特殊文化的代名词或一种象征性存续的文化符号，正因为其所具有的象征性和独特性，才促进了其在不同领域被"尊崇"并使用，在经济领域的使用便是一个很好的案例。截至2012年，全国以"原生态"冠名的企业有330多家，形成了一个独特的文化景观和现象。[③] 面对这种时代精神所需的"忽如一夜春风来"之情景，"原生态文化"的内涵、外延也引起了诸多争议，同时对其所涵盖的下属范畴产生了质疑，如何诠释，还要对这一内涵进行归纳与解构。

"原生态文化"涵盖了多样化的范畴，将其视为一种学术性的概念，更多的是突显某种文化形态的一种状态，而其中尤以相对的"原真性"为核心。我们在这里说明它的相对性是因为，这些文化是社会的产物，同时也是由不同社会变迁逐渐汇集而成的，具有某种程度上的模糊性特征，所以，在实际操作中，人们通常将其理解为"在当代社会文化语境下，较少被现代文明冲击或保持着较多原始生活习俗或民风的文化形态"[④]。田川流的研

---

① 参见杨昌鑫《生态美学视域下的原生态审美文化探微——以贵州苗侗民族原生态审美文化为例》，《贵州师范大学学报》（社会科学版）2010年第2期。

② 参见刘宗碧《"原生态文化"研究的方法及其反思》，《昆明理工大学学报》（社会科学版）2012年第1期。

③ 同上。

④ 邓莹辉、谭志松：《原生态文化概念与非物质文化保护和传承的原则》，《云南民族大学学报》（哲学社会科学版）2010年第6期。

究成果也较为认同这种观点,突出"原生态文化"在历史上变化较少、不曾被明显地人为加工及改造、基本保持了本原状态的文化样式等特质。[1]"原生态文化"的认定,其实就是"变"与"不变"、如何变、变成什么样等问题的纷争。曾梦宇的研究成果强调了"原生态文化"是一种地域性与民族性交融的文化形态,是流变性和固守自身主要特征的双重体现。[2] 然而,石奕龙关于"原生态文化"的研究观点则体现出时间性,即群体定居后与自然环境相互作用而型构的文化,具有原初性和突然被认知性。[3]

突显"原生态文化"的"原真性"特质是诸多研究者最基本的观念,只是很多学者所提出的研究视角存在一定的差异,但这些视角往往也相互形成补充。如有研究者将"原生态文化"与商业开发形成比对,注重强调没有被商业开发的一些文化形态,以此来突显其自然而然的存续形态,体现着天然、自然及原始的特征。[4] 也有研究者指出"原生态文化"的本质属性是"非断非常",既要保持原有特质的传承,又要与时俱进,体现出"常变常新"的发展特征。[5] 刘宗碧等的研究成果则以贵州的苗族侗族传统文化作为"原生态文化"的案例,强调这些民族传统文化的原汁原味性[6],也突显这种文化所具有的"原真性"。

综上所述,目前已有大量的研究成果关注"原生态文化"的概念、内涵、特征等相关方面的探讨,归纳可以得知,"原生态文化"的主要特征体现为原本性、持续性、自然性、地域性、独特性、农耕性、交融性等。当前学术界关于"原生态"及"原生态文化"的相关概念及范畴界定仍然未形成统一的标准,就像我们时常听到的关于什么是"体育"的

---

[1] 参见田川流《论原生态文化的价值及其判断标准》,《东岳论丛》2011年第4期。
[2] 参见曾梦宇《原生态背景及对西部民族地区经济的影响》,《原生态民族文化学刊》2011年第2期。
[3] 参见石奕龙《浅谈民族传统文化保护的若干问题》,《中央民族大学学报》(哲学社会科学版)2005年第1期。
[4] 参见杨静《关于非物质文化遗产活态保护的思考——兼谈对原生态的看法》,《美与时代》2011年第12期。
[5] 参见刘冰清、徐杰舜、韦小鹏《原生态文化保护与开发研究综述》,《原生态民族文化学刊》2011年第4期。
[6] 参见刘宗碧、唐晓梅《我国原生态文化概念使用谱系》,《昆明理工大学学报》(社会科学版)2013年第4期。

现象一样，但是，作为一种公认的身体活动的代名词——"体育"，仍然朝着人类文明的进步方向发展，并服务于人类社会。那么，无论对"原生态""原生态文化"的内涵、外延如何解构，他们最重要的目标都是推动这种文化的保护、传承、发展及弘扬，最终服务于人类社会的发展。所以，有研究者建议，"原生态""原生态文化"等不能停留在基本概念的争论，及"原生态"是否存在的无休止的辩驳中，而应该更加关注其在经济发展、政治建设及构建和谐社会中如何发挥自身的价值，以及对"原生态文化"的保护方面如何使传承者形成文化自觉[①]，推动"原生态文化"在当前社会发展中释放自身能量，在新常态下和谐社会发展、社会主义新农村文化建设、国民基本素质的提高等方面发挥积极的作用。

二 "生态体育"与"原生态体育"的范畴

在梳理了"原生态"及"原生态文化"的相关内涵之后，将对"原生态村落体育"的范畴进行阐述，但是，在探讨这一学术研究范畴时，还需要对"生态体育"与"原生态体育"进行统筹分析，以免读者混淆二者的内涵与外延。同时也使读者更容易理解或认知，诸如在自然环境中的户外体育运动，以及学生假期参与的野外生存训练是否也可以称为"原生态体育"[②]项目。下文将根据当前学者关于"生态体育"与"原生态体育"的理解进行综合分析，对其内涵做出较为客观的探讨。

（一）"生态体育"的范畴

伴随着人类文明社会的不断前行，良好的生命质量不断成为当代人所追求的共同目标，作为一种休闲娱乐形式的体育锻炼及体育旅游逐渐成为人们提高生活质量的重要手段和方式。要想获得卓有成效的锻炼效果，就必须考虑到参与活动的生态环境，于是乎，"生态体育"成为当代人共同关心的焦点话题。那么，什么是"生态体育"呢？诸多学者给出

[①] 参见麻勇恒《"原生态文化"探讨的理论预设》，《贵州师范大学学报》（社会科学版）2011年第1期。

[②] 刘宗碧、唐晓梅：《我国原生态文化概念使用谱系》，《昆明理工大学学报》（社会科学版）2013年第4期。

了不同的答案。

许传宝的研究指出,"生态体育"是指人们在借助各种自然环境的前提下,依据休闲锻炼的目的而开展的各种类型的体育活动,例如攀岩、滑水、溜冰、划草、登山、潜水、滑雪、漂流、野外生存、CS运动、丛林寻宝等。[①] 王倩的研究成果认为,"生态体育"是人、体育与环境三者之间所构成的关系,是人利用社会中的资源,遵循着现代社会的生态理念,根据体育运动及人的自身规律,基于无污染、科学、公正的理念而组织并开展起来的体育运动。[②] 苗琦昆等认为,生态体育是将自然与体育相结合的一种新概念,体现为人文体育、绿色体育、环保体育,强调阳光、空气、水等自然资源对人体健康的重要价值。[③] 龚建林认为"生态体育"是一种体育理念问题,是在当代生态文明观的影响下,依托自然环境和社会人文环境的内涵所做出的对现代体育的全面反思。[④] 以上关于"生态体育"相关范畴的研究旨在突显自然生态与体育的相互融合性,周君华等的研究不仅体现了类似观点,而且还提出了"生态体育并非所谓的原生态体育"[⑤]之观点。李宏斌则以人类自由全面发展为最终目标,强调所谓的"生态体育"就是将体育领域视为一个发展的生态。[⑥] 以上学者关于"生态体育"的观点主要是基于当代社会发展的需求而提出的,认为"生态体育"是将现代体育融入"生态环境"而开展的体育活动,从而也强调了"生态体育"并不是众多学者所说的"原生态体育"。然而,还有部分学者的观点并没有对"生态体育"与"原生态体育"之间的关系给出确切的解释。

---

① 参见许传宝《体育生态学——绿色体育的理论基础》,《沈阳体育学院学报》2001年第4期。
② 参见王倩《新农村生态体育的开发与管理研究》,硕士学位论文,曲阜师范大学,2013年。
③ 参见苗琦昆、叶平《宿迁市生态体育的发展现状及对策探讨》,《体育科技文献通报》2015年第2期。
④ 参见龚建林《生态文明视域中的生态体育》,《体育学刊》2008年第7期。
⑤ 周君华、孙涵:《生态体育资源开发及模式构建与应用研究——基于山东省的实证研究》,《山东体育学院学报》2010年第7期。
⑥ 参见李宏斌《生态体育的生态伦理底蕴》,《伦理学研究》2011年第1期。

胡小明将"生态体育"归属于身体活动,突出活动方式的自然属性,强调开展条件为自然环境场域,所依据的规律为生物自身发育特征,这种身体活动的过程是要突显自然界的资源对人体健康所形成的重要影响或所带来的重要价值。[①] 毕桂凤[②]、郑晓祥[③]和于曦[④]的研究观点都较为认可"生态体育"(Ecology Sports)是人类、体育、文化及生态环境所共同建构的共生体系,而前者更加强调这种体育活动对人格、体格、人道主义精神、生活方式等方面所形成的影响,最终对维护世界的和谐与发展产生有益影响。翟寅飞等[⑤]的研究虽然也认同"生态体育"是人、体育与生态三者之间所共同建构的关系网络,但其将这种认知建立在生态学理念的基础上,并运用生态学的手段来探讨体育学领域的相关问题。当然,还有诸如陈雪燕[⑥]、孟亚峥[⑦]等研究者的成果都对"生态体育"进行了阐释,其主要内容多是从人、社会环境、自然环境、体育运动等多者之间的相互关系进行研究,强调它们之间和谐共生的特性。

研究者们对"生态体育"的范畴、内涵与外延等进行了较为全面的阐释,呈现了大量的学术成果和论点。综述得知,研究者们关于"生态体育"的观点主要突出人、体育、生态环境三者的交融性及和谐统一的关系,以及这样的"生态体育"活动对人类自身与人类社会发展的积极作用。虽然,有研究者指出这种"生态体育"并非"原生态体育",但并没有给出具体而翔实的解构,而其他研究者同样也未对"生态体育"及"原生态性"之间存在的异同做出阐释。那么,了解了这些知识之后,是不是让我们产生这种疑惑,"生态体育"与"原生态

---

① 参见胡小明《生态体育》,《羊城晚报》2005年9月24日第8版。
② 参见毕桂凤《生态体育的发展研究》,《内蒙古体育科技》2014年第4期。
③ 参见郑晓祥《生态体育的内涵与特点》,《成都体育学院学报》2005年第2期。
④ 参见于曦《生态体育视野下高校校园体育文化体系构建研究》,硕士学位论文,牡丹江师范学院,2014年。
⑤ 参见翟寅飞、熊炎、郭敏刚《构建"生态体育"体系之必要性与可行性思考》,《湖北体育科技》2007年第4期。
⑥ 参见陈雪燕、赵莹、王希柳《科技体育和生态体育——未来体育发展的新模式》,《山东体育科技》2002年第6期。
⑦ 参见孟亚峥《生态体育与全民健身的融合发展研究》,《体育文化导刊》2014年第11期。

体育"之间是否存在种属关系？如果是，它们之间上与下、内与外的关系该如何看待？如果不是，它们之间存在哪些区别？针对"生态体育"研究成果中所呈现的众说纷纭之境况，我们需要进一步对"原生态体育"的范畴进行探究。

（二）"原生态体育"的范畴

当"原生态"成为家喻户晓的代名词后，各行各业都对其价值进行了充分挖掘，最为典型的就是商业界，当然，学术界的学者专家们也同样从事着这项工作。在社会快速发展的情况下，诸多隐含在经济发展背后的问题开始初露端倪，引发了人们对传统文化的重视，对"原生态"文化的缅怀。传统体育是中国传统文化的重要组成部分，具备了传统文化的民族性、农耕性、地域性、传承性、原始性等特性，一度被视为"原生态体育"文化的重要课题之一，那么，是否所有的传统体育都可以称为"原生态体育"呢？

自"原生态"为不同学科领域所重视以后，体育学界对"原生态体育"的范畴、内涵等进行了研究。如有研究者指出，"原生态体育"是基于一种自然人文形态而存在的体育文化形态，突出这些体育所具有的地域性、连续性、自发性、独特性等特征。[1] 李延超等人的研究从文化生态学、历史人类学、发展人类学的视角进行了阐释。研究观点体现为，"原生态体育"更多地要体现出"原真性"特质，其内涵应基于历史文化积淀和传统文化基因的背景，虽然指出其与现代文明关联不大，但却强调原生态体育的活态性特质，即生活化的延续与存在。[2] 朱勇的研究成果不仅关注"原生态体育"的文化阐释，同时还将其置于村落社会环境之中，探讨了"村落原生态体育"的文化内涵。在"原生态体育"的探讨中，其突出了这些体育事项多源自古时祭祀活动，以及在人们对农耕、狩猎等生存性活动的模仿中而被型塑；而对"村落原生态体育"的解构中，突显其在村落场域中的土

---

[1] 参见谭志丽《生态环境变迁中的原生态体育发展》，《体育科研》2014年第2期。
[2] 参见李延超、虞重干、杨斌《论原生态体育的内涵——以苗族村寨体育为例》，《山东体育学院学报》2009年第6期。

生土长性、自发性、内生性、稳定性、强韧性等特质。① 统观这些关于"原生态体育"的文献,主要突出传统体育保持自身"原真性"的特质,同时也说明了在保持"质"的前提下的"适者生存"的理念。另外,一些研究者还根据体育类别、族群体育等对"原生态体育"进行了阐述。

中华民族由 56 个民族共同构建,在这些族群繁衍生息过程中,产生了大量的传统体育文化,特别是少数民族传统体育,更是一个族群文化的象征。罗建新等的研究将"原生态体育"与彝族传统体育文化进行融合,指出"彝族原生态传统体育文化"是具有乡土民间性、原始性等特征的一类传统体育运动及其理论体系,这种文化是族群成员为了适应生存环境和民族文化传承而建构的,同时也反映了彝族社会的发展需求。② 宋晓琳等对"毛南族原生态传统体育文化"的阐释延续了罗建新的观点,同时又将这种族群原生态体育划分为竞技类、表演类、健身娱乐类等多种类别。③ 汪雄等的研究视角将"摩梭民族传统体育活动"定位为民族民间原生态体育,是摩梭人在生存、生活、生产中与自然环境之间形成的一种协调发展关系。④ 基于族群文化而形成的"原生态体育"更多地强调这种传统体育与族群文化的密切关联度,即为本族群文化的真实反映。

除此之外,还有一些学者基于项目类别,对"原生态体育"进行了解读。杨广波等对"原生态武术"进行了研究,指出"原生态武术"是指原有的、未经变异(或极少变异)的和未经(或较少)"污染"的武术拳种,是建立在原有生态结构基础之上的武术技术。⑤ 还有部分学者从舞蹈的视角对"原生态体育"进行了阐释。如,巫允明将"原生态舞蹈"

---

① 参见朱勇《原生态价值取向与村落体育的"善本再造"》,《西安体育学院学报》2010 年第 6 期。

② 参见罗建新、王亚琼《彝族原生态传统体育文化资源的流失与保护研究》,《贵州师范大学学报》(自然科学版)2012 年第 3 期。

③ 参见宋晓琳、王亚琼《对毛南族原生态传统体育文化的多维审视》,《贵州民族研究》2014 年第 9 期。

④ 参见汪雄、吕全江《摩梭民族生态体育研究》,《福建体育科技》2013 年第 5 期。

⑤ 参见杨广波、莫菲《原生态价值取向下武术的传承与保护》,《搏击·武术科学》2010 年第 7 期。

视为一种民俗舞蹈活动,突出其民间性、自然传承性以及生活化等特质。[①] 许莉对"原生态舞蹈"的认知不仅体现了这些特性,同时还强调原真性、仪式性等特质。[②] 苏静认为"原生态舞蹈"具有身体运动的原始性,并将其上升为人格化的、神圣的和对超自然、超人间的一种神秘力量,而这种力量源自原始宗教崇拜的仪式活动。[③] 以上学者结合传统体育类别对"原生态体育"进行了阐释,重点突出了其创造时间的原始性、活动形式的传承性、活动内容的未变或少变性等。

综合以上关于"原生态体育"范畴的梳理,基本可以明确几点:其一,"原生态体育"具有较为悠久的传承历史,突出其时间的原始性;其二,"原生态体育"与地域文化、族群文化等关系缜密,突显典型的文化特质;其三,"原生态体育"历经数代的传承,始终保持着原始的或少有变异的传承宗旨、文化内涵、传承方式,彰显其"承袭性"。基于此,这些关于"原生态体育"注重"原真性"的文化内涵对"原生态体育概念的使用通常是出现于以一些自然环境为条件和采取登山、徒步、攀岩等的户外体育活动。一些专门为学生服务开发的在假期参与的野外生存训练活动,也称为'原生态体育'项目"[④] 的看法提出了质疑。

三 福建原生态村落体育文化的范畴

(一)福建原生态村落体育

在思考和探索福建原生态村落体育的概念及研究范畴时,主要综合参考了诸多学者所提出的"原生态"的范畴及结合笔者前期调研所获,对这一研究领域从时间、地域、形式等方面进行分析。首先,对福建原生态村落体育文化中的项目所属区域的分析。从研究对象的所指可以看出,本研究主要的对象着眼于福建这一地域范围,这里也涉及福建本地

[①] 参见巫允明《中国原生态舞蹈文化》,上海音乐出版社2010年版。
[②] 参见许莉《原生态舞蹈与民族文化生态保护》,《艺海》2010第8期。
[③] 参见苏静《原生态舞蹈与原始宗教崇拜——舞蹈文化艺术的发展与终极追求》,《山东大学学报》(哲学社会科学版)2007年第4期。
[④] 刘宗碧、唐晓梅:《我国原生态文化概念使用谱系》,《昆明理工大学学报》(社会科学版)2013年第4期。

土生土长的"原生态体育",及创始于福建地域以外随着族群迁徙而随迁后在福建落地生根的"原生态体育"。当然,我们要突出的是这些"舶来品"在福建的发展需历经一定发展时间,且与福建地域文化相融合,是体现福建地域文化特征的一类项目。另外,本研究中还有一个范围取舍就是村落。福建原生态村落体育文化中"村落"的范畴所涉及的地域性规划及限定又该如何理解?在前期的调研过程中,针对研究范畴的区域做过一定程度上的考究。在确定了"原生态"的时间界限之后,本研究选取了一些具有地域性特征的体育活动作为调研对象,在实施田野考察的过程中发现,一些"原生态"的体育与环境变迁之间存在很大的关联。例如,在对福建宁德福鼎沙埕搬铁枝及霍童线狮、福建莆田仙游枫亭游灯等活动进行考察过程中,发现这些活动是在一个古老的村落中发起的,但是,随着中国经济腾飞及城镇化的演进,这些古老的村落人口不断膨胀,达到一定规模后,进而发展成为城镇,而这些古村的名号却黯然消失,那么,这些曾经的古村、如今的城镇是否是"原生态村落体育"的研究对象呢?带着这些疑问,笔者咨询了民俗学研究的相关专家,并对福建警察学院林荫生教授、集美大学兰润生教授、龙岩学院张赐东教授等的相关建议进行了梳理,最终将这些起源于村落、随着社会环境发展变迁而不断演进且保持源起特性的原生态村落体育事项纳入本研究范畴之中,但仅作为本研究的参考和比较项目,那么主体项目又如何确立呢?在前期的田野考察中,通过观察及参与观察的方式,在对福建漳州长泰县珪塘村的三公下水操活动及坂里乡正达村的盘古王戏水活动、厦门同安吕厝村及海沧钟山村与湖里钟宅村的送王船活动、莆田涵江前村的打铁球活动等村落体育事项的考察过程中发现,这些活动的源起较为悠久,至少有400多年的发展历史,不仅根植于古村落得以世代相袭,而且即使在经济及城镇化发展过程中依旧在如今的村落发展,始终保持着"原生态"特质而经久不衰。基于这些体育事项的发展及研究需要,在仔细分析并结合专家建议的基础上,将这些一直根植于村落土壤中且始终保持"原生态"特性的体育活动作为本课题研究的重点项目。

其次,对福建原生态村落体育中的"原"字所独显的时间范畴进行思考,其分界点如何确立,这就必须要思考距今500年和50年内由民众所创造的体育事项的差异性，探究这个问题还需要从外来体育文化的"威胁性"进行分析。在我国的历史发展进程中，曾发生过数次规模不一的外族入侵，这些外族文化诸多被同化，但是以"鸦片战争"为始端的近代外族入侵却有着明显的不同，如近代出现的"土洋体育之争"就是很好的例证。虽然近代以前的多次外族入侵对中华文化造成了一定的影响，但始终未改变中华民族体育的传承理念及发展格局，而在近代"洋体育"渗透中华民族后，中华民族一贯保持的民族传统体育传承理念及发展格局随着这种社会体育文化环境的变迁发生了巨大转变，特别是作为中华民族体育文化瑰宝的中华武术，曾在"土洋体育之争"下，出现了极度的"文化模仿"痕迹。因此，本研究在探究"原生态村落体育"的源起时间观念方面，主要依据社会环境变迁对体育文化所产生的影响程度，综合各种衡量尺度，认为将研究对象的源起时间点选取为近代以前较为适宜。正如相关研究指出，非物质文化遗产的核心特征体现在相对"原真性"方面，偏离了这种相对"原真性"，诸如现实中所保护的文化对象也就不能称为"非物质文化遗产"。因此，在福建原生态村落体育文化非物质文化遗产认定的现实工作中，其标准是由父子（家庭）、师徒、学堂、馆社等形式传承且历经三代以上，传承时间超过百年，同时还要求谱系清楚明确。[①]

最后，福建原生态村落体育活动的方式对其发展传承有着重要的影响，是其保持原生态特性及可持续发展的重要前提。原生态村落体育是在特定的自然环境下、特殊的社会环境中及固定的历史事件中产生的，其传承方式的固定性是对当时社会境况、自然生态、历史情境的能动反映。因此，在传承方式上，"原生态村落体育"需要体现活动最初的开展理念及传承意境。例如，福建漳州长泰县岩溪镇珪塘村的三公下水操活动是为了纪念宋元"崖山海战"中陆秀夫等民族志士忠贞爱国的民族气节而开展的，其水中"犁神"的活动是为了纪念陆秀夫等爱国将领不甘为俘，在海中继续与元军搏斗的情景；而"半亩方塘"周围的火把则再现了当时民众为了寻找

---

① 参见王伟凯《再论"非遗"的基本问题——兼答孙天胜教授》，《中国社会科学报》2013年2月25日第B01版。

宋帝及陆秀夫尸体的历史场景。这种特殊的活动方式是该体育事项开办之际就具有的，经历了几百年的岁月更迭，始终保持着固有的形态传承，同时也固守着这份原始的举办宗旨，具有典型的"原生态"特质。

通过福建原生态村落体育的研究范畴的探讨，笔者认为福建原生态村落体育的研究范畴至少应该涵盖三方面的内涵与外延。第一，研究对象的区域性理解。研究的对象从大的区域性范畴来看应该包括在福建省内创始且发展传承的项目，或者由福建以外地域传入，在福建本地传承了一定时间，且与本地文化融合，体现出明显的地域文化特征的项目。从小的区域范围来看，研究对象的细化应该是村落这样区域内的样本，至少历史上曾经是村落，而随着社会发展转型为社区、城镇等，现在仍可以看出原始村落的遗留痕迹的区域。第二，研究样本传承时间的理解。既然是"原生态"的事物，就必须有一个传承时间的大致范畴，笔者认为，这个时间界定点至少应该选取在近代以前较为适宜，这样才能体现该项目数代相传的特点。第三，研究样本的传承形式及文化内涵。依照学者们的视角，"原生态"是一成不变的，其实这种状态是很难寻觅的，但是本研究在选取样本时认为，这里的"原生态"至少要保留着最初活动开展的"原始宗旨"，从活动的形式、开展的价值中不难发现地域文化、族群文化等特性，至少我们还可以寻觅一些传统"残存文化"的体现。根据这些范畴的阐释，笔者认为福建原生态村落体育概念应该这样理解，福建原生态村落体育是指在近代以前由福建本地原居民所创或伴随外地族群迁徙至福建而随迁的，源起于地域村落，历经数代的传承，在传承的过程中受社会变迁、城镇化转型、地域名称变迁等外在因素的影响而又不仅仅拘泥于村落的范畴进行衍承的，始终保持传递原创宗旨的，具有福建地域文化特征的一类具有一定规模的，约定成俗的以祭祀、节庆等形式为开展平台的身体活动。当然，一些概念的提出，本来就是一种"抛砖引玉"的做法，就像目前的体育一词的范畴一样，虽然这种概念的初步界定具有诸多值得商榷的地方，但是也可初步明确福建原生态村落体育文化的研究范畴与内涵。

（二）福建原生态村落体育文化

文化是一种包罗万象的社会现象，其范畴更是非常广泛。人类学家爱德华·泰勒（E. B. Tylor）曾经对文化的概念进行界定，他认为："文化是指那一群传统的器物、货品、技术、思想、习惯及价值而言的，这概念实包容着及调节着一切社会科学。"① 文化含有两大主要成分——物质的和精神的，即改造的环境和已变更的人类有机体。② 对于文化概念、内涵及外延的相关解释由来已久，并形成了许多论点。《考林斯英语大辞典》中对文化的概念界定为："A culture is the total of the inherited ideas, beliefs, values and knowledge, which constitute the shared bases of social action and the total range of activities and ideas of a group of people with share traditions which are transmitted and reinforced by members of a group."③ 亦即"文化是指那些继承下来的、确立共同社会活动基础的观点、信仰、价值观和对世界认知的总和，是一群拥有同样传统的人所从事的活动和所拥有的思想观念的全部范围"④。

文化是一个内涵丰富、外延广泛的概念，原生态村落体育文化仅是文化范畴中的一个分支类别，但即使是这样一个小的分属，同样包含了多样化的内容体系。福建原生态村落体育文化虽然强调身体运动的体育本源性特征，然而，即使是一个简单的身体运动文化也不可能独立存在，特别是福建原生态村落体育文化，每个项目出现背后都或多或少地存续着一个支撑着其存在的理由，或许我们可以称之为"历史""故事""传说"之类。就是这样一类文化在源起、发展过程中与社会中的许多文化相互融合，型塑了一个文化共同体体系。

在福建原生态村落体育的实践调查中，我们不仅看到这些身体运动展演的存续时刻不离民间宗族信仰、乡土宗教信仰、节日庆典等文化土壤，同时在聆听项目传承者及相关参与者的口述中发现，这些项目有的和农耕文化相互融合，有的和军事战争文化相互关联，有的和地形地貌

---

① ［英］马林诺夫斯基著：《文化论》，费孝通译，中国民间文艺出版社1989年版，第2页。
② 同上书，第95页。
③ Patrick Hanks, *Collins English Dictionary*, Glasgow: HarperCollins, 1979, p. 379.
④ 蔡红生：《文化概念的考证与辨析》，《新疆师范大学学报》（哲学社会科学版）2009年第3期。

生态文化相互联系，有的和海洋等水系文化紧密相关，等等。如福建原生态村落体育项目中的送王船、三公下水操、抢土地伯公、盘古王戏水等都源自乡土宗教祭祀仪式活动或寄生于此；畲族拳、打黑狮、畲族龙头舞、红龙缠柱等与宗族祭祀文化密切相关；游大龙、搬铁枝等寄生于节日庆典场域进行展演；菜头灯、抢土地伯公、闹春田、游大龙等与农耕文化相互关联；赛海马、妈祖体育、抓鸭等与水系文化相互融合；宋江阵、曳石、挑幡、蛇脱壳阵等与军事战争文化联系紧密，如此等等。

福建原生态村落体育在源起、传承、发展中与本地域的乡土宗教祭祀文化、宗族祭祀文化、军事战争文化、地域生态文化、传统节庆文化等相互融合，逐渐形成了以项目身体展演为核心的多元一体的文化共同体。正因如此，理解福建原生态村落体育文化，不能将其仅仅局限在项目活动本身，应该从多种文化共生的视角去认知。所以，福建原生态村落体育文化的范畴应该解释为：以某一项目的身体展演为核心，在源起、传承过程中融入地域文化而型塑的一种共生性文化体系。正是这种文化共同体的型构，产生了福建原生态村落体育文化的多元化特征，使其在社会传承过程中体现出不同的价值。

第二节　福建原生态村落体育文化研究的意义

一　福建原生态村落体育文化研究的理论意义

福建原生态村落体育文化是区域军事文化、历史文化、乡土宗教文化、宗族文化、习俗文化、地域文化等交织为一体的共生性文化体系，被视为一个区域传统文化的身体象征。特别是诸如宋江阵、曳石、打铁球、赛海马等运动，凝聚了民族抗争精神，饱含了爱国主义精神，成为传递这种精神的桥梁和纽带，故而，有研究者指出"文化兴，则国家兴；文化衰，则国家衰"[①]。在当前文化全球化、中华民族伟大复兴的

[①] 参见胡惠林《文化产业发展与国家文化安全——全球化背景下中国文化产业发展问题思考》，《学术季刊》2000年第2期。

社会背景下，对这些具有民族精神的传统文化将更加重视，因为这不仅是一个民族的软实力，同时也是民族精神的象征，还是"警惕全球化对于文化个性的消弭"①。对于中华民族传统文化的重要性，习近平总书记曾指出："政治是骨骼，经济是血肉，文化是灵魂。"② 中国是世界文明的发祥地，更是传统文化强国，优秀传统文化是民族的命脉，是民族延续与发展的灵魂。习近平总书记也曾强调："优秀传统文化是一个国家、一个民族传承和发展的根本，如果丢掉了，就割断了精神命脉。"③ 以此可见，保护与传承这些具有民族文化内涵的传统文化，对于提升国家的软实力和综合竞争力具有重大的现实意义。

原生态村落体育文化是中国民族传统文化的重要组成部分，它承载着重要的历史文化传承和当代文化激活的双重使命，是新农村文化建设的优质载体，对农民文化熏陶及基本素质提高具有积极的促进作用。但是，纵观被学界所使用的"原生态体育"已经处于时代发展的瓶颈，其中所体现的"原生态"或者只是一种"残存的文化"，那么对这种原始文化的"残存"进行研究是否还具有重要的价值呢？英国人类学家爱德华·泰勒曾在《原始文化》一书中这样评价残存文化的研究："无论残存本身大部分是怎样无关紧要，对残存的研究都是有帮助于发现历史发展的进程，要使人们头脑中铭刻下一种进化发展学说的印象，就要使他们尊敬自己的祖先，以继续从事往昔的进步工作。"④ 可见，如今我们研究这些历史遗留在某些体育活动中的"残存"民间的原生态文化，将有利于我们更清醒地认识不同时期中国社会某一视角民间体育文化的萌生，同时也有利于审视当前全民健身思想下，现代体育文化在村落发展的困境，形成一种有益的互补。

对于福建原生态村落体育文化的深度挖掘整理，形成研究成果，有

---

① 邹广文：《全球化进程中的哲学主题》，《中国社会科学》2003年第6期。
② 习近平：《干在实处 走在前列——推进浙江新发展的思考与实践》，中共中央党校出版社2006年版，第293页。
③ 习近平：《在纪念孔子诞辰2565周年国际学术研讨会暨国际儒学联合会第五届会员大会开幕会上的讲话》，人民出版社2014年版，第11页。
④ [英]爱德华·泰勒：《原始文化》，连树声译，上海文艺出版社1992年版，第15—16页。

利于贯彻党的十八大关于"加强传统文化研究"的精神,加强福建优秀民族传统体育文化建设,积极响应国家、地方关于体育文化挖掘、传承、保护和弘扬的号召;有利于人们重新审视其文化内涵和文化价值,对于地方民族体育建设及新农村文化路径实施具有重要的理论支撑作用。鉴于此,从研究的价值进行考察,对这些形式变迁中且留着的一份"残存"的原生态意识文化的合理利用,同样是历史赋予的一种使命,更是当代民族学者、人类学者的责任与义务,对全民健身路径的顺利推进也是大有裨益的。

二 福建原生态村落体育文化研究的实践意义

对福建原生态村落体育文化的系统研究,主要实践意义体现在对政治、经济、文化、精神、国民素质等方面所形成的影响。文化力量对政治制度、政治体制的导向及引导的作用十分明显。中华民族有着几千年的文化传统,优秀的民族传统文化则是中华文化的典型代表。民族传统体育文化浓缩了中国传统文化的精华,是优秀传统文化传承的重要载体,扮演着不同的社会角色,在不同历史时期还被赋予了重要的社会导向功能,特别是在建设文化强国精神的号召下,一些民族传统体育、民俗体育、"原生态村落体育"成为新常态下新农村文化建设的重要"支撑者"和"参与者"。

文化是一种综合性体系,其不仅与政治关系密切,同时也与经济密切相关,从某种程度来看,文化实则是由经济决定的,因为,无论何种文化的发展都需要一定的物质基础,这是经济所能提供的。相反,文化的多样性,文化中蕴含的人文价值又为经济的发展提供支撑,正是因为有了文化的协同,才能将人类的经济活动与动物的谋生行为进行区分。当然,文化的社会功能及对经济所形成的影响,还表现在组织效能,推动社会主体间的相互沟通及社会凝聚力的汇集与形成等方面,为经济发展提供更为强劲的竞争力。总体而言,文化与经济的关系体现为一种共生关系,经济制约着文化的发展,文化对社会经济的发展具有积极的催生功用。原生态村落体育是农村文化传承、发展和弘扬的重要载体,是新形势下新农村文化建设的重要构成要素,对农村社会经济发展具有积极的促进作用，综合反映在潜在的隐性功能和直观的显性功能两个方面。

在新常态下，村民文化认知感的激活和提升是新农村文化建设中要解决的首要问题，正如习近平所强调的"打铁还需自身硬"一样，只有村民们时刻保持对自我村落或族群文化的认知、认同，将思想觉悟提高，才会使他们的文化自豪感油然而生，村落文化建设才会上升到村民"文化自觉"的层面。通过对原生态村落体育活动的举办，逐渐传播这种农村文化，络绎不绝的游客、学术专家、媒体记者纷沓而至，更增添了农村文化的气息，促进了农村传统文化的传播，强化了村民自身的文化认同感。村民们自我文化理念的不断增强，使其更加重视对这种村落传统文化的挖掘、保护、传承和弘扬，当这种感性认识逐渐上升到理性认识的层面，文化自觉将会逐渐形成，新农村文化建设的根基也将不断得以夯实。

福建原生态村落体育文化在凝聚民族精神方面有着重要的作用，诸如宋江阵、曳石活动、赛海马活动、蛇脱壳阵、南少林武术等都在反侵略斗争中得以洗礼，蕴含了丰富的爱国主义精神，这种精神一旦在广大民众中得到普及，就会被广大人民掌握，成为这个民族风貌的重要部分，对振奋民族精神将产生难以估量的作用。[1] 因为，这种伟大的民族精神及爱国主义精神是凝聚亿万人民、鼓舞他们奋发进取的导向旗帜。凝聚在福建原生态村落体育文化中的精神成为中国广大民众精神风貌的具体写照，能够在激发社会活力方面产生强大力量。[2]

不仅如此，福建原生态村落体育文化的一大特色便是在凝聚广大民众信仰方面，包括对乡土神灵的信仰、对英雄先祖的尊崇等。这种精神信仰在人类生存与繁衍历程中扮演着重要的角色，即使是在当代科学化程度较高的人类社会中，也无法想象没有精神寄托的世界该是多么的糟糕。虽然，我们不难审视这些乡土信仰中存在一些类似迷信的成分，但其现实的存在也说明有其合理性和必要性，同时，在乡土村落社会中，

---

[1] 参见邱丕相《中国武术文化散论》，上海人民出版社2007年版。
[2] 参见赵学清等《科学发展观若干重要问题读本》，人民出版社2006年版。

村民们编织神话、鬼魂世界的原初动机其实就是为了满足自身的精神需求。[①] 据本研究调查结果分析得知，精神信仰的心理需求功能是原生态村落体育缘起和发展的重要原因，展示了一种本质功能附属的特性。

福建原生态村落体育文化大多是在乡土社会中发育而成的，在数百年前，中国乡土社会以农耕社会为主体，生于斯长于斯的身体运动文化往往植根在广大民众的内心深处，潜移默化地影响着他们的思想方式及行为方式。作为一种乡土社会的身体运动形式，这种身体文化与生产力中最活跃的人的思想等因素一旦形成融合，广大民众的劳动力素质将会得到极大程度的提高，劳动对象的深度与广度也会得到极大的拓展。原生态村落体育文化是中华民族几千年农耕文化的缩影，凝结着劳动者的辛勤智慧和创造力，这一典型的创造性成果又通过肢体运动、意识呈现、行为约束、规律形成等方式反作用于活动主体本身。福建诸多原生态村落体育与中国道教祭祀仪式唇齿相依，这种与宗教结缘的身体运动，具有现代体育运动指标中所提出的运动频度、运动时间、运动强度、运动负荷等多项基本要素。长期有效的肢体运动，可以不断提升参与者的身体机能、身体素质及生命质量。[②]

福建原生态村落体育文化之所以能够历经岁月洗礼而得以经久不衰，最重要的原因之一就是其具备了不可替代的教育功能。[③] 福建原生态村落体育文化事项是在村民们自发、自觉、自主的意识下发展起来的，历经数百年的发展，其间对村民的自律意识形成和思想品质培养具有积极的影响，进而影响到农村社会的发展及乡土社会人类的生存与繁衍。在中国乡土村落，礼治是一种普遍的村落社会治理方式，村落社会的治理、社会秩序的调控、社会矛盾的调节等，往往也通过广大村民们自觉、合作、协商的形式进行，这也是村落秩序形成的关键。[④] 福建原

---

① 参见余涛等《村落语境中传统体育的文化功能——以芜湖县崔墩穿马灯活动为例》，《中国体育科技》2011年第5期。
② 参见万义《少数民族原始宗教与身体运动文化形成的文化生态学分析——东巴跳与达巴跳的田野调查报告》，《体育科学》2014年第3期。
③ 参见郭学松《沙江中秋曳石活动的体育价值研究》，《体育文化导刊》2014年第1期。
④ 参见任远金、卢玉、陈双《徽州民俗体育在村落社会的文化意蕴与存在价值》，《西安体育学院学报》2013年第6期。

生态村落体育文化是先辈们遗存下来的文化遗产,其中蕴含了多样化的"礼仪"思想和行为,从而影响着村落社会的发展及村民们的身心教化。这种以"礼""德"建构起来的规训,最终在形成效益的过程中,都要通过作为主体的人来融会贯通与实施。因为,不管在哪种社会环境中,对社会的治理始终是围绕着对人的治理而推行的,人治成为社会治理的重要方式之一,不管是法治还是礼治,皆通过人的身体行为和精神型塑的协调统一完成。在伦理道德践行中,人们被引导与规范化,充分体现了理性的普遍原则——用理智生命的自治替代激情的奴役,身体成为自治的对象,而作为集体性的宋江阵是通过对个体身体和精神的双重型塑,最终过渡到"村民自治"[①]。这种思想意识的培植对自觉、自律的社会行为的形成具有重要影响,进而调控村落社会向良性循环方向发展。这种传统文化所培植的思想素质及其所滋养的自觉性社会行为是新常态下新农村建设顺利进行的重要基础,是其开展实践工作的"沃土"和"养料"。

第三节　福建原生态村落体育文化个案的选取

个案研究(case study)对学科发展和建设具有重要的意义。20 世纪前后,个案研究法在各个学科得到了运用,并获得了显著成效,形成了一些重要的研究成果。如,巴普洛夫(Ivan Petrovich Pavlov)的个案研究是在实验室里进行的、以狗为研究对象的实验,并基于此提出了条件反射理论;弗洛伊德(Sigmund Freud)的个案研究以精神病患者为研究对象并得出了精神分析理论;马林诺夫斯基(Malinowski)将新几内亚作为个案研究对象,通过历经多年的持续性研究而写成民族志式田野报告《西太平洋的航海者》,在人类学上具有重要的意义;沪江大学美籍教授葛学溥(D. H. Kulp Ⅱ)对华南广东潮州凤凰村进行田野调查最终形成

---

① 廖上兰、吴玉华:《身体与精神双重构建下的民俗体育村落治理——以江西宁都"中村傩戏"为例》,《武汉体育学院学报》2017 年第 2 期。

《华南的乡村生活》等。国内的个案研究出现于20世纪30年代,并于80年代开始兴盛,具有代表性意义的主要有费孝通对吴江庙港乡开玄弓村的田野调查而著作的《江村经济》;林耀华对福建福州附近的义序村的实地调查成果《义序的宗族研究》;罗湘林对湖南郴州下辖村——刘村的考察而形成的体育学科中的重要成果《村落体育研究——以一个自然村落为个案》等。这些个案研究的成果无论在研究方法上,还是在研究成果的可参考性上,在当时乃至今天的个案研究中都具有重要的学术价值,对人类学的发展起到了重要的助推作用。

一 个案研究及福建原生态村落体育文化概况

在福建原生态村落体育文化个案研究的选取中,首先要厘清两个问题:第一,什么是个案研究;第二,福建省生态村落体育个案的整体概况。国内外相关学者曾对"个案研究"的范畴给过一些解释。如,《现代社会学词典》工具书中有关于"个案研究"概念的专门分析,个案研究是一种通过对一个单独个案进行详细分析来研究社会现象的方式方法。个案的研究对象可以是一个人、一个群体、一个事件、一个过程、一个社会或社会生活的任一其他单位。[①] 罗伯特·斯特克(Robert Sterk)的研究指出,个案具有简单性与复杂性双重选择的特性,但是所选取的研究个案要体现出"有界限的系统"(bounded system)[②]。然而,在人类学者费孝通看来,国外学者们所选取的研究个案"类似于典型调查"。因此,典型性也成为个案选取的一种指标,各种学科都在思考这种典型性。基于典型性的个案典型调查已经成为中国化个案研究的代名词。[③] 纵观国内外研究视角,选取具有典型性的案例作为研究立足点,已经成为一种个案研究的趋势,并取得了一些显著性突破,通过对个案做深度的田野调查,并对这些样本进行系统全面的研究,从个案上升到理论研究,进而从微众文化探寻大社会观,通过实践与理论相结合,推动理论

---

① 参见范伟达《现代社会研究方法》,复旦大学出版社2007年版。
② Robert E. Stake, "Qualitative Case Studies", in Norman K. Denzin and Yvonna S. Lincoln, eds., *The Sage Handbook of Qualitative Research*, London: Sage Publications, 2005, p.444.
③ 参见范伟达《现代社会研究方法》,复旦大学出版社2007年版。

发展，以概括说明社会结构与过程服务。① 对福建原生态村落体育文化的个案研究同样具有这样的功用。因为，在福建原生态村落体育文化的研究个案中，每个个案都具有特殊的象征文化内涵，而这些文化象征性反映了地域文化、军事历史、人物典籍、乡土宗教文化、宗族文化、节日习俗文化等相互交融的共生关系。依据这种研究范畴，笔者曾通过不同的检索途径对福建原生态村落体育文化的项目进行收集和统计（具体详细信息参见后续章节），仅仅初步统计发现这样的样本不下100项。这些项目分布在福建省各个市的村落之中，每个地区的分布不一，且与地域文化息息相关，涉及民族传统体育、民间体育、民俗体育等，每个样本都具有典型的特征与丰富的价值。通过对这些地域性特殊体育文化的研究，旨在深入挖掘这些样本的文化内涵，服务于和谐社会建设、村落经济发展、新农村文化建设、社会主义核心价值观建设，等等。面对这么多有价值的样本，如果能够全面系统地挖掘整理，当然具有重大的意义，但是，缘于人力、物力、时间等客观条件所限，不可能做到面面俱到，因此，通过深入细致的研讨，在聆听相关专家学者建议的基础上，尝试从这些样本中筛选出研究需要的首批样本进行深入挖掘整理。

二　福建原生态村落体育文化研究个案选取的理由

根据研究需要，为了更好地实现最初的研究目的和最终的研究目标，在多次商讨及请教相关专家的基础上，拟选取20多个福建原生态村落体育文化事项作为本研究的个案对象。这些个案样本在福建省的分布特征为：宁德地区福鼎沙埕的搬铁枝活动，霞浦沙江村的曳石活动，飞鸾的赛海马活动，八都猴盾村的龙头舞活动，霍童的线狮活动，福安金斗洋的畲族拳等；厦门地区同安西柯镇吕厝村、海沧区钟山村、湖里区钟宅村的送王船活动，同安前乡村的车鼓弄活动，郭山村、赵岗村、造水村、西湖塘、茂林村的宋江阵活动等；三明地区永安市槐南乡南山村的永安安贞旗鼓，青水乌坑村畲族的打黑狮活动，沙县的肩膀戏活动，沙县南

---

① 参见范伟达《现代社会研究方法》，复旦大学出版社2007年版。

霞乡茶坪村的打狮活动，永安市上坪的龙角舞等；漳州地区长泰坂里乡正达村的盘古王戏水活动，长泰县岩溪镇珪塘村的三公下水操活动，角美沙坂村的宋江阵活动等；泉州地区晋江安海等地的嗦啰嗹活动，洛江河市镇的濠格头村的俞家棍活动，南安江崎村的宋江阵活动，南安桃源村的蛇脱壳阵活动，晋江沙美村的刣狮活动等；南平地区王台、峡阳等地的战胜鼓，建瓯的挑幡活动等；龙岩地区武平县永平乡中湍村的武平民俗绝技，连城姑田的游大龙活动，连城县庙前和新泉镇的红龙缠柱活动，长汀举林村的闹春田活动；莆田地区仙游枫亭的游灯活动，黄石镇和平村沟边自然村的九鲤灯舞活动，涵江前村的打铁球活动，仙游县枫亭镇麟山村的皂隶舞活动；福州地区罗源八井村的八井拳活动等。

　　这些个案样本选取的理由主要有四个方面。首先，依据选题的方向性要求，所选择的个案应该覆盖福建省不同地域。福建省共有 9 个地级市，关于福建原生态村落体育文化的个案选取，应该对每个地级市的管辖范围都有所涉及。如上文所列出的项目已经适用于这一研究的需要，符合个案选取原则中的整体性原则，基本体现了对福建原生态村落体育文化的整体性研究要求，有利于研究目的的实现。其次，从国家的保护程度看，在本组样本中，涉及国家级、省级、市级非物质文化遗产名录收录的项目，另外也涉及暂时没有被正式纳入非物质文化遗产名录的项目。这样的阶层性样本选择，有利于分层次的研究，通过比较分析不同社会政策形式下传承的路径，探寻其发展中存在的利弊性问题，为合理规划福建原生态村落体育文化的发展路径或制定发展模式提供参考，对福建原生态村落体育文化的可持续发展大有裨益。再次，不同地域样本的选取，代表了福建文化的不同方面，有利于在福建整体文化观的视角下从事系统研究，能够在整体性和个体性兼顾的情形下形成统筹观，同时，还有利于分析比对不同文化对福建原生态村落体育文化传承发展的影响。例如，上述样本基本涵盖了闽东的畲族文化、闽西的客家文化、闽南的宗族文化和移民文化、闽北的乡土文化、闽中的莆仙文化等。最后，从经济视角分析，这些个案的选取，基本上是出自福建不同经济状况的区域。例如闽南的厦门、泉州个案的选取代表了福建经济最为发达的地域，闽西、闽北、闽东等个案的部分区域隶属于经济欠发达区域，闽中地域的经济处于中层范畴。这样的样本选取有利于透视不同经济状况下原生态村落体育文化的发展概况，为能够根据经济情况因地制宜地制定原生态村落体育文化发展路径提供可行性参照。

三 福建原生态村落体育文化研究个案选取的原则

福建原生态村落体育文化事项琳琅满目，被国家、省、市级非物质文化遗产名录收录的就有百余项，而且流落市井、鲜为人知的村落体育活动更是数不胜数，据前期的大量实践工作可知，福建省几乎每个村落都有自我村落传承的民俗活动，这与福建的历史文化特征有着重要的关联。首先，福建省是一个移民较多的省份，早期的移民带来了不同区域的文化，其中就包括体育文化，如漳州云霄平乡吉坂村元宵期间举行的抢土地伯公活动就是源自河南的民俗活动，在福建的传承和发展过程中与福建地域文化相融合，体现了闽文化的特质。其次，福建省宗族观念极为强烈，诸多家族都有自己的祠堂，几乎每年都会举行盛大的祭拜活动，在这些祭拜活动中滋养了一批具有族群特征的原生态村落体育活动。那么，这样一个庞大的研究范畴，在有限的时间、物力、人力等条件下，只能选择一些与研究目的较为符合的事项进行重点研究，那么在选择的过程中要遵循什么原则呢？

（一）整体性原则

福建省内辖9个地级市，包括85个县（市、区），其中有1119个乡级行政单位，下辖14745个村，福建原生态村落体育文化几乎覆盖整个福建省的各个区域，覆盖面积之广无与伦比，虽然一些村落共同参与相同或相似的村落体育活动，但是这样统计下来，仅无重复性的原生态村落体育仍不下100项。由于福建地域文化的历史沿革特性，不同地域的体育文化融合了闽东、闽西、闽南、闽北、闽中的文化特质，因此，在选取这些个案研究样本时，必须考虑到福建地域文化的整体性原则。即在选择研究样本时，应该涉及福建9个地级市的原生态村落体育事项，这样的样本选择才能体现整体性和全面性的要求，才能在总体上代表整个福建省原生态村落体育概貌。但是，在这些样本选择中，还要根据福建的地文地貌、族别等进行有的放矢的选择。例如，福建历来有"八山一水一分田"之称的"依山傍海"的地理特点,在不同区域原生态村落体育个案选取时,理应有山地项目(莆田仙游县枫亭镇的游灯活动)、水域项目(漳州长泰坂里乡正达村的盘古王戏水活动)、田地项目(漳州云霄平乡吉坂村的抢土地伯公活动)等,缘于福建拥有较长的海岸线,所选择的样本还要与海洋文化相结合(送王船活动)。

福建省的民族成分较为单一,以汉族人口居多,占97.84%,但是,福建的少数民族也有着悠久的历史文化,如闽东的畲族、闽南的高山族,在这些少数民族中也有丰富的原生态村落体育,闽东畲族的武术、高山族的拉手舞等就是典型的样本。闽西的客家文化也有自己的文化特色,闽西客家人繁衍的过程中创造了许多原生态体育文化,如姑田的游大龙、罗坊的走古事、连城的连城拳等都是很好的代表。在样本的选择过程中,应该考虑到区域文化特性,还要照顾到族群文化的优越性,这样的系统样本选择才会真正体现福建原生态村落体育文化的价值,形成一个整体。

(二)典型性原则

许多个案研究只适合于某一类现象的阐释,其外推性的限度很难控制,主要通过读者自己的判断力来"接力"完成。很显然,读者对个案的外推性程度越大,个案的代表性就越发突显,个案研究所赋予的价值就越大,但是,由于研究总体存在一定的模糊性,代表性往往不是个案选取和研究的必然要求。那么,在个案的代表性并不是很清楚的情形下,怎样操作才能使得个案研究的可外推性得以提升呢?一个重要的解决办法就是选择具有典型性的个案。[①]典型个案的选取是一个复杂的过程,需要遵循典型性原则,该原则要求所选取的研究个案不仅具有共性特征,还要求共性和个性相统一。在二者相统一中,又呈现为共性依赖个性而表现和存在。因为个案研究往往通过个性研究的途径来寻找共性(即典型性),并揭示个案的独特性。基于个性研究的独特性,个案也

[①] 参见王宁《代表性还是典型性——个案的属性与个案研究方法的逻辑基础》,《社会学研究》2002年第5期。

被赋予了典型性和独特性的双重属性。① 那么，如何才能选择出这样具有典型性和独特性的个案呢？在选取具有典型性的个案时，我们应该充分考虑到三种不同类别的共性类型，即普遍现象的共性类型、反常（或离轨）现象的共性类型和未知现象的共性类型（鲜为人知的类别）②，在这三种共性类型特征的基础上，所选取的研究个案的典型性往往浓缩并呈现了集中性、极端性和启示性。③ 因此，要体现福建原生态村落体育文化研究的重要价值，这些个案的选择必须依照典型性的原则实施。

福建原生态村落体育文化很多都是在闽文化的滋润下而发起和成长起来的，具有典型的福建地域文化特色，同时又与中原的移民文化相交织，形成了一种包含多元文化的传统文化形态。因此，福建原生态村落体育文化个案选择应基于福建典型的文化特质，如移民文化、海商文化、丝绸文化、农耕文化、宗教文化、抗倭文化。例如，漳州云霄平乡吉坂村的抢土地伯公活动就是由中原地带移民传入，结合福建的地域文化而传承的具有中原和"八闽"文化特质的原生态村落体育；厦门海沧区钟山村、湖里区钟宅村、同安西柯镇吕厝村的送王船活动就是海商文化的映射；莆田仙游县枫亭镇的菜头灯活动是将农民耕种的白菜、萝卜运用于民俗体育活动之中，展示了农耕文化的记忆；厦门海沧区东屿村的蜈蚣阁活动与保生大帝信仰有关、宁德屏南双溪乾源村的斩白蛇活动与陈靖姑信仰有关、漳州长泰坂里乡正达村的盘古王戏水活动与盘古王信仰有关、莆田仙游县枫亭镇麟山村的皂隶舞活动与杨家将信仰有关，等等，这些都是基于宗教文化或者说寄生于宗教祭祀而发展起来的原生态村落体育事项。对这些个案的研究，从某种程度来看，已经涵盖了福建文化的典型性和多样性内涵。

---

① 参见王宁《代表性还是典型性——个案的属性与个案研究方法的逻辑基础》，《社会学研究》2002 年第 5 期。
② 参见 Robert K. Yin, *Case Study Research Design and Methods*, London: Sage, 1984.
③ 参见王宁《代表性还是典型性——个案的属性与个案研究方法的逻辑基础》，《社会学研究》2002 年第 5 期。

(三) 因地制宜的原则

赵晔所著《吴越春秋·阖闾内传》中指出"夫筑城郭，立仓库，因地制宜"。这里主要说明根据不同地区的具体条件，制定或采取相应的妥善措施来处理一些事，即因地制宜的原则。无独有偶，对福建原生态村落体育文化的研究同样应该遵守因地制宜的原则去选取研究的个案样本。福建历来有"八闽"之称，而如今，福建根据地域版图又分为闽东、闽西、闽南、闽北及闽中。福建原生态村落体育文化在不同地域的传承至今已有300年以上的历史，已经形成了与地域文化相互融合的格局，是不同区域的地域文化代表。然而，福建不同地域的文化差异性较大，在个案样本的选取方面，要立足于体现共性与彰显个性相结合的形式，体现出因地制宜的样本选择原则，力图全面系统地对福建原生态村落体育文化进行研究。

福建省在地理、环境、人文、气候、人口等方面有着显著的特性，使得福建在历史发展过程中产生过重大变迁，特别是移民文化的变迁，例如中原地域的三次大移民，畲族的迁入、客家人的入居、高山族入住，等等。伴随移民文化的产生，一些原生态体育项目也随之入驻"八闽"大地，开始枝繁叶茂般地繁衍生息，这些原生态的传统体育文化与福建地域文化相融合，生成了内涵丰富的多元体育文化，其与福建土生土长的原生态村落体育文化形成了鲜明的对比，适合于跨文化研究的样本个案选取。例如，在闽东畲族武术文化中的金斗洋的畲族拳、溪坪村的盘柴槌活动等，闽西客家武术文化中的连城隔田村的连城拳、上杭的女子五枚拳，闽南的高山族舞蹈等。当然，移民文化环境中所产生的原生态村落体育活动仅仅是福建原生态村落体育文化中的一部分，福建不同地域本土化的原生态村落体育项目仍具有别具一格的特征。例如，闽东地域直接衍生于抗倭文化的赛海马活动、沙江村的曳石活动等，闽南的族群文化或宗族文化中漳州长泰县珪塘村叶氏族人正月十七举行的三公下水操活动，高山族的拉手舞等，莆田的莆仙文化与抗倭文化共生的代表性原生态体育活动游灯、打铁球等，南少林文化及与抗倭文化相结合后形成的俞家棍等，闽西客家文化中所延承的游大龙活动等。这些原生态村落体育活动是地域文化的代表，具有不可替代的地域文化特征，对这些身体活动的挖掘整理,展示了因地制宜的选择性原则。

(四)可比较性原则

福建原生态村落体育文化具有典型的地域差异性特征,各体育事项之间似乎都是相互独立的个体,但是,只要认真细化地研究,一些体育活动项目之间存在着的许多藕断丝连、休戚相关的关系就会被发现。它们两两之间或同出于某一文化,是某一文化的延伸;或交融于某一文化,源自不同文化,却容纳了同一文化。这样看来,在选择福建原生态村落体育文化个案时,就要充分考虑文化的整体性研究,需要选取一定数量的研究个案,进行跨文化比较研究。跨文化比较研究往往致力于发现和解释不同民族之间、不同种族之间、不同文化之间的同中之异和异中之同,并且最终能够通过所发现的异同规律用以发展各种文化适应手段。[1]这种跨文化比较研究在人类学、民俗学、民族学等学科中十分盛行,因为这些研究的根本都是在深度田野调查基础上,基于民族志式的前提下,而开展的对不同文化的比较研究。在这些学科研究领域中,研究者们通过对世界各民族所取得的调查材料进行比较分析,用以验证假设,进而分析人类行为的共同性及文化的差异性,并试图发现某种普遍性规律或通则。[2]杨海晨等曾专门对体育人类学跨文化比较研究进行过深度探讨,研究成果基于体育人类学的萌芽、发展、达成共识、实现学科化与体制化等系列研究,探讨了跨文化比较研究应该遵循可比性、整体性、主客位性等原则;综合考虑类型比较法、历史比较法及模式比较法等方法的选取与运用;同时,在个案的选择中应该选取具有相似表现形式的项目,根据地缘或渊源进行研究。[3]

本研究在实地考察过程中,对跨文化比较研究特别关注,特别是同出于某一事项的原生态村落体育,在后期的传承过程中又与其不同族别文化相互融合后形成的发展概貌。例如,流传于畲汉民族的闽东畲族拳及龙尊拳就是很好的村落民族传统体育跨文化比较研究的样本。如今盛

---

[1] 参见张力为《体育科学研究方法》,高等教育出版社2002年版,第181页。
[2] 参见周晓红《人类学跨文化比较研究与方法》,云南大学出版社2009年版,第2页。
[3] 参见杨海晨等《论体育人类学研究范式中的跨文化比较》,《体育科学》2012年第8期。

行于福建宁德古田县南洋村、利洋村、衫洋村等地的龙尊拳被称为"福建七大拳种之一",相传该拳始于清雍正年间,为福建南少林寺僧人林铁珠所创,后传于朱三。在反清复明失败后,朱三逃到古田,并在本地广泛传播此拳种。① 而流传于福建宁德福安金斗洋村的畲族拳也是始于清雍正年间,由畲族雷氏第三十二代公雷朝宝所创。据载:"清雍正年间,反清复明失败后,少林和尚林铁珠流落至金斗洋村。在此地栖身时仍坚持习武,决心重整旗鼓,再度操戈复明。其间,发现习武人才雷朝宝,遂将自身南少林武术相传,雷朝宝将本族武功与铁珠和尚所传南少林武术相融合,形成了别具一格的'畲族拳'。"② 从拳种的流派分析,同属于南少林武术派系,从师承关系看,源自同一师门,在传承过程中历经不同族群文化的洗礼,展示着畲族和汉族族群特性的向异性特征。这两个样本的发展概况也大不相同,畲族拳和龙尊拳的发展与其族群文化、政策、经济等方面有着许多关联,深度挖掘其传承的利弊因素,有利于为中国传统武术文化发展提供可借鉴的参考。因此,在福建原生态村落体育文化样本选择方面,也要可操作性地选取一些典型的个案进行跨文化比较研究。

四 福建原生态村落体育文化研究个案选取的方法

福建原生态村落体育项目不少于 100 项,如果能够全面研究这些项目,将会获得最佳的研究成果,但是,事实上,在有限的时间、人力、物力范围内,很难做到全面性研究,既然如此,选择具有典型性的个案成了课题研究的首要任务,这也是许多研究过程中所必须面临的抉择问题。在众多研究个案中选取最具研究价值的个案,还需要依据特定的选取原则,采用合理的选取方法。这样选择出来的个案样本才能够符合研究实际,达到研究目标,实现研究目的。福建原生态村落体育文化样本个案的选取,也应该遵循这样的程序,依据研究的目的,在整体性原则、典型性原则、因地制宜原则及可比较性原则的基础上,采用总体采样、

---

① 参见林荫生《中国南少林》,福建人民出版社 2013 年版。
② 林荫生、王建民:《畲族拳》,人民体育出版社 1987 年版,第 1—3 页。

分地区、分类别等形式进行选取。

（一）总体采样法

总体采样法是指在研究过程中，首先要确定总体样本的容量。福建不少于100项的原生态村落体育事项就是一个总体样本，这些样本分布在福建的14745个村中，样本统计工作任务较为繁重，如果仅仅依靠下乡踩点的方式收集样本，在有限的时间内很难完成。为此，本研究采用两种形式收集总体样本，即文献形式的收集和问卷调查形式的收集。首先，依据文献材料进行收集。这种文献形式的查找又包括网络资源形式和馆藏文献资源形式。第一，网络资源形式。通过福建省非物质文化遗产管理中心网站，统计出省级和国家级非物质文化遗产目录中的福建原生态村落体育项目，再通过各地市的网络机构收集市级非物质文化遗产目录中的原生态村落体育项目。第二，馆藏文献收集形式。通过福建省图书馆、福建师范大学图书馆、厦门大学图书馆、华侨大学图书馆、泉州师范学院图书馆、宁德师范学院图书馆等馆藏机构，收集福建原生态村落体育项目。在馆藏文献查询方面，主要通过分组的形式赴不同地域进行收集，收集文献范围资源主要涉及省级不同方志、市县级不同方志或者村志、民俗志、传统体育志、武术志等，系统收集研究范围内的福建原生态村落体育文化项目。

其次，在运用上述文献采样法的同时，还考虑到原生态村落体育的特殊性，一些项目很可能还少有问津，没有现存的文献资料储备，故而采用了问卷统计方式进行收集。实施的方法主要采用在高校学生中发放问卷。本研究成员分布在福建省不同地域、不同类别的高校，都是从事体育教学工作的一线教师，具有便利的问卷调查的可操作性。因此，运用这种有利的资源条件，在不同高校进行问卷调查。然后统计问卷调查所得信息，剔除相同的项目。最后将问卷调查收集的项目与文献收集的材料进行比对，合并相同的项目即可初步获得福建原生态村落体育文化项目的总体样本。根据这些总体样本才能进行二级样本或三级样本的筛选工作。

（二）分层选样法

分层选样法是指依据样本的层次性，从总体样本中抽取不同层次的样本代表，使研究的样本具有不同层次的代表性。在福建原生态村落体育项目的分层次个案样本选取中，主要依据非物质文化遗产的不同级别进行抽样。福建原生态村落体育文化项目主要涉及国家非物质文化遗产项目、省级非物质文化遗产项目、地市级非物质文化遗产项目及非物质文化遗产名录之外的项目。在这样的总体样本研究中，要想使所选取的个案样本具有代表性，个案样本应该涵盖各个级别。但是，在选取不同级别的样本时，没有完全要求不同级别的个案样本具有等同性，因为不同级别的项目也不是等同的，且研究价值也存在差异性。在本次分层次抽样中，国家级非物质文化遗产项目9项、省级17项、地市级18项、无级别8项，需要强调的是，这些等级项目中国家级由省级升级而来，省级由地市级升级而来，这种特殊关系对福建原生态村落体育文化个案的共时性和历时性研究具有重要的价值，同时符合样本选择原则中的可比较性原则。

（三）区域选样法

区域选样法是指依据福建原生态村落体育文化选样的整体性原则和因地制宜的原则，在福建9个地级市中都要选择相应的个案样本进行研究。福建地域的原生态村落体育项目不是等额地分布在各个区域，如闽南漳州、闽中三明、闽西龙岩、闽东宁德等地域分布较多，闽北南平、闽中福州等地域分布较少。但是，并不是区域分布的项目多就应该多选，区域项目较少的就应该少选，在不同的区域选择项目时要因地制宜。即根据地域文化、地理、风俗等特征选择最具代表性的项目。例如，宁德的地域文化特殊表现在畲族文化，在选择项目时，畲族的武术和舞蹈可优先考虑；闽西地域的客家文化是该地域的文化特色，所以客家武术及客家传统体育具有重要的价值；泉州地域的南少林武术文化则成为该地域的特色；厦门地域的族群文化优势也是时代研究所趋；如此等等，都应该成为区域样本选择中所必须考虑的因素，这样所选取的样本才具有典型性或代表性。

（四）类别选样法

类别选样法是指在项群分类的基础上，在福建省原生态村落体育中选择能够代表不同类别的项目。关于福建原生态村落体育文化的项群分类将在后续章节进行详细研究，在此不做赘述。由于福建省具有历史上的地理、信仰、资源等方面的延承性特征，因此原生态村落体育也深受这些因素的影响，主要表现为以下类别，即祭祀类（盘古王戏水活动）、战争类（曳石活动）、海洋类（送王船活动）、滩涂类（赛海马活动）、池塘类（三公下水操）、田地类（抢土地伯公活动）等，鉴于此，所选择的样本理应体现不同的文化特征。这样选择的样本综合反映了个案样本选取的整体性原则、典型性原则、因地制宜原则，研究结果能够更好地诠释福建原生态村落体育文化的概貌，使得样本的可外推性大大提高，有利于推动福建原生态村落体育文化的可持续发展。

第四节 福建原生态村落体育文化研究的方法论

"原生态"一词在学术界出现之后，曾引起了激烈的争论，在历经十余年的学术交流后，其学科归属及研究方法仍然是学术界探讨的重要课题。原生态村落体育是原生态理念兴起后的体育学科研究中特殊的研究对象，因为原生态村落体育汇集了社会学、历史学、军事学、人类学、民俗学、体育学、民族学、宗教学等学科特点，所以，对原生态村落体育文化的研究不可能仅仅局限于某一学科的研究范畴，这也决定了其研究方式方法的多样性和交融性。从这些学科特点分析，其研究方法主要归纳为文献调研、问卷调查、社会调查、数理统计、实验、计量、比较、历史考古、深度访谈、田野调查、民族志方法等定量研究和定性研究，从理论来讲，原生态村落体育文化的研究方法可以综合运用以上研究方法，实际上，在真正的研究中，田野调查则成为最为基础且最为重要的研究方式方法。在田野工作中，关于民俗体育、传统体育的研究，学者们更加注重参与观察和深度访谈形式的运用，然而这两个环节中的素材来源与被调查者的"身体记忆"和"意识形态记忆"有着重要的关联，因此，本研究尝试从"记忆论"的视角去拓展体育学田野工作的方式方法。

一 重在实证的田野调查

（一）田野调查的重要性

科学研究的创新及发展与研究方法关系密切，因为这些研究方法是进行科学研究的工具。根据学科研究的特点，每个学科都有属于自我学科的一套研究方法体系，选择或借用合适的研究方法是实现学科理论突破与创新的重要环节。[①] 体育学较其他学科起步较晚，因体育学与其他学科之间的交融关系，其他学科的研究方法可以在体育学研究工作中被借鉴，例如人类学中的田野调查方法，在乡土体育研究、民俗体育研究、民族传统体育研究等过程中得以广泛运用，成为这些体育现象研究获取第一手材料的重要方式方法。正因田野调查法在这些体育事项研究中的重要地位，胡小明认为，田野实践工作是一种独特的方法，使得学科的基本知识框架得以初步建立，并成为体育人类学学科最重要及标志性的方法。[②] 关于田野调查方法的重要性，美国人类学家 R. M. 基辛（R. M. Kissin）曾指出，田野实践工作是人类学家最重要的科学研究经验，成为人类学家们在收集资料及建立通则方面的主要根据。这些人类学者所撰写的文章与书籍就是在提炼出这些经验积累的精华的基础上汇集而成的。其实，运用田野调查的方式来解决实践中的问题，在很早以前就被研究者们使用，只是在马林诺夫斯基那里才得以规范化和科学化。

通过人类学研究成果的梳理可知，多数研究者更多的关注领域是村落、部落中所呈现的社会现象，这种做法为体育学研究提供了指引。所以，在体育人类学的相关研究议题中，村落研究，特别是具有文化底蕴的村落，或者一些文化保存较为完整的少数民族村落成为某一时期该领域研究的热点，这也为本研究提供了一些启迪和参考。福建原生态体育文化是一种共生体，当我们从事这项研究时，需要运用多学科的研究视角，从这些体育项目发起的族群研究入手，因为这些项目具有极大的族

[①] 参见黄聪《论田野调查在民族传统体育研究中的应用》，《中国体育科技》2006 年第 3 期。

[②] 参见胡小明《体育人类学方法论》，《体育科学》2013 年第 11 期。

群依附性特征,族群起源、迁徙、生存、发展、繁衍等赋予了这些身体运动事项更多的象征意义,在这些项目的探讨中,我们也可以洞悉其在人类制度文化中的功能,以及社会各要素之间的相互逻辑关系,即从人类学的文化整体观出发进行研究。福建原生态村落体育文化是一个庞大的体系,由诸多单个的个案所组成,当我们需要对原生态村落体育的文化整体性进行研究时,选取具有典型性的个案就显得必不可少。从个案的身体运动现象出发作为研究的切入点,通过深度访谈及参与式观察等方式方法,可以获取翔实的第一手调查资料。在实际研究中,我们将这类孤立、罕见、奇特的"小众文化"或"微众文化"作为个案小样本,根据点、面、体特质的文化整体观形式,实现对福建原生态村落体育文化缘起、传承、变迁及发展规律等方面的探讨,有着不可比拟的方法论上的优势。[①]

西方人类学的田野调查法推行之后,在小样本研究领域得到了较为普遍的运用。例如早期葛学溥(Daniel H. Kulp)对凤凰村的个案研究、杨懋春对台头村的个案研究、费孝通对江村的个案研究、林耀华对义序和黄村的个案研究、杨庆对鹭江村的个案研究,等等。[②] 在改革开放以后,陈佩华等对陈村的个案研究、黄树民对林村的个案研究、王铭铭对溪村的个案研究、阎云翔对下岬村的个案研究等。[③] 这些研究对象都是基于单个村落的田野研究,形成了系列研究成果,对于我们进行福建原生态村落体育文化的单个村落个案研究具有积极的参考价值。当然,也有一些学者还从事了多村落的田野调查研究,为后续的类似田野调查研究及对比研究提供了参考。例如,李景汉对北京郊区挂甲屯的4个村落160户家庭的调查研究[④],陈达对闽粤地区侨乡范围内十余村落的调查研究[⑤],梁漱溟、晏阳初等人对山东邹平与河北定县多个村落的调查研究[⑥],费孝

[①] 参见杨海晨《论体育人类学研究范式中的田野调查关系》,《体育科学》2012年第2期。

[②] 参见 Daniel Harrison Kulp, *Country Life in South China*, The Sociology of Familism, New York Teachers College, Columbia University, 1925。

[③] 参见 A. Chan, R. Madsen &J, Unger, *Chen Village: the Recent History of a Peasant Communist in Mao's China*, Berkeley: University of California Press, 1984。

[④] 参见李景汉《北京郊外之乡村家庭》,商务印书馆1929年版。

[⑤] 参见陈达《南洋华侨与闽粤社会》,商务印书馆1938年版。

[⑥] 参见郑大华《民国乡村建设运动》,社会科学文献出版社2000年版。

通、张之毅等对"云南三村"的调查研究①,王铭铭对"闽台三村"的调查研究②,项继权对"南街村""向高村"和"方家泉村"三村的调查研究③,以及肖唐标对9个"宗族村落"所开展的调查研究④,等等。从国内外相关学者对中国特殊村落的田野调查历史可以看出,对中国村落群体的调查呈现出大量的重要的研究成果和田野经验,为中国人类学的发展提供了重要的实践路径和经验,同时也为后期体育学研究者从事相关项目的田野调查工作提供了可考之素材。

原生态村落体育文化研究的样本基本上都是孤立的、微观的、罕见的、奇特的"小众文化"或"微众文化",因此对其研究方法的选择要符合人类学研究的范式,田野调查理应是顺利开展原生态村落体育文化研究的重要方法之一。当西方人类学的相关理论及研究方法传入中国之后,中国人类学界就开启了小样本的田野调查式的研究。关于"原生态村落体育"的研究方法及研究理论支撑的问题,国内外相关民俗及人类学学者曾撰写过大量的学术论著去探讨。在国外,以方法体系强化科学,对科学方法进行系统的研究,是英国学者培根(Francic Bacon)提出的⑤,这种方法理论是体育人类学学科发展的重要基础。然而接下来用实践去证明,用成果去反映的是英国人类学家泰勒(Taylor)。其所著《原始文化》一书就是一本重要的田野调查的著作,随之而来的美国的博厄斯(Franz Boas)及摩尔根(Morgan)、英国剑桥大学的哈登(Harden)及马林诺夫斯基等皆在人类学田野工作中作出过杰出贡献。国内人类学家黄现璠、费孝通、裴文中、吴定良等为中国的人类学理论发展及实践方法研究作出过重大贡献,后起之秀如涂传飞、杨海晨、万义等学者在体育人类学的方法论方面也进行过深入的论证,产生了一批高质量的田野调查报告和方法论成果。在中国体育人类学理论方面作出过巨大贡献的必

---

① 参见费孝通、张之毅《云南三村》,天津人民出版社1990年版。
② 参见王铭铭《村落视野中的文化与权力:闽台三村五论》,生活·读书·新知三联书店1997年版。
③ 参见项继权《集体经济背景下的乡村治理》,华中师范大学出版社2002年版。
④ 参见肖唐标《村治中的宗族:对9个村的调查与研究》,上海书店出版社2001年版。
⑤ 参见[英]培根《新工具》,北京出版社2008年版。

须提到的是中国体育人类学奠基人胡小明教授。胡小明教授通过数年的实地调研经验积累，提出了一套系统的体育人类学方法论，对中国传统体育的实地调研工作产生了重要影响，成为如今民俗体育研究、民族传统体育研究及原生态村落体育研究的重要方法体系。

田野调查已经成为人类学、民族学、社会学、民俗学等学科获取研究所需的第一手材料的重要途径，这些通过参与观察和深度访谈的形式所获得的材料为民族志的撰写提供了支撑。原生态村落体育文化的相关研究范畴与民俗学、社会学、民族学、民族传统体育学、体育人类学等学科交叉渗透，可以说融合了这些学科的特长，同时也是以这些单独学科或交叉学科为基础的一个新兴的研究领域，所以这些学科共同认同的田野调查方式同样也应该成为原生态村落体育文化研究必须考虑或采用的重要方法。原生态村落体育文化研究同样遵循这样一个规律，为了保证田野工作的顺利进行，在进入田野工作之前必须对被调研项目、人群、社会环境、自然环境、生态环境、历史文化、习俗、语言等做深入认知，即整个田野工作可分为进入田野工作前的准备期、进入田野工作后的实施期及田野工作后的反思或检测期等。

（二）田野调查的准备

人类学家马林诺夫斯基是科学田野工作的奠基人，他的田野工作经验对当前田野调查仍具有某种程度上的可参考性，其中就涉及他所从事田野工作的方法。例如用一些特殊方法收集材料、整理材料及核实信息等。因为无论田野工作如何进行，进行到什么程度，我们最终的目的是收集有用的信息材料，如何能够有效地收集这些材料就必然涉及方法的使用问题。马林诺夫斯基在土著人的田野工作中总结出，以大纲量表勾画出土著社会的骨架，用不可测量的例证填充土著人生活的血肉，以及积极收集土著人的言语观点等方式来收集材料。① 这套收集材料的方法被广泛而持久地推行，成为人类学田野调查最根基性的方法。为此，在进入田野工作前要做足前期工作，以保证田野调查的顺利进行，并获得所

---

① 参见张连海《论现实民族志方法的源起——以马林诺夫斯基的三次民族志实践为例》，《中央民族大学学报》（哲学社会科学版）2014年第2期。

需的第一手材料。在进入田野工作前，要做好以下工作事项，如在对相关项目材料的收集整理分析过程中，选取田野工作点的范围、确定研究类型、提出研究假设、拟定田野工作的提纲、联系被调查者及确定调查时间、培训田野工作人员等。在收集整理分析相关原生态村落体育事项材料的过程中，可能会遇到很多困难，如这些"口传身授"的原生态村落体育活动本来就很少有文献遗存，还存在研究者自身的文化缺陷及文献库存问题。因此，要求调查者充分运用便捷的互联网，丰富的地市县志，非物质文化遗产研究所，各地市图书馆、文化馆、宗教局、文体局等机构，收集第一手的文献材料，还可以充分运用高校的学生平台来收集相关材料。

当一些文献材料收集较为完整时，开始对被调查对象所涉及的历史文化、生态环境、社会环境、人口概况、语言习俗、生活习性、民族风俗、传统思想、地域政策、地域经济等进行系统分析或学习，充分掌握与被调查项目相关的信息，这是作为异地田野工作必须要解决的基础性工作，也是进入田野工作后能够顺利实施计划并获得所需，甚至超出所需材料的基本课程。因为，我们进入的田野工作区域可能是一个十分陌生的环境，如果没有这些前期的文献分析工作，是很难取得理想的成效的，同时，我们的田野工作还有可能引起当地人的猜疑、防范，不仅不能够将被调查者吸引到我们的调查主题中来，甚至收集不到有价值的材料，因为这些被调查者可能已经接受过很多调查或"滋扰"，疲于应付。田野调查工作中，往往会遇到被调查者不愿或者敷衍调查者的情景，面对这种尴尬情况，就要充分发挥调查者的聪明智慧，如何设置所谓的"情境导入"就显得十分必要，然后让被调查者步步走入"你"的主题，甚至达到对调查者无比崇拜的情形，才能最终实现田野工作的目的。虽然，并不是所有的田野工作都如此，但要做到防患于未然，就必须做透被调查者的前期工作。当这些功课完善之后，就可以确定本次田野调查的工作范围了。

田野调查中的课题类型选择是很关键的一个部分，这将决定整个田野工作的针对性，同时也保证了工作的时效性，消除了茫然性。本研究是共时性研究还是历时性研究，或者是两者的互融性研究，是首先要明确的特性。调查者还要确定本次田野工作方式是体质人类学实证研究，还是口述史式的深度访谈，抑或是问卷调查类或参与观察类，还是兼具几种形式，这就要根据研究类型来确定。只有先确定了研究类型，才能根据研究类型、研究目的提出研究的假设。原生态村落体育研究类型确定后，必须对相关研究提出假设，然后通过田野工作去验证这一假设。原生态村落体育文化的研究假设是：某一族群经年历久的习惯和传统对每个社会成员的行为所产生的影响，即原生态村落体育事项与人的关系是什么样的。具体地说，原生态村落体育文化研究的一种途径就是通过文献资料和前期研究对各个选题所涉及的变量之间的关系形成预设，并选择适当的研究方法，收集、整理、分析研究资料以验证或伪证这一设想。[①] 例如，社会学家兰斯福德（H. E. Ransford）对1965年夏天的洛杉矶市郊华兹黑人社区暴乱进行研究。他首先对极端社会政治行为的理论进行研究，并发现社会隔离和权利丧失与政治暴乱相关联。依据暴乱情况，他假设这两个变量是产生暴乱的原因，将抽象的概念进行操作化，用一些指标进行测量，并从当地黑人居民中选取了样本进行调查，结果证明他的理论期望是有意义的。[②]

在田野工作形成研究假设的基础上，就要设计进入田野后的访谈提纲、具体研究构架，然后培训我们的田野工作者。如果本次田野工作的重点是深入访谈，那么就要求调查者根据研究需要，仔细设置访谈提纲。在设置访谈提纲之前，根据研究需要，要求参与者做到对田野报告的详细研究框架进行设计，而访谈的提纲则是根据研究需要和要求进行斟酌的。这是防止进入田野工作后盲目调查的基础，也可避免田野调查回来后，在撰写民族志时发现很多新设计的详细提纲中还存在部分问题没有调查到的现象，同时这种举措也为访谈提纲或问卷的设计提出了明确的内容和方向。当然，这种民族志的详细构架不是凭空想象的，而是在前期文献收集分析的基础上，依据项目的特性，将假设与实际相结合而形成的预期成果，我们的田野工作就是论证或修整这种预期成果的实践行

---

① 参见王积超《人类学研究方法》，中国人民大学出版社2014年版。
② 参见〔美〕艾尔·巴比《社会研究方法》，四川人民出版社1987年版。

动。在设置访谈提纲时,要尽可能地考虑到访谈时可能遇到的种种难题。对于福建原生态村落体育文化来说,其是以身体运动为主要内容的,虽然其中融合了宗族、乡土宗教、节庆习俗等文化内涵,但通常来说,越是接近于较为单纯的身体运动内容,所涉及影响访谈结果可靠性的民族意识形态的敏感障碍就越少。[①] 即便如此,田野工作者在访谈过程中也要避免询问一些涉及被调查者的隐私、习俗禁忌或敏感的问题,要充分考虑到访谈时间、访谈问题的难易度及受访者态度转变的应对等因素。

如果田野工作中涉及问卷调查事项,调查者要有针对性地设计问卷,考虑问卷的信效度检测问题,了解被调查者的文化背景,以及问卷的发放、回收、统计等事宜,以免劳民伤财,得不偿失。在涉及体质测量方面的田野工作时,要熟练掌握仪器的操作程序,准备好备选仪器,还要思考被测量者的配合程度及介入方式等。这些工作都准备妥当后,就要组织培训参与田野工作的人员。因为诸多田野工作是研究人员分工合作,需要团队的协同攻关力量,而且还需要借助各方面的力量才能完成对异地的调查。对于一些田野工作阅历较少的参与者,进入田野工作前的上岗培训显得尤为重要。对这部分田野工作者的培训方式,可以采用进入田野工作前的理论培训、模拟现场培训、反思、再学习的程序;在进入田野工作后,针对工作中存在的问题,还要继续深入培训,达到理论运用于实践,用实践检验理论,运用理论与实践相结合的形式,培养出能够真正胜任田野工作的人员。

当以上进入田野工作前的准备工作完善以后,就要安排进入田野工作前的最后一个环节——与被调查项目的群体进行联系。这一步是田野工作顺利进行的重要保证,同时也是进入田野调查前最难处理的问题,如果没有安排周密,不仅很难被对方接受,而且还会因为计划的盲目性带来人力、财力的浪费。那么,如何处理好这个环节呢?根据前期的调研历程并结合相关专家的建议,笔者认为,首先要找好一个中间人或中间机构,对象的选取要根据调查的对象确定。例如,要深度访谈一项原生态村落体育项目的传承人,而这个传承人只是村里的一位普通农民,

---

① 参见胡小明《体育人类学方法论》,《体育科学》2013年第11期。

那么中间联系人最好是这个村落的直接管理者（诸如村支书等），如果与这位中间人又没有直接的关系，那只好动用社会各界的力量来完成这项任务，这对于一个异地且初出茅庐的田野工作者来说，显得困难重重。当预定了田野工作的时间后，就要细致地安排田野工作的整体规划，并对每一个细节问题进行反复思考，处理好人员的分工问题，准备好田野工作所需的各种工具，准时进入田野考察区。

（三）田野工作中的参与观察

在进入田野工作区后，就要按照原计划进行田野工作，当然实地的田野工作中仍然存在着很多变数，这就要求启动第二套备案。根据调研的项目特征、前期工作的总结及前人的田野工作经验，重点对参与观察和深度访谈这两种方式的田野工作进行阐述。正如胡小明曾指出的：在体育人类学的实践田野工作中，应该充分运用参与观察与深度访谈[①]两种形式方法，来实施对第一手材料的收集工作。对于福建原生态村落体育文化的深度研究，参与观察是最基本的方式方法。较为规范地使用这种方法的首推马林诺夫斯基。他强调要深入、长期地同被观察者生活在一起，以一个局内人的身份，观察他们的整个生活，在这种境况下所进行的田野工作被称为"参与观察"[②]。其实，他所提出的实践中的参与观察，就是我们通常所说的长期的"三同"问题，即同吃、同住、同劳动。这种方式有利于我们更加深入地了解或掌握被调查者的相关情况，对问题的认知也将更加深刻，能够实现通过现象看本质的目标，也就是说可以透析现象背后的本相问题。正因为参与观察在实践收集材料中体现出的价值，许多研究者都给予了积极的评价，他们认为，如果没有科学的观察，田野工作只能沦为单纯的资料收集，资料也变成没有内在联系的鸡零狗碎的东西。[③] 事实上，从科学方法的认识论来看，如果我们不能通过观察来证实某个论断，那么，这个论断在科学中就确实没有任何用处或

[①] 参见胡小明《体育人类学方法论》，《体育科学》2013年第11期。

[②] 张连海：《论现实民族志方法的源起——以马林诺夫斯基的三次民族志实践为例》，《中央民族大学学报》（哲学社会科学版）2014年第2期。

[③] 参见 B. Malinowski, "Baloma: the Spirits of the Dead in the Trobriand Islands", *Journal of the Royal Anthropological Institute of Great Britain and Ireland*, vol. 46, 1916, p. 418。

价值。① 胡小明也指出，在体育人类学田野工作中，当我们需要用行为的连续性来解释某种现象的意义时，除了采用参与观察法，几乎别无他法。② 马林诺夫斯基在特罗布里恩德群岛的一个村落历经八个多月的实践参与观察向我们展示出，只要观察者能够将自己置身于较为合适的观察位置，便可以从中获得大量可靠信息③。

根据研究需要，笔者认为，在参与观察的阶段可分为三种形式进行，即非活动期间的参与观察、活动期间的参与观察、撰写民族志后的检验性考察。在非活动期间的参与观察方式中，采用以主位研究作为主体的调查形式，客位的立场扮演辅助性作用，目的是通过融入被调查主体的日常生活之中，在不干扰被调查者的情形下，深入原生态的背景中，从而获得更为真实的第一手材料，为活动现场的参与观察提供重要的思想准备和原真性材料。整个调研过程中的方式方法，在胡小明教授的"体育人类学方法论"中非常翔实地阐述过，但是，在这个过程中，如何选取融入对象或被调查重点对象却往往被忽视，这一点是非常关键的，我们在前期的实地调研过程中就遇到过这样的问题。有时候一些理论分析得较为理想的调查对象，往往所收集的材料的"原真性"却有待商榷，而不经意中访谈所得到的材料更符合其原生态特性。例如，我们在调查一项原生态村落体育活动时，所选取的融入或调查对象为集村干部、传承人、组织者、富裕户等为一体的个体，这个特殊的调查个体也是诸多研究者进行田野工作的首选对象。在整个田野工作的过程中，发现一些来自个体的口述材料与其他一些被忽视的村民们的访谈结果有很大的出入，产生这种问题的原因可能与经济价值、扩大宣传、提高知名度等方面所产生的主观性有着极大的关联，而普通的参与者在很少涉及这方面利益影响的情形下，会实事求是地去口述其来龙去脉。这样看来，田野工作过程中的典型对象的选取要综合考虑各方面的因素，而且还要考虑

---

① 参见［美］理查德·M. 勒纳：《人类发展的概念与理论》，张文新译，北京大学出版社2011年版。
② 参见胡小明《体育人类学方法论》，《体育科学》2013年第11期。
③ 参见 A. C, Haddon, *Haddon Collection*, Cambridge：University Library, cited in Roldan, 2003。

对所获得材料"原真性"的验证方式。

原生态村落体育的田野调查工作重点是身体运动，这些身体运动是客观存在的，是可视的，这也决定了非活动期间与活动期间的参与观察具有某些相异之处。非活动期间形成主为主、客为辅的特点，活动期间则要选择客为主、主为辅及主为主、客为辅的双重方式。在活动现场的田野工作中，应该采用分工的形式，一部分人员作为客体参与纯粹的观察，从仅仅作为观察者身份的视角去收集材料，而另一部分人员则作为活动主体的分子，通过直接参与活动，亲身体会活动的内涵，最终将两者所收集的材料进行汇总分析，这种方式最终收集到的材料是非活动期间参与观察的延续性成果，也是其所无法获得的。因此，在原生态村落体育的研究过程中，田野调查中的"参与观察法"是获得原始与现实材料的重要方式，是不是仅仅有了这种方法就足以说明我们获得了最重要的材料了呢？我们显然忘记了"记忆论"在体育人类学研究中的重要性，即对原生态体育活动参与者或传承人的"记忆"的研究，对活动主体的通过访谈活动获得其对原生态村落体育的记忆，并运用思辨甄别的方式进行处理，这种通过深入访谈而获取的记忆性研究已成为田野调查中"参与观察"形式的重要补充，二者相得益彰，形成体育人类学研究的重要方式。那么，如何对活动主体的记忆进行研究，又如何在大众媒体时代下及"非遗文化"保护背景下去甄别和选取有用的"记忆"文献呢？

（四）田野工作中的文化记忆

1. 原生态村落体育文化研究中记忆文献的重要性

福建原生态村落体育文化的传承方式体现为"口传身授"，作为身体运动和发展历史来说，许多文化内涵都储存在传承者的记忆之中，对这一群体相关记忆的挖掘是获取相关信息的重要方式。正是他们所拥有的这些储存在记忆中的东西，影响着他们的现实生活。正如德国哲学家尼采（Friedrich Wilhelm Nietzsche）所说："他们对过去的看法使他们转向未来，鼓舞他们坚持生活，并点燃了他们的希望，幸福就在他们正在攀登的山峰背后。"① 因为在我们的记忆中,往往能够将过去与现在、将来的维度联系在一起,并假借过去而型塑对未来的期待。这样看来,如果我们没能对自己的过去形成很好的把握,也就很难对自己的未来有一个充满意义的期待。我们所谓的希望往往也就在这样一个"期待的空间"(evwartungsraum)中被生产,而这期待的空间的大小是由记忆的内容及容量来决定的。② 这种观点与我们常说的"以史明今"的道理较为契合,然而这种对过去的研究依靠什么呢?当然是文献记载的逻辑对比辩证分析,但是面对这种基于"口传身授"的原生态村落体育文化,几乎很少有文献记载,唯一残存的就是遗存在人们记忆中的镜像,一代一代传承下去,因此,对这类残存文化的研究,社会、族群、个人的文化记忆显得尤为珍贵。记忆通常是人们对过去某一历史时期的知识及情感的汇集体,它的形成体现为一种表象化的行为。在某种程度上,记忆不仅仅作为储藏过去历史事件的存储器而存在,同时又与记忆主体当前的境况息息相关,是基于当前自身所处的状况,用以唤起特定的过去历史事件,并且重新赋予新的意义的一种主体性行为,以此也可以看出记忆的主体性特征。正是因为这种个人、集团主体的自我认同而不断变化,所以与此对应,记忆往往也不断地被重新建构③,这也体现了记忆的建构性特质,这就要求我们在实践调查过程中,当需要通过受访者的记忆论证某些事实时,需要有甄别地对待。

在原生态村落体育的田野工作中,我们突出记忆储存信息对收集材料的重要性,然而,这种存储在主体记忆中的东西不会凭空"蹦出来",需要我们采取正确的方法来唤起对方的记忆,那么,口述历史与深度访谈不失为重要的方式,特别是对于具有民俗学特征的原生态村落体育文化的研究具有重要的价值。岩本认为,田野调查中的深度访谈既是民俗

---

① [德] 尼采:《历史的用途与滥用》,陈涛、周荣辉译,上海人民出版社 2000 年版,第 8 页。
② 参见张俊华《社会记忆和全球交流》,中国社会科学出版社 2010 年版。
③ 参见 [日] 阿部安成、小关隆《コメモレイションの文化史·記憶のかたち》,柏书房 1999 年版。

学发挥本领的领域，同时也是未来文化研究必须解决的重大难题。① 对于福建原生态村落体育文化来说，我们在实践调查中几乎很难寻觅到相关的文献，正如在沙江村的曳石活动中，村民们说"我们每年都搞这项活动，已成为生活的一部分，从来没有考虑过拍照片，以及用文字把这件事记录下来"。通过前期调查发现福建原生态村落体育文化的早期储存形式几乎皆是如此，这也是中国乡土民间体育的传承特点。因此，这些活动的历史、活动的过程往往以记忆的形式存在于村民们的思想之中，并被代代通过"口传身授"的形式传承下来。所以，当我们对这些福建原生态村落体育文化进行实地调研时，要求参与者了解项目的认知、项目的源起、项目的发展等，这些都需要通过口述的形式挖掘来自传承主体的记忆信息。因为，我们所强调的深度访谈、口述历史所获取信息的来源皆是通过以言语为媒介的记忆来提取信息材料的，通过这种方式实现原生态性把握参与者的生活世界。当然，对于福建原生态村落体育文化的传承特质，我们突显通过语言的形式来收集信息的重要性，同时也绝不能忽视非语言性的身体记忆的重要性。福建原生态村落体育文化在传承过程中，一些知识体系以身体作为媒介，在不同的个体、群体之间发生着保持、传承、传播的关系，将非言语的诸如身体行为、感觉、思维方式、价值观、感情、身体技能等作为研讨对象②，通过身体记忆来收集相关材料可以形成对语言信息的弥补。

我国民俗学研究学者王晓葵教授主要致力于中日民俗学方面的研究，在对诸如原生态村落体育文化的民俗事项进行研究时，他强调，民俗学的主要方法之一便是民俗志的方式方法，传统民俗志的撰写工作通常都是直接体现在对口头传承的访谈记录上。然而，在我们的现实生活中，诸如在福建原生态村落体育文化的实践调查中，我们发现有许多民俗事项已经随着生活、生产方式的变迁，而基本丧失了早期最为传统的外在形态。日本民俗学家樱田胜德通常将这种现象称为"潜在的民俗"，亦即

---

① 参见王晓葵《民俗学与现代社会》，上海文艺出版社2011年版。
② 参见[日]岩本通弥《作为方法的记忆——民俗学研究中"记忆"概念的有效性》，《文化遗产》2010年第4期。

保存在传承主体的记忆之中而失去了早期外在的形态,通过传承主体记忆的重构,又可以恢复到原来的形态。正因如此,在民俗志的书写过程中开始越来越依据记忆撰写材料。① 在我们对福建原生态村落体育文化进行实地调研的过程中,通过对传承主体进行深度访谈,或者口述历史的形式,并通过对相关材料的具体分析,可了解到具体的项目传承人的生活经历与传承行为之间的关系,从而敏锐地把握现代社会的体育事项变迁。② 然而,对于一个地方性社会来说,保护这些共生性的原生态村落体育文化就是在保护村落社会共同的历史记忆,即这个村落共同体对于共同经历的生活变化的集体记忆。既要求改变村民生活现状,又要求他们记住自己的过去,这两方面的要求构成了当代人的文化心态。③

当前,在不同级别非物质文化遗产保护的支持下,中国农村土生土长的原生态村落体育文化成为体育学研究的新视角,而这些"口传身授"的文化在非物质文化遗产项目中保护的其实就是一种记忆,包含了"物质上的记忆"和"身体上的记忆"。然而,非物质文化遗产所要保护的不仅仅是过去的记忆,因为非物质文化遗产保存的记忆并非全部都是原本就有的,而是在人们回顾过去时产生的。④ 这样看来,在原生态村落体育研究过程中,记忆的材料虽然是此类研究的重要材料,但是仅仅将记忆看作对过去事情的回忆,的确有失偏颇。因为记忆是当下主体对过去事项的记忆,具有"共时性"和"历时性"的双重特征,正如日本学者小关隆所指出的那样:"对过去事件的记忆和记忆的主体,即生活在当下的人们所属集团的自我认同的本质,复杂地交织在一起。"⑤ 正因如此,在福建原生态村落体育文化的田野调查中,在"记忆"文献的收集和整理过程中,作为当代学者,不仅要重视这种"记忆"文献的重要性,更要以辩证的视角去对待不同时期、不同场合、不同人物及基于不同目的而

---

① 参见王晓葵《民俗学与现代社会》,上海文艺出版社2011年版。
② 参见王晓葵《民俗学与现代社会》,上海文艺出版社2011年版。
③ 参见刘铁梁《感受生活的民俗学》,《民俗研究》2011年第2期。
④ 参见王晓葵、何彬《现代日本民俗学的理论与方法》,学苑出版社2010年版。
⑤ [日]小关隆:《コメモレイションの文化史のために》,转引自《記憶のかたち2 コメモレイションの文化史》,柏书房1999年版,第5—22页。

生产的记忆,这就要求我们对口述者进行全方位的了解,特别是言行举止和生活习性的了解,及对这些重要的"记忆"文献有的放矢地加以甄别。

2. 来自口述史的记忆

近年来,口述研究在国内外学术界颇受关注,几乎每个学科都在运用这种方式方法进行材料收集,同时形成了大量的学术成果。口述历史之所以能够广泛受到研究者们的青睐,一个非常重要的因素是口述历史在复原历史方面,具有其他任何档案、文献资料无法替代的学术价值。[①] 以口述历史为研究方法的学界风暴出现在最近几十年,但并不代表早期的研究者就没有使用这种方法进行过研究,其实早在古代社会,我国一些研究者就曾运用这种方式对一些社会现象进行过研究,如国内佚名的《诗经》、司马迁的《史记》、顾炎武的《日知录》等;国外古希腊荷马的《荷马史诗》、意大利马可·波罗的《马可·波罗行纪》等同样也是运用口述历史进行研究的案例。特别是在对待少有文字记载的民族传统体育文化的考察方面,利用直接语言交流的方式,用以收集历史事件关键人物的叙述资料方面,口述史的研究方法就显得尤其重要。[②] 虽然,在古代社会,这些来源于口述史的文献是在没有专门学科理念的情形下在潜意识中形成的,但是不可否认的是,这些口述史材料在人类社会历史发展中具有重要的学术参考和借鉴价值,同时也为这门学科的研究奠定了基础。

到了近代社会,学术界对口述史研究方法的运用更加频繁,且带有更多的学科意识形态。在我国学术界,部分研究者已经针对相关重要历史事件的社会调查,侧重相关人物的口述历史研究。例如,对太平天国运动、义和团运动、辛亥革命、五四运动等重大社会事件的调查中,就曾普遍使用过口述史的方法。在国外学术界,马林诺夫斯基在田野调查中就曾使用过口述历史的方法对特罗布里恩德群岛的土著居民进行研究。他强调学习土著语言的重要性,因为这些来自土著人的表述给我们的第

---

① 参见常建阁《对口述史价值的思考》,《黑龙江史志》2012年第11期。
② 参见李向平、魏扬波《口述史研究方法》,上海人民出版社2010年版。

一个印象便是它看上去十分空洞而贫乏，且形式十分浓缩，几乎没有任何联系，也只有对于那些认识土著语言，并且能够使用它的人才更具有意义。[①] 其实，不只是国外的那些土著居民存在这种情形，在实际调研中，我们得知，诸如畲族等一些少数民族，他们的一些思想意识很难用普通话进行表述，只有本族群的语言才能更好地表达，因为诸如此类的族群语言本质上植根于文化现实、部落生活及习俗习惯之中，如果没有这种宽泛的话语语境，那么这些族群语言就根本无法被解释。[②] 就一些具有族群特色的福建原生态村落体育文化而言，他们所生活的环境及文化都具有自身的独特性，对他们的文化进行研究，就必须同时对他们的环境与语言同步进行研究才行。[③] 我们所说的语境除了涉及族群的相关文化外，还包括受访者当时的脸部表情、姿势、身体活动及受访时他们所处的环境。[④] 有鉴于此，国外的人类学学者也非常关注口述史对田野工作的重要性，并将其与各种肢体动作相结合去收集材料，体育人类学研究领域同样注重对口述史学科知识的运用。

原生态村落体育是在我国广大农村开展的较为原始的身体活动，在中国农村社会发展过程中，这类体育文化的发展许多都是依靠"口传身授"的形式传承，除了一些武术的拳谱之外，很少使用文献记载。因此，对诸如此类的原生态村落体育进行研究，对口述史的运用显得十分重要，特别是对这些在特定语境中生成的体育事项传承者所进行的口述历史。因为，在那种面对面构建的对话场域中，往往会使得一种知识生产方式被改变，从而创造了一种思想的场域。或许，我们与传承人在讨论问题时的对话极有可能会失之于粗疏，但是，这样的对话也因此而呈现出思想的原生态性。[⑤] 这种面对面、互动式的口述史收集材料的存在方式，被冯骥才视为口述访谈中一个心灵交流的场域与过程。毫无疑问，口述历

---

① 参见［英］马林诺夫斯基《西太平洋的航海者》，梁永佳等译，华夏出版社2002年版。
② 参见 B. Malinowski, "The Problem of Meaning in Primitive Languages, Supplement I", in C. K. Ogden & I. A. Richards, *The Meaning of Meaning*, San Diego, New York and London: Harcourt-Brace Jovanovich, Inc., 1923。
③ 同上。
④ 参见 B. Malinowski, *Coral Gardens and Their Magic*, Vo. 12, London: Routledge, 1935。
⑤ 参见王尧、林建法《新人文对话录丛书》，苏州大学出版社2003年版。

史对于原生态村落体育文化相关材料的收集具有非常重要的现实意义，也逐渐被此领域的研究者们推崇与使用。无论口述历史如何被重视，以及如何在这些项目研究中得以被推行，我们都不可忽略一个问题，那就是这些口述者所道出的"事实"往往都是源自他们对过去的记忆，并通过当下回忆的形式而呈现出来的。冯骥才在强调这种记忆的重要性时指出，当人类发展到现代社会阶段，一个重要的人本要求就是对记忆的珍重，对自己的文化、历史记忆的重视……实际上，一切非物质文化遗产的意义都是记忆，或者说都是为了记忆而记忆。[1]

无独有偶，原生态村落体育文化更多的是依靠村民们的记忆而得以传承的，然而这种记忆并不是与生俱来的，而是在主体回忆行为的基础上产生的特殊产物。对原生态村落体育文化记忆的研究不能仅局限于记录和整理，原因是记忆的存档并不能与文化记忆画等号，如果仅是资料的堆积而不进行甄别筛选，则不仅在感情与历史的投入方面存在遗缺，而且也无法表明古今之关联。因此，记忆研究不能仅定位于记录访谈录音，关于访谈的视角、如何访谈、如何记录、记录哪些谈话内容、记录访谈现场的气氛与环境符合、被访谈者的表情怎样、有何动作举止等细节都是非常重要的。[2] 因为，这些因素直接关系到访谈内容的价值及受访者记忆的深度与广度或真实性，甚至这些因素就算通过视频也无法"完整记录"。针对诸如此类的问题，刘铁梁也曾指出，"田野作业除了需要一般的记录以外，还有一些调查者个人主观方面的疑问、感想、体验等"[3]。所以，在进行深度访谈之前，调查者就要考虑清楚访谈现场的种种可能性情况，明确本次访谈的"为何及何为"的问题。

在原生态村落体育文化的田野工作中，我们强调记忆对收集材料的重要学术价值，但是面对纷繁复杂的记忆中产生的口述史资料，也不可盲目运用、乱下结论。因为，作为口述史的主体，在面对不同的社会环境、不同的社会位置、不同的目的、自身文化水平的差异及不同记忆恢

---

[1] 参见冯骥才《记忆是重要的精神财富》，《群言》2004年第2期。
[2] 参见邵卉芳《记忆论：民俗学研究的重要方法》，《云南社会科学》2014年第6期。
[3] 刘铁梁：《民俗志研究方式与问题意识》，《北京师范大学学报》（社会科学版）1998年第6期。

复场景等情形时,记忆中的口述史显得琳琅满目,难以去伪存真,这就要求进行有的放矢的甄别。当面对同一主题的诸多口述情形时,我们可以采取在不同场域中反复对话来达成,如在受访者的家中、在固定的宾馆中、在学校的一些会议室中,等等。同时,也可以关于同一主题与不同对象进行反复对话,将同一对象放在不同的位置、不同的场合,在不同的受访者、不同文化水平的受访者中进行访谈。再根据访谈者口述时的言行举止进行综合考量,并通过反复推敲的形式,不断地甄别,达到去伪存真与去芜存菁的目标,最终使研究结论接近历史的真实,呈现给读者一个最为真实的民族志。

3. 来自身体文化的记忆

体育是以身体运动为前提的,没有身体运动的行为很难被视为具有体育的成分。福建原生态村落体育文化无论是源起于生产劳动、日常生活,还是寄生于宗族仪式、乡土宗教仪式、节日庆典等场域,其核心都是通过身体运动行为来表达文化。马林诺夫斯基曾指出,任何信仰或者风俗都是既定社会思想的能动反映,是一个非常复杂的体系,并通过许多社会现象得以展示,然而,这些信仰与思想不仅储存在社区成员的意识中,往往还会通过社会制度体现出来,最终被社区成员的行为方式表达出来。[1] 原生态村落体育文化在数百年的岁月更迭中,曾在中国农耕文化的襁褓中被孕育,其中蕴含了浓郁的农耕文化象征,俨然已成为这种文化的集体记忆,而这种文化记忆的主体却是身体活动。[2] 因为,我们知道记忆不仅仅停留在语言或文本之中,还储存于诸如身体文化之类的载体当中,通过这些文化载体的保存与传递,一个民族、一种文化传统才能被代代延续下来。[3] 在福建原生态村落体育文化体系中,民俗性是其中最普遍的一种特征。像宁德乾源村的斩白蛇活动、宁德沙埕的搬铁枝活

---

[1] 参见 B. Malinowski, "Baloma: the Spirits of the Dead in the Trobriand Islands", *Journal of the Royal Anthropological Institute of Great Britain and Ireland*, vol. 46, 1916。

[2] 参见郭学松等《原生态民俗体育"菜头灯"活动的农耕文化记忆》,《武汉体育学院学报》2015 年第 5 期。

[3] 参见陈振勇、童国军《节庆体育的集体记忆与文化认同——以凉山彝族自治州火把节为例》,《体育学刊》2013 年第 4 期。

动、三明大田的板凳龙活动、三明宁化县太华镇华溪村的稻草龙活动、长泰正达村的盘古王戏水活动、南平枫坡的拔烛桥活动、龙岩姑田的游大龙活动、龙岩罗芳的走古事活动、龙岩苏邦村的上刀梯活动、莆田枫亭镇的游灯活动、莆田勾边村的九鲤灯舞活动、莆田市涵江区白塘镇镇前村的跳火活动、福州永泰县梧桐镇埔埕村的橡板龙活动等，都是在元宵节庆期间举行的民间传统体育活动；而宁德沙江村的曳石活动、厦门的博饼活动等民间传统体育活动都是在中秋节庆期间举行的；泉州石狮蚶江的闽台对渡习俗、泉州安海的嗦啰嗹和抓鸭等民间传统体育活动在端午节举行。还有一些诸如畲族的打黑狮、畲族拳、霍童线狮等项目会在一些特殊的节日举行。正是因为这些原生态村落体育的参与，为这些民俗增添了"身体性"韵味，也正因如此，这些寄身于民俗而存续的福建原生态村落体育文化与民俗文化的"身体性"实现了形式上的统一。

在现实生活中，原生态村落体育被视为展现民俗文化的重要载体，在融入乡土民间礼仪的前提下被视为一种深层次的社会规范，这种身体运动的形式，往往能够在民众的身心方面产生不可替代的规训教化作用，对一些不良的身心行为进行约束和管制，服务于人类自身素质的培育。当这些原生态村落体育融入民间信仰之中，或者其中的一部分融入民间信仰习俗之时，那么，其与乡土民间信仰将一道对参与者的精神产生作用，同时这种效应会直指身体本身，成为身体自身的一种感受与渴求，或许正是因为直接面对并关怀民众身体的感受，诸如此类的民俗才具有强大的约束力与生命力。[①] 虽然，源自乡土民间的这种约束力并未形成一种像法律、制度的明文规定，但是却以特殊的"润物细无声"的形式渗透进民众的生活之中，影响颇大。归纳原生态村落体育文化的身体性，身体往往被视为民俗规训的对象及民俗传承的直接载体；也只有在身体的知觉中，民俗的本原含义才能够更好地被呈现出来，在某种程度上，这种含义往往会超越语言的层面，通过身体的知觉得以真正体

[①] 参见岳永逸《磕头的平等：生活层面的祖师爷信仰》，《中国农业大学学报》（社会科学版）2009年第3期。

验、体悟。① 因此,原生态村落体育的身体性特征是其赖以传承的重要特质,往往这种身体性又成为最现实、最直接的对传统历史文化的身体文化记忆。

在福建原生态村落体育文化的田野工作中,我们时常也会遇到这样的境况,对于许多原生态村落体育事项的源起、运动特质、象征内涵等,许多参与者往往并不能很好地给出符合社会逻辑的解释,甚至,一些参与访谈的受访者常常还会给出一些似乎不着边际的答案,对于这一现象的出现,只能用"附会"一词做无奈的言说。为何会出现这种情况呢?实际上,在早期的乡土社会中,大多数福建原生态村落体育文化的参与者最擅长的并不是语言的表达与阐释,身体展演才是他们身授的重要方式与特长,这也是由原生态村落体育文化的身体性特质决定的,其主要通过传承者的身体运动得以传承。这些项目的传承人也更加注重身体运动方式和技能的教授,这种身体文化其实不仅仅是运动现象,其中也蕴含了礼仪规训和情感认知的双重功效。在实际技能传授的初始阶段,技能的学习只是其中的一个部分,在身体运动的场域中,身心规训往往被灌输其中,通过这种身心的教育教化作用,这些传承者才能够获得对这些原生态村落体育文化最基本的认知,并在后期的学习过程中,将这些东西与身体技能相互结合,使得身心达到和谐统一。在此过程中,原生态村落体育文化逐渐从意识形态的型塑开始向身体文化转移,逐渐建构成身体记忆,也正是这种身体记忆的出现、存在与保持,为这些非物质文化遗产的保护、传承提供了载体和动力,"口传身授"之乡土民间效应才会在实践中达成。在法国学者诺拉(Pierre Nora)那里,这种以身体为工具媒介,并通过身体记忆的形式将文化进行传承的身体记忆载体被他形象地称为"记忆的场"(sites of memory)②。在福建原生态村落体育文化田野调查的文化记忆中,我们不仅要通过深度访谈、口述历史的形式来收集储存在传承主体思想意识中的文化记忆,同时更要结合原生态村

---

① 参见张青仁《身体性:民俗的基本特性》,《民俗研究》2009 年第 2 期。

② 参见 Nora Pierre, *Between memory and history les lieux de memoire*, USA anthropology conference representations, 1989。

落体育的开展、传承过程收集展示出来的身体性特征,通过参与观察的形式来达成对身体文化记忆的收集,建立起二者之间的互补与互证关系,使原生态村落体育文化记忆的整理能够走向本源之路。

二 形成民族志的方式方法

在福建原生态村落体育文化的田野调查过程中,当我们收集到宝贵的第一手材料后,只是初步完成研究的基础工作。胡小明教授所提到的田野日志、田野笔记、田野调查材料整理及最终形成民族志式的田野调查报告才是最为关键、也是最为重要的田野工作的目的,最终的成果往往又以多民族的跨文化研究及跨学科研究的民族志体现出来。民族志是人类学、民俗学、民族学等学科的重要研究方法,是主要运用质性分析方式,将理论与实践相结合而生成的一种应用型成果,其主要过程包括田野调查的条件及背景、田野调查的信息与可预见性的理论假设,如果将整个民族志形成的步骤进行细化,可以分为田野工作中资料的收集、田野日志撰写等资料的整理验证和用理论与实践相结合的方式来验证理论假设的书写。基于这些方面的思考,马林诺夫斯基提出了新的民族志的书写模式,将其建构成一个连续的过程,并通过田野实践工作及民族志的写作,来达成民族志的理论与实践相互验证的文本特点。有鉴于此,对收集信息中田野背景深度描述,以及研究的理论预设逐渐成为评估民族志文本有效性的基本要素。[①]

（一）原生态村落体育文化的跨文化研究

文化全球化的发展趋势使得跨文化研究受到诸多学科研究的重视,在张力为看来,"跨文化研究致力于发现和解释不同民族之间、不同种族之间、不同文化之间的同中之异和异中之同,并通过所发现的异同规律发展各种文化适应手段"[②]。如今,这种跨文化研究在人类学、民俗学、民族学等学科领域得以更好地运用与呈现。在这些学科研究领域中,研

---

① 参见 R. Sanjek, "On ethnographic validity", in Sanjek, R. ed., *Fieldnotes: the Making of Anthropology*, Ithaca, N. K.: Cornell University Press, 1990。

② 张力为:《体育科学研究方法》,高等教育出版社2002年版,第181页。

究者们通过对世界各民族所取得的调查材料进行比较分析,用以验证假设,进而分析人类行为的共同性及文化的差异性,并试图发现某种普遍性规律或通则。① 在20世纪初期,跨文化研究开始逐渐兴起,并被人类学及心理学研究者们广泛运用于文化研究之中。在国内体育学研究领域,跨文化研究起步较晚。胡小明认为,在体育人类学研究中,运用跨文化比较的方法的最主要的目的是证明某种身体运动文化演变的假说,研究所需要的材料多来自于民族的习俗,特别是文化心理的部分,研究者们亲身做田野调查的材料更加弥足珍贵。②

地域原生态村落体育文化的发展变迁是社会分工、族群发展、环境变迁、主体发展需求等因素影响下的结果,为了验证同一派系、不同族群传承的原生态村落体育活动的内在逻辑性,在体育学中运用跨文化研究方式就显得尤为重要。最近几年,国内体育界学者逐渐开始将跨文化研究运用于注重田野调查的体育人类学研究之中,获得了重要突破。例如,吉首大学的万义等为了探讨少数民族原始宗教与身体运动文化之间的内在逻辑,选取云南省丽江、玉龙、维西、中甸等多个地域的纳西族宗教祭祀仪式活动中的东巴跳,与金沙江东部四川省凉山彝族自治州盐源县、木里县与云南省丽江市宁蒗彝族自治县的摩梭人常年举行各种宗教祭祀仪式活动中的达巴跳,将这两种同源异质的民间仪式体育活动作为跨文化研究的对象,论证了"人类在原始宗教观念支配下,以身体肢体动作与神灵沟通,借此畏神敬神、祛灾祈福,是身体运动文化形成的最初动力"③等假设。这种通过深入田野进行调查而形成报告的方式,对体育人类学的跨文化研究具有积极的影响。

本研究在前期实地调研及材料整理的过程中发现,这种跨文化研究对于原生态村落体育的深入挖掘、传承保护、宣传弘扬等有着重要的促进作用。以田野调查为依据,以同源异流的原生态村落体育文化为研究个案,挖掘社会制度、自然环境、生活习性、族群特点、文化特性等因

---

① 参见周晓红《人类学跨文化比较研究与方法》,云南大学出版社2009年版。
② 参见胡小明《体育人类学方法论》,《体育科学》2013年第11期。
③ 参见万义等《少数民族原始宗教与身体运动文化形成的文化生态学分析——东巴跳与达巴跳的田野调查报告》,《体育科学》2014年第3期。

素对原生态村落体育文化变迁的影响及未来的发展走向，不仅有利于探索发展轨迹，了解传承现状，对未来的统筹发展规划同样具有重要的价值。在实地考察过程中，对南少林派系的村落武术发展尤为关注，特别是源出于南少林且流传于不同族群中以风格迥异的形式所传承的武术拳系。例如，流传于畲汉民族的闽东畲族拳及龙尊拳就是一组很好的村落民族传统体育跨文化研究的样本。这一组对照样本为何较为适宜跨文化比较研究呢？

龙尊拳的主要传承群体为闽东的汉族人群，几乎没有受到外族文化的干扰，是闽东地域至今仍然保持着古朴的原生态特质的民族传统体育的代表，而畲族拳主要在金斗洋村传衍，金斗洋村是典型的闽东畲族聚居地，全村 600 多人全为畲族族别，在"大杂居小聚居"的生活环境格局下，畲族人民的生活习性难免会受到文化渗透的影响。事实上，在金斗洋畲族武术的数十个套路运动中，从掌法中所包含的单刀与双刀，拳法中的田螺锤与牛角锤，指法中的摸珠指和锁喉指等技术动作来看，都体现出畲族传统武术所具有的独特个性与形态的原真性。[①] 因此，这两个独立样本具有同源分流的特征（前文已分析），且保持着原生态村落民族传统体育文化的特质，符合跨文化研究对样本选取的要求。那么，将这两个同源不同族群的民族传统体育项目进行挖掘比较研究有何意义呢？

在体育学研究领域中从事跨文化研究，其方式主要是将不同文化的民族志资料进行对比与交叉分析，其目的是探讨人类包括体育在内的各行为模式的相似性与差异性，最终通过这种比较分析的方式方法，实现建立并检验假说的目标。[②] 我们将两个村落的原生态村落民族传统体育在田野调查的基础上进行跨文化比较，不仅仅是为了验证两者的相似性和差异性，其宗旨更是通过多元化的差异性的比对，最终实现原生态村落体育可持续发展的目的。为了很好地实现这一目标，需要从所选取体

[①] 参见缪仕晖、郭学松《畲族武术文化缘起及特征研究》，《临沂大学学报》2014 年第 3 期。

[②] 参见胡小明《体育人类学方法论》，《体育科学》2013 年第 11 期。

育事项的变迁历程、社会制度、经济制度、文化习俗、生态环境、族群特性、开发现状、存在问题、政府的干预等诸多方面进行综合分析。例如，开发思路上，金斗洋畲族拳的综合价值及社会影响力就远胜于龙尊拳。在2009年的夏天，金斗洋畲族拳学习成为该市举办中美夏令营活动的主要内容之一，来自美国宾夕法尼亚州的陈中磊和史乐莉夫妇参与了该拳种的学习过程，迄今为止，该活动已经成功举办两次。在畲族拳传人雷盛荣与钟团玉的精心指导下，实现了培养群体的蜕变，从内开始走向外部，不仅培养了海外武术爱好者对我国民族传统体育文化的兴趣，让他们对我国民族传统体育文化有了初步认知，传播了我国民族传统体育之技能与精神，同时也增进了中美民间传统文化的交流与互融，对中美两国建立良好互信关系大有裨益。[①] 然而，作为福建七大拳种的龙尊拳的开发思路却不尽人意，只是默默无闻地在村落中挣扎生存，如此一来，将这两种同源异流的体育事项进行跨文化比较研究，从中体悟到它们相互之间的联系，对于挖掘、传承、保护及弘扬此类原生态村落体育项目有着重要的现实意义。

（二）原生态村落体育的跨学科研究

跨学科研究是在近代有了学科门类之后才真正开始的，这种研究方法在20世纪60年代开始在学界广泛推行，是近来科学方法讨论的热点之一。在我国科研领域中，自20世纪90年代左右才开始形成跨学科研究的思维。这种科学研究范式在学术界有着广泛的影响，而且其研究成果也证明了这种方法的成效性。近年来，获得诺贝尔奖的科学家们非常重视对跨学科方法或跨学科研究与合作方式的运用，在他们的研究中，学科的相互交叉、渗透与融合的趋势越来越明显，在生理学或医学、物理学领域有20%的成果因为交叉研究而获奖，而化学领域竟有65%的成果因学科的交叉研究而获奖。[②] 在国内跨学科研究中，一些研究成果也得到了社会的极大认可，例如在首届"马约翰奖"的评选结果中，清华大学与大连理工大学所完成的高水平科学研究成果皆是跨学科、跨专业群体合

[①] 参见郭学松等《福建体育旅游开发研究》，《体育文化导刊》2014年第11期。
[②] 参见刘仲林《中国交叉科学》（第一卷），科学出版社2006年版。

作的结晶。① 从许多跨学科成果的社会认可度可以看出,这种研究手段已经得到了实践的检验,在不同的学科领域逐渐得到推广与普及,体育学科研究也不例外。

20世纪90年代,曲阜师范大学的刘一民曾探讨过"体育跨学科研究",张岩等对未来体育学研究的发展做出了探讨,并指出未来体育学研究需要用自然科学、人文社会科学的众多学科领域的知识体系与方式方法,并从多种视角、多个层面对体育运动进行研究与剖析②,汪康乐指出,"跨学科研究法将成为探索体育科学新问题、揭示体育创新知识规律、推进体育科学创新发展及创建体育新学科的重要研究方法"③。这些前期的研究成果为当前体育界跨学科研究的兴起奠定了基础,在民俗体育、民族传统体育、传统体育等方面的研究也开始重视对这种研究手段的运用,特别是对人类学、生态学、地理学、考古学等学科知识体系的旁征博引。在胡小明、白晋湘等专家的学术引领下培养了一批诸如杨海晨、万义等优秀的体育人类学研究的后备人才,创造了大量的科研成果。综述这些成果发现,其中涉及跨学科研究的立场是由民俗体育自身的特性所决定的,如《少数民族原始宗教与身体运动文化形成的文化生态学分析——东巴跳与达巴跳的田野调查报告》④ 等文章就是基于这种原生态村落体育与生态学之间的逻辑关系,运用文化生态学的相关理论去解释或解决体育人类学研究中的问题,同时也说明了跨学科研究要求被研究项目与相关学科理论之间形成统一性、相融性和交叉性。

原生态村落体育是一类土生土长的民族传统体育、民俗体育或传统体育,它们往往与宗教祭祀、节庆活动、纪念性事件等相伴而生,特别是福建地域的原生态村落体育活动更加独特。例如,宁德霞浦县沙江村每年的中秋曳石活动、莆田仙游县枫亭的元宵游灯活动及涵江镇前村正

---

① 参见唐东辉、覃立《体育科学跨学科研究简论》,《西安体育学院学报》2010年第1期。
② 参见张岩、刘雪松《元体育学初探》,《北京体育大学学报》2004年第9期。
③ 汪康乐等:《跨学科研究法在体育科学创新中的作用》,《上海体育学院学报》2009年第4期。
④ 参见万义、王健、龙佩林、白晋湘等《少数民族原始宗教与身体运动文化形成的文化生态学分析——东巴跳与达巴跳的田野调查》,《体育科学》2004年第3期。

月二十四举行的打铁球活动与抗倭斗争密切相关，漳州长泰县珪塘村正月十七举行的三公下水操活动是为了纪念宋元的崖山海战而衍生的村落原生态体育活动。这些活动的开展具有重要的象征文化内涵，可以结合象征学的理念进行跨学科交叉研究，挖掘其包含的精神价值，彰显独特的社会教育特质。然而，福建省又是全国典型的宗教传承基地，诸多原生态村落体育活动寄生于宗教活动，并服务于宗教活动。如，厦门海沧钟山村水美宫宗教祭祀中的送王船活动、漳州长泰县坂里乡正达村元宵节的盘古王戏水活动、漳州和平乡吉坂村传统正月十六举行的抢土地伯公活动、漳州龙海林前村伽蓝王巡社元宵节开展的戽水神活动、漳州平和县国强乡高坑正月十一举行的走水尪活动、宁德屏南县双溪镇乾源村为纪念临水夫人陈靖姑而在元宵举行的斩白蛇活动、莆田地域一些村落由各宫庙举行的抬神踩火活动、龙岩罗坊元宵走古事活动，等等，皆与宗教祭祀、宗教信仰息息相关，可以尝试将英国的菲奥纳·鲍伊（Fiona Bowie）、布赖恩·莫里斯（Brian Morris）等学者所提倡的宗教人类学理论与体育学进行跨学科研究，进而开辟一个交叉学科研究的新领域，丰富原生态村落体育研究的手段与方法，促进原生态村落体育与宗教文化的协调发展。基于体育事项的缘起及发展特性，提出这两种跨学科的研究方法，兹作抛砖引玉，促进学术争鸣，为原生态村落体育的和谐、可持续发展献计献策。

本章小结

福建原生态村落体育文化是一个庞杂的研究体系，这不仅体现在其项目繁多，而且体现在这些项目融合了福建本土文化及移民文化等文化特质，是多元文化体系催生的身体活动。在系统研究福建原生态村落体育文化之前，首先要着眼于福建原生态村落体育文化研究范畴的梳理工作。本章从界定福建原生态村落体育文化的研究范畴开始，分别梳理了"原生态""生态体育""原生态体育""原生态村落体育"等相关范畴，在此基础上，阐释了福建原生态村落体育文化的理论和实践意义。本研究是在个案研究的基础上进行的，在福建省，这样的研究个案琳琅满目，为此，在深入田野调查研究之前，需要确定被研究的个案样本。在文献调查、问卷调查和实地调查的基础上，分析了福建原生态村落体育文化个案的特征，提出了抽样所依据的"整体性原则""典型性原则""因地制宜原则""可比较性原则"，并依托这些抽样原则，提出了"总体采样法""区域选样法""类别选样法""分层选样法"的样本选取方法。在确定了个案研究对象后，依据研究样本的特殊性，归纳分析了对这些样本研究的方式方法。其中，重点阐释了田野调查的相关方法论，提出了记忆在田野工作的突出作用。在形成民族志的成果方面，主要从跨文化研究和跨学科研究两个方面有针对性地提出了研究报告书写形式。本章的开篇对后续章节的研究工作提出新的思路，将成为推动后续章节顺利开展的重要基石，起到统领全篇之作用。

第二章

福建原生态村落体育文化的现状与困境

　　福建原生态村落体育项目种类繁多，分布零散，多以村落为生长和繁衍地，要想系统梳理这些项目的特征，挖掘项目所蕴含的社会价值，分析项目发展存在的问题，以及有针对性地提出可持续发展路径，首先需要对这些项目的生存现状进行调查。这种深度调查不仅涉及对相关文献的收集、整理与分析，同时更需要深入到与福建原生态村落体育文化发源、发展相关的村落，进行实地考察。为此，我们首先通过网络设备、馆藏机构、各地方文献资料库等媒介，收集与福建原生态村落体育文化相关的材料文献，对相关文献进行整理分析。在此基础上，有针对性地选择与福建原生态村落体育文化相关的个案进行实地调研。因为福建原生态村落体育文化是一种共生体文化，与军事、历史、文化、宗教、民俗、宗族等多元文化相互交织，对这些文化的考察是透析这些原生态村落体育文化发起的逻辑起点。以此为根基，分别从其渊源、开展形式、存续状况等方面对所选取的福建原生态村落体育文化个案进行深度描述。进一步从村落人口流动较大，导致一些项目后继乏人；在城镇化过程中，原生态村落体育文化赖以生存的生态环境遭到破坏，资源部分流失；政府监督和主导作用发挥难以平衡，保护机制不够完善，导致一些项目发展方向存在问题，甚至濒临消亡；面对市场经济的冲击，原生态村落体育文化的市场价值挖掘产生误区；活动开展的场地、活动的组织、活动自身的内隐性思想等方面，系统呈现原生态村落体育文化的生存境况。

第一节 福建原生态村落体育文化的生存现状

原生态村落体育包括民族传统体育、民俗体育、传统体育等乡土体育范畴，这些土生土长的民间体育事项，在发起、传承的过程中，与地域生活习俗、宗教信仰、宗族信仰等文化交融互补，建构了绚丽多姿的乡土地域文化，成为一种区域文化的象征与表达。福建原生态村落体育文化的形构内涵不仅与生活、宗教、宗族等文化相互关联，而且还与相关战争文化联系在一起，形成了福建独特的民间体育文化。福建历来就有"八山一水一分田"的说法，在特殊的自然环境和有限的社会资源中，为了族群延续和发展，乡土民众创建了许多乡土体育活动，并将之与生活、生产或生存联系在一起，诸如畲族的武术、闽东赛海马等。在人类社会文明化程度不高的生存环境中，依靠宗教、宗族信仰来满足人们的心愿，形成了福建特殊的祭祀仪式文化，在仪式过程中产生了大量的原生态村落体育项目，如闽南的送王船活动、闽东的斩白蛇活动等。福建地处东南沿海，有着便利的海上运输条件，成为倭寇或西方列强的主要交通枢纽，为此也引发了系列侵略与反侵略斗争，其间同样孕育了丰富多彩的原生态村落体育文化，如产生于抗倭的曳石活动等。如此种种，无疑使得福建原生态村落体育文化保留了特殊的历史记忆，蕴含了多元的象征内涵，成为福建乡土文化的一种重要代表。然而，随着社会的快速发展，这些原生态村落体育文化，在许多方面都受到了发展影响。它们有的被迫改装换面，以适应社会发展和人的需求；有的与经济价值相互关联，或兴或衰；有的保护不当，遭遇生存瓶颈，诸如此类，对福建原生态村落体育文化的发展提出了很大挑战。正因为如此，深入实地考察福建原生态村落体育文化的生存状况，寻找其中存在的问题，为有针对性地解决相关问题提供依据，成为福建原生态村落体育文化研究急需落实的首要任务。

一 福建原生态村落体育文化的总体分布情况

（一）福建地域文化概述

福建是中国东南沿海的一个区域，自古就有"闽"的称谓。其实，福建地域文化历史非常悠久，并非一些学者所谓的"蛮荒之地""不牧之民"。从"东山人""清流人"和漳州"甘棠人"的骨化石，以及平潭的壳丘头遗址到三明万寿岩发现的距今约19万年前的旧石器时代的器物，皆说明早在新石器之前，福建就有人类活动的迹象。[①] 诸如此类考古挖掘文化的印迹说明，福建地域文化源远流长。福建地域不仅文化渊源久远，而且文化底蕴丰厚，在国内外享有盛誉。福建，古时候称为闽越，秦朝时设置为闽中郡，到了唐代，分设福州、建州等州，设立福建观察使，"福建"的称谓从此而来，并沿用至今。福建地区具有天然的地域格局和自然生态条件，东面有狭长的海岸线，西面以武夷山脉为边界，南北分别与广东省、浙江省交汇。依山傍水是福建地域自然景观最显著的特点，省内有武夷山、太姥山、支提山、鼓山等名山，有乌龙江、闽江等相互交错的水系。从古至今，在这片土地上孕育了许多人才，谱写了传奇的历史，如李纲抗击金人、俞大猷抗击倭寇、郑成功收复台、林则徐抗英斗阵、黄花岗七十二烈士，等等。故而，有学者认为"是则福建之史，历史悠久，内容丰富，不可不知也"[②]。以此也可洞悉福建之地域文化于一斑。

福建特殊的地理区位，独特的地域文化背景，极其多变的社会环境，产生了多元的文化体系，特别在军事文化、宗教文化、宗族文化、习俗文化、少数民族传统文化等方面。从古至今，福建因区位因素成为重要的军事要地，成为多方争夺的要塞。历史上，汉武帝平闽越，孙吴对闽中用兵，陈文帝伐陈宝应，隋文帝征王国庆，陈元光与土著居民的战争，南唐灭闽，元军追歼南宋端宗政权，明军消灭陈友定势力，郑成功抗清，太平天国运动，辛亥革命，北伐战争，等等，皆在福建地域留下了深刻

[①] 参见林建华《福建武术史》，厦门大学出版社2013年版。

[②] 徐晓望：《福建通史》第一卷，福建人民出版社2006年版，第1页。

的军事历史记忆。福建不仅是国内征战的场域，同时也是国外列强的重点入侵地。明代中叶以后，随着世界资本主义的发展和海洋战略的兴起，中国屡遭资本主义列强的侵略，福建进行抗倭、抗葡、抗荷、抗英、抗法、抗日战争，成为屏障中国东南的海防要地。① 福建地域的战争史对该地域造成了极大影响，留下了深刻的社会记忆，同时，在这些战争中也产生了许多民间体育事项，如源起于宋元崖山海战的漳州珪塘村三公下水操活动，源起于抗倭斗争的宁德霞浦沙江曳石活动、闽南的宋江阵武术运动等。这些由战争所衍化的民间体育事项，历经数百年的岁月洗礼，已经成为保存和传递这种军事战争历史记忆的重要工具载体，成为不同地域历史文化的象征。

福建的开发较晚，自汉晋以来北方士民不断南迁，把中原先进的政治、经济制度及生产技术等带到福建，促进了福建的经济人文开发。而佛、道等宗教也大多沿着这条自北向南的路线在福建广为传播。福建地处东南沿海，自古以来对外交通都比较发达，外来宗教的传入和中国宗教的对外交流②，构成了福建宗教发展的格局。特别是明清以来，福建的宗教不断向东南亚等地广泛传播，与此同时国外的基督教、伊斯兰教等也大量渗透到福建地域。在福建宗教发展史上，占据特殊地位的是乡土宗教，如福建的王爷信仰、保生大帝信仰、妈祖信仰、临水夫人信仰等，这些民间信仰不仅在福建根深蒂固，同时也在东南亚等地区影响深远。在这些乡土宗教信仰中，祭祀成为信仰传递的主要方式，并形成了独具一格的祭祀仪式，而在这些祭祀仪式中又产生或寄生了大量的身体运动行为，使得原生态村落体育文化得以萌生或发展。诸如，产生于妈祖祭祀的妈祖生活体育项目，形成于保生大帝信仰的蜈蚣阁活动，源起于王爷信仰的送王船活动，为祭祀陈靖姑而开展的斩白蛇活动，等等。

在早期中国社会中，宗族体系的生活境况、生存样态及生活模式是一大特色，特别是乡土社会，如在福建省与广东省，宗族和村落明显地

---

① 参见福建省地方志编纂委员会《福建省志·军事志》，新华出版社1995年版。
② 参见陈支平《福建宗教史》，福建教育出版社1996年版。

重叠在一起，以致许多村落只有单个宗族。① 这些宗族有时也被称为家族，各个家庭之间多存在父系血缘关系，这种关系的维系通常与祖先崇拜和宗法观念的规范相互关联。这些宗族的主要特征体现为以家庭为基本单位，以血缘为纽带，拥有聚族而居或相对稳定的居住区，有相应的组织机构和领导人从事管理工作。② 关于这种宗族，费孝通也曾指出，所谓的族是由许多家所组成，是一个社群的社群。③ 无论宗族的规模多大，在福建地域，许多宗族都有自我族群的独特族祭仪式，通过这些仪式的身体展演，以一种象征性的方式来实践达成或维持崇拜家族祖先的制度化设计，进而维系家族的团结，增强宗族的凝聚力和向心力。弗里德曼（Freedman）认为，"在家族祭祀中，人们与他们'熟知'的逝者或多或少地取得联系，并且通过祭拜的仪式或身体运动能够向他们贡献，可以使其在不同的世界获得快乐。这种祭拜仪式基本上都是集团行为的展示，在那里，村落或社区的权力及地位之结构通过仪式的方式展现出来。在宗族或族群的层面，亲属体系所要求的分化在仪式过程中得以表达和强化"④。这些族祭的仪式展演内容是实现这些目标的重要方式，作为地域化象征记忆的福建原生态村落体育文化往往成为福建一带族祭的主要构成部分。

福建目前所形成的人口格局是由早期中原地带多次移民与福建闽越族群所共同构建的共生体系，这些后期迁入的广大移民群体多数定居在闽南一带，且多以宗族为共同体开垦某一地域，逐渐形成了以某一姓氏为主体的闽南特殊的宗族村落。这些宗族式的村落体不但将早期祖先所传承的习俗带到福建，而且在宗族繁衍的过程中，又结合地域文化特色，逐渐形成了具有宗族象征特性的村落地域文化，同时又在相关族祭中展露与宗族群体相关的特殊文化，如漳州云霄吉坂村的抢土地伯公民俗体

---

① 参见［英］莫里斯·弗里德曼《中国东南的宗族组织》，刘晓春译，上海人民出版社2003年版。

② 参见冯尔康等《中国宗族史》，上海人民出版社2008年版。

③ 参见费孝通《乡土中国》，生活·读书·新知三联书店1986年版。

④ Maurice Freedman, *Lineage Organization in Southeast China*, London: The Athlone Press, 1958, pp. 90–91.

育活动就是其族人从河南地域随迁而入，在发展的过程中又融合了福建地域文化。但，也有部分习俗是在既定社会环境中被创造出来的，如闽南一带所盛行的宋江阵武术文化，是一种福建土生土长的民间体育事项，具有特殊的地域文化象征意义，并在部分宗族延续中发挥了积极作用，被村落族群体视为一种宗族文化的遗产而获得重视。

福建虽远离中国政治文化中心，但是福建的移民社会构建，使其保存了中国传统的节庆习俗文化。"过节"是一种全世界普遍的文化现象，在不同的国家以不同形式或象征意义而呈现。在中国几千年的发展史中，节日始终是一种特殊的文化象征，被人们视为日常生活的一部分，正是因为节日在广大民众心目中具有重要地位及象征意义，所以在一些特殊的节日中，人们都要举行盛大的庆典活动，以表达或宣泄人们在不同时期的内心情感。在这里，节庆通常创造了一种社会情境，在这种场域中，个体与群体活动使得人们能够自由表达此类情感，在这一意义上说，它们是社会性的[1]，在乡土民间广大民众的身体运动往往也是寄生于节庆这个平台展演与传承的。在现代社会，要找一个民族的历史遗产，就要去找民俗，要找民俗的家门，就要去年节。[2] 在中国社会，节日庆典一向被非常看重，民族传统文化在这种大舞台上得以尽情展示，各个民族的衣食住行、社会关系、传统艺术、民间信仰、传统体育等在不同的节日庆典场域中都能得到集中的展现。[3] 所以说，节日庆典不仅为我国民族传统文化提供了重要的展演平台，同时也成为文化传统的"储存器"与媒介载体。

在福建区域，乡土民众都要运用特殊的身体叙事在节庆场域诠释他们的心境，诸如，在春节期间组织龙狮表演、宋江阵、游大龙、红龙缠柱等活动；元宵灯会巡游、三公下水操、盘古王戏水等活动；在立春组织闹春田、耕牛等活动；在端午节组织闽台竞渡、抓鸭等活

---

[1] 参见杨念群《空间记忆社会转型：新社会史研究论文精选集》，上海人民出版社2001年版。

[2] 参见董晓萍《说话的文化：民俗传统与现代生活》，中华书局2002年版。

[3] 参见陈奇、杨海晨、沈柳红《一项民族传统体育的文化人类学研究——广西南丹拉者村"斗牛斗"运动的田野报告》，《体育科学》2013年第2期。

动；在中秋节举行抬神过火、曳石、博饼等活动。在畲族"三月三""二月二"族群节日中，还有诸如畲族拳、打枪蛋、竹竿舞、山哈藤阵等少数民族体育活动。在福建地域最为特殊的民间体育文化，即为特殊族群体文化，如畲族、高山族、客家等。这些族群都有自己的信仰、宗族观念、节日场域，如此也建构了自我族群的身体运动文化，如高山族的拉手舞、客家的攻炮城、畲族的武术等活动，而这些多元族群的民间体育文化不仅在宗教、宗族祭祀中得以展示，更多地融入一般或特殊的节日庆典之中，型构了一种共生文化。

（二）福建原生态村落体育文化总体分布情况

福建特殊的地域文化特质，悠久的历史传统、浑厚的宗教地域文化、独特的宗族意识观念，孕育了大量的乡土民间体育活动，历经数百年，甚至数千年的岁月洗礼，使得这些民间体育文化保留了独特的原生态特质，构建了福建地域原生态文化体系。这些原生态民间体育文化，在社会变迁、城镇化等过程中，为适应社会需求，以及人的发展需求，虽然，有的被规划为社区或城镇范畴内，但是依旧保留了早期最原始的形态或文化象征意义。因福建早期的移民特征，基本上形成了以宗族聚居而居的格局，从而形成了以宗族为单位的族群体育，又因福建早期的地理环境，产生了中国特殊的"五里不同村，十里不同俗"的民间文化态势，以此形成了多样化的村落原生态体育文化。

据本研究对福建9个地市的部分村落进行考察得知，目前福建多数村落，或者同宗族建构的大族群体区域，都保留了自我的族群体民间体育活动。这样一来，福建的原生态村落体育项目非常丰富，据推测可达数百项之多，已经收集和统计的也有100多项。仅福建乡土武术拳种及门派就有47个，其中以五祖拳、咏春白鹤拳、地术犬法、太祖拳、罗汉拳、畲族拳及自然门、六合门等武术拳系及门派较为突出，然而在这些武术门派及拳派体系中，尤以南少林武术最为显著。目前已挖掘整理出土的南少林武术拳系共有20余个[1]。当然，这些仅仅是福建原生态村落体育文化的冰山一角，寄生于宗教仪式、宗族仪式、节日庆典中的原生

---

[1] 参见林荫生《中国南少林》，福建人民出版社2013年版。

态村落体育更是琳琅满目，数不胜数。虽然，在早期特殊的社会运动中，这些原生态村落体育文化遭到一些发展阻滞，但，在近十年来的文化复兴和非物质文化遗产保护的社会情境中，许多原生态村落体育呈现在世人面前，并在福建乃至国内外崭露头角，如线狮、挑幡、宋江阵等。

因相关部门对原生态村落体育保护的重视，以及村民们的文化自觉意识开始觉醒，福建原生态村落体育文化总体呈现出了一种欣欣向荣的发展态势，展示自我特质、开发文化价值、申请非物质文化遗产保护等思路成为福建原生态村落体育文化发展的重要导向。为此，在已收集的福建原生态村落体育文化中，一些项目已经被国家级非物质文化遗产名录、福建省非物质文化遗产名录等收录其中，这种多个项目被国家非物质文化遗产名录收录的现实，表现出福建原生态村落体育文化的文化内涵及价值认同。现对国家非物质文化遗产名录及福建省级非物质文化遗产名录所收录的福建省的相关项目进行统计，结合福建原生态村落体育文化相关的身体运动事项进行分析。

将国家级非物质文化遗产收入名录是我国对非物质文化遗产保护的一项重要举措，由中华人民共和国国务院批准，并由中华人民共和国文化部来组织评定非物质文化遗产，入选者收入名录。名录推行的宗旨是贯彻国家相关部门关于非物质文化遗产保护的政策法规，对我国非物质文化遗产实施保护、传承、发展、弘扬与利用，使这些传统文化能够在当代释放光芒，并为了实现提升我国文化软实力的目标，最终服务于中华民族的伟大复兴。在国家层面的非物质文化遗产保护中，截至2017年，中华人民共和国国务院共评选并颁布了四批国家级非物质文化遗产名单，建立了数据库，它们分别是2006年第一批（共518项）、2008年第二批（共510项）、2011年第三批（共191项）、2014年第四批（共153项）。在国务院所公布的第一批国家非物质文化遗产名录中，福建省非物质文化遗产共被收录72项，其中与原生态村落体育文化相关的项目10项；第二批国家非物质文化遗产福建入选39项，其中与原生态村落体育文化相关的项目9项；第三批国家非物质文化遗产福建入选6项，其中与原生态村落体育文化相关的项目1项；第四批国家非物质文化遗产福建入选7项，其中与原生态村落体育文化相关的项目1项。在四批国家非物质文化遗产项目中,福建共被收录124项,其中与原生态村落体育文化相关的21项,占被收录的16.94%。说明福建原生态村落体育文化在福建地域传统文化中占有一定的地位,当然,这其中还未将一些被收录的习俗中的原生态村落体育项目列入其中。

福建省非物质文化遗产保护机构是国家非物质文化遗产统筹下的地域性组织,重点遴选福建省具有代表性的传统文化项目,收入福建省非物质文化遗产名录。到2017年,福建省人民政府共开展了五批次的省级非物质文化遗产名录评选工作,分别为2005年福建省第一批省级非物质文化遗产名录,收录119项,其中与原生态村落体育文化相关的项目20项;2007年福建省第二批省级非物质文化遗产名录,收录项目106项,其中与原生态村落体育文化相关的项目29项;2009年福建省第三批省级非物质文化遗产名录,收录项目87项,其中与原生态村落体育文化相关的项目13项;2011年福建省第四批省级非物质文化遗产名录,收录项目52项,其中与原生态村落体育文化相关的项目6项;2017年福建省第五批省级非物质文化遗产名录,收录项目57项,其中与原生态村落体育文化相关的项目9项。自2005年以来,福建省省级非物质文化遗产共入选411项,其中与福建原生态村落体育文化相关的77项,收录率为18.73%。在福建这样一个传统文化大省中,如此收录率也突显福建传统体育文化在该地域文化体系构建中的地位。

除了国家非物质文化遗产、省级非物质文化遗产外,福建相关地市也设立了非物质文化遗产名录,一般情况,这些入选国家非物质文化遗产和省非物质文化遗产名录的都是市级非物质文化遗产,同样也有一些尚未入选的已被市级非物质文化遗产名录收录。根据笔者调研统计,截至2017年,像宁德霞浦沙江村的曳石活动、三明宁化太华镇华溪村的稻草龙活动、三明沙县南霞乡茶坪村的打狮活动、三明永安青水打黑狮活动、漳州云霄平乡吉坂村的抢土地伯公活动、龙岩连城县庙前村的红龙缠柱活动、莆田涵江前村的打铁球活动等都是市级非物质文化遗产,而且正在积极申报更高一级的非物质文化遗产。除此之外,还有一大批未被列入非物质文化遗产名录的福建原生态村落体育文化项目,如三明沙县夏茂镇和梨树乡的舞鱼活动、三明泰宁均口镇台田村的马灯舞活动、漳州长泰坂里乡正达村的盘古王戏水活动、漳州平和县国强乡高坑村的走水尪活动、泉州永春县达埔镇岩峰村的造火把活动、龙岩长汀城关河的高跷扑蝶活动、莆田市涵江区白塘镇镇前村的跳火活动等。另外，还有一些没有被收集到的原生态村落体育事项，都具有特殊的地域文化内涵，它们也正在积极准备申报相关非物质文化遗产。

从目前福建原生态村落体育文化的总体情况来看，不同的宗族聚落、不同的族群都有自我运动形式的项目存续，且部分项目已经在国家、地方等层面形成了一定的影响力。这些原生态村落体育事项，既然能够存续至今，皆有其存在的特殊价值，并且在某些方面符合社会发展的需求，特别是在习近平总书记积极倡导发扬中华民族优秀传统文化的精神指导下，国家及地方相关部门积极动员起来，无论是政策法规文件的制定与推行，还是在实地考察、经费投入、传承人关照等诸多方面都给予很大程度上的重视。所以，在福建原生态村落体育文化的保护过程中，从学界的大量研究成果的形成，到实地工作中保护基地的规划与实施，无一不在突显一种欣欣向荣的景象。正因为如此，福建原生态村落体育文化似乎迎来了良好的发展契机，并始终朝着人类社会发展需求的方向演进。

二 福建原生态村落体育文化的区域分布情况

福建原生态村落体育文化项目多达百余项，主要分布在福建 9 个地市的区域范畴内，每个区域内的原生态村落体育事项也不尽相同，各有各的特征，诸多与地域文化、族群构建、风俗文化等息息相关。如闽东地区是畲族的主要聚居地之一，在数百年的畲族生存繁衍过程中，创造了大量的原生态村落体育项目，这些体育项目与畲族的祭祀、节庆、生存、生活等方面关系密切。在闽西地区同样也有畲族聚居地方，如三明永安青水畲族乡，有特殊的打黑狮活动，当然，闽西最为特殊的群体是客家，在客家群体中广泛流传着大量的原生态村落体育项目，都是与他们的生存、生活、习俗、信仰相关的，如以武术为基础的红龙缠柱活动、以节庆为依托的游大龙活动，等等。在闽南地区，多数原生态村落体育以信仰、生存、生活为基础，如闽南多械斗的历史促就了闽南人勇武的文化特质，特殊的信仰也产生了许多原生态村落体育项目。闽北的挑幡、战胜鼓等活动都与军事文化相关，与该地域为入闽之要塞有关。但是，这种区域划分有时候会将一个地区分成几个部分，如龙岩地区分别隶属于闽西、闽中、闽南，而闽中地区又包括莆田、三明等部分面积，如今狭义的闽东又仅指宁德地区，这样一来很难对相关区域性的原生态村落体育项目进行系统的统计，因此，以行政区域划分为依据，在梳理福建原生态村落体育文化生存现状方面，将每个行政地级市作为一个独立的单元，来审视该单元内的原生态村落体育文化的发展概貌。

（一）宁德地区原生态村落体育文化的现状

1. 宁德地区的地域文化概况

宁德地区在福建省东北翼沿海地带，又有"闽东"之称号。宁德地区有着较长的海岸线，东面与宝岛台湾隔海相望，西面与南平武夷山遥相呼应，南面是福建省会城市——福州，北临浙江省，是福建省距离日本及韩国最近的城市。依山傍水的地理格局使得宁德拥有天然的区域优势，特别是该地区的三都澳港，更成为重要的水路交通枢纽。三都澳港被誉为闽东沿海的"出入门户，五邑咽喉"。孙中山先生在《建国方略》中将其称之为世界"最深不冻良港"；郭沫若先生也曾以"良港三都举世无，水深湾阔似天湖，岛山环拱忘冬夏，潮汐翻腾有减除"[①]的诗词积极肯定和高度评价这一港口的优越资源。正是因为宁德地区区位便捷的优势，使其成为历史上的兵家喜争圣地，如红巾军攻占福宁府、郑成功兵临宁德、蔡牵义军转战闽东、十九路军古田守备战、闽东军民抗击日寇，等等。特别是来自水路的征战为闽东地域留下了深刻的记忆，诸如明嘉靖年间的倭寇侵扰而引发的持久的闽东地域抗倭斗争，戚继光的横屿抗倭大捷也促就了闽东抗倭的辉煌历史，并依据戚继光闽东抗倭而衍生了曳石、赛海马等原生态村落体育项目。

宗教文化是福建地域文化的一大特色，因宗教文化的繁荣兴盛，推动了各种文化的互动融合，形成了一种以宗教文化为依托而建构的多元文化共生体，特别是宗教文化与习俗文化的交融。在闽东地区，不仅有

---

① 缪仕晖：《环三体育旅游产业发展的SWOT分析及对策研究》，《南京体育学院学报》（自然科学版）2012年第5期。

基督教、伊斯兰教、天主教等西方宗教的区域性发展，同时也有乡土宗教的繁衍与盛传。闽东地区较为兴盛的乡土宗教信仰为陈靖姑信仰、马仙信仰等。无论是在特殊的祭日还是在一般的生活之中，都可以找到乡土宗教信仰的痕迹，如在临水夫人陈靖姑信仰中，人们将这种生育保护神视为传延后代的重要精神支撑之一，同时又将其生平中的斩妖除魔的神圣"法力"作为一种满足需求的介体。在这些祭拜仪式中，人们不仅将生活中的体育事项融入其中，还依托陈靖姑的神话传说，来建构一些隶属于陈靖姑的体育文化，如乾源村的斩白蛇灯仪活动就是为了纪念陈靖姑生前斩杀白蛇事件而衍生出来的身体运动，该身体运动形式由宁德屏南双溪镇乾源村溪口宫所独创，是该村每年正月十五皆会举行的祭祀活动，历史可追溯到明正德二年（1507）。[①] 许多此类的原生态村落体育事项，源自乡土宗教仪式，却成为一种生活化的文化，展示了乡土宗教文化在地域生活中的影响力。这些与乡土宗教祭祀相关的原生态村落体育活动，不仅仅在这些祭祀的平台上展演，还与中国传统的节庆文化相互关联。像斩白蛇活动就是在元宵节期间进行展演的；沙埕搬铁枝活动在元宵节上演，中间也掺杂游神活动。如此种种皆说明，原生态体育文化已经与地域节庆文化、乡土宗教文化相互融合，呈现了多元的文化特质。

闽东地区是福建省少数民族的重要聚居地，主要有畲、回、壮、苗、满、京、傣、侗、高山、彝、藏、瑶、维吾尔、蒙古、朝鲜等22个少数民族。在少数民族分布中，畲族人口占据主体部分，宁德畲族居住人口达15.73万人，占全省畲族总人口的45%，占全国畲族总人口的25%，并设坂中、穆云、康厝（以上属福安市辖），盐田、崇儒、水门（以上属霞浦县辖），金涵（宁德市辖）及硖门（福鼎市辖）8个畲族乡。[②] 这些畲族群体居住在宁德的不同区域，在根植过程中也形成了自我族群独特的原生态村落体育文化。畲族是一个边缘族群，历史

[①] 参见郭学松、阴腾龙《仪式过程理论"阈限"范畴中的身体展演研究》，《首都体育学院学报》2016年第3期。

[②] 参见福建省宁德地区方志编纂委员会《宁德地区志》，方志出版社1998年版。

上过着迁徙及被压迫、被排挤的生活,他们不得不被选择性地聚居在汉族的边缘地带,过着刀耕火种的生活。特殊的生存、生产境遇,造就了畲族勇武的斗争和抗争精神,也型塑了畲族别具一格的武术文化。像闽东金斗洋村的畲族拳、溪坪村盘柴槌等畲族民间武术,至今仍保留着自我族群记忆,突出原生态的特质,是畲族族群发展历程的一种特殊记忆。

虽然,当前的畲族已经与周围的汉族交往甚密,同时也在某种程度上被同化,但在一些特殊的节日中,畲族民众仍保留了自我族群特殊的文化记忆,特别是与本族群相关的民间仪式体育文化。如猴盾村的龙头舞就是该村族祭的重要身体运动形式,保留了较为原生态的民间信仰文化。雷东村畲族的狩猎舞是根据畲族先祖打猎情形而被建构出来的,是对先祖生存境遇文化的一种回忆,这种回忆是建立在模仿基础上的,通过这种情景化的再造,不仅型塑了英雄祖先的伟大形象,同时也强化了族群认同。像闽东畲族的赛海马活动是早期畲族民众为了生活而创造的体育运动,后在戚继光抗倭中被运用,因此也成为一种生活化和军事化综合的文化象征。福安畲族的祭祀体育活动奶娘踩罡同样具有畲族自我族群特质。如此种种,皆突出了畲族族群原生态村落体育的多元化特质,以及由此而具有的象征文化内涵。

2. 宁德地区原生态村落体育文化的生存现状

宁德地区自古就有山海交映的历史文化,因特殊的地域文化格局形成了与山海相互交映的原生态村落体育文化。宁德地区由于古时战争文化的原因,催生了大量与军事相关的原生态村落体育项目;该地区又是一个宗教兴盛的区域,在诸多祭祀仪式中也生产或融入了大量的原生态村落体育文化;一些中国传统的节日也为相关原生态村落体育的展演和延承提供了平台。宁德是福建乃至全国畲族的主要聚居地之一,早在唐朝以前,畲族族群就聚居于此,逐渐形成了如今的畲族生存格局。在畲族生存沿袭的历史过程中,畲族民众为了生存、生活等需求,在不同历史时期,建构了隶属于本族群的民间体育文化体系。形似此类的民间体育文化,至今仍保留着较为原始的形态或象征内涵,成为一种原生态体育文化的代表。基于我们的调查统计,将宁德地区的相关原生态体育项目进行梳理归纳，分别从项目、源起地域、级别、类别等方面进行整理。在类别栏目中，并未根据相关非物质文化遗产的设定类别进行排列，而是根据项目的特征进行分类，如表2-1。当然，这里所列出的关于宁德地区的原生态村落体育项目，只是在调查基础上所收集整理的，其中难免有遗漏的项目，可能并不能完全反映宁德地区的所有原生态村落体育文化。

表2-1　　　　　宁德地区原生态村落体育项目统计表

项目	源起地域	级别	类别
霍童线狮	霍童	国1、省1、市级	传统体育
斩白蛇	屏南双溪乾源村	国2、省2、市级	民俗体育
台阁	屏南双溪、福鼎沙埕镇、霍童	国2、省2、市级	民俗体育
铁杖棚	屏南双溪村	无	民俗体育
曳石	霞浦沙江村	市级	民俗体育
畲族奶娘踩罡巫舞	福安社口南山畲族村	省1、市级	体育舞蹈
畲族龙头舞	八都猴盾村	省5、市级	体育舞蹈
云淡海上龙舟竞渡	蕉城区龙舟竞渡协会	省1、市级	民俗体育
畲族狩猎舞	蕉城区雷东村	省5、市级	体育舞蹈
畲族武术（盘柴槌）	霞浦崇儒溪坪村	省3、市级	民间武术
畲族拳	福安金斗洋村	省1、市级	民间武术
畲族铃刀舞	八都猴盾村	省5、市级	体育舞蹈
龙桩拳	古田县杉洋村	无	民间武术
赛海马	飞鸾等地	无	传统体育

（备注：国1表示国家非物质文化遗产第一批名录收录；国2表示国家非物质文化遗产第二批名录收录；省1、省2等表示福建省某一批非物质文化遗产名录收录；市级即为宁德市非物质文化遗产名录收录。表中相关材料为笔者在实地调查中收集整理而成，后续表格如无特殊说明，均与此表同。）

依据国家非物质文化遗产名录和福建省非物质文化遗产名录的统计可知，宁德地区入选国家非物质文化遗产名录且与原生态村落体育文化相关联的项目有3项，省非物质文化遗产项目有10项，市级有11项，目前还没有进入非物质文化遗产名录的有3项。从目前所掌握的宁德地区原生态村落体育项目的动态来看，多数已经进入不同层次的非物质文化遗产目录之中，说明相关政府部门对这些非物质文化遗产项目的保护态度非常积极，而且也体现出这些项目的存续社会价值。基于调查实际将所整理的部分项目情况进行记述。

沙江曳石活动：福建省宁德市霞浦县沙江镇沙江村曳石活动，源起于明戚继光抗倭，距今已有400多年的历史。目前被该村的基督教、天后宫、佛教等主持。该项目属于战争衍生类、体能类、角力类、宗教性项目。表演时间为每年的中秋节夜晚，属于市级非物质文化遗产项目。关于沙江曳石活动的相关记载，可追溯到中华民国时期的文献。关于这项体育活动的来源，《霞浦县志》（中华民国版）中记载为："旧传，明嘉靖三十二年八月，倭寇扰宁，戚南塘参将援兵出安（福安）、宁（宁德）两邑，殆尽，郡城几空。倭寇拟于中秋夜乘虚攻城，参将不得已以'曳石'计疑之。满城灯光，人声、石声隆隆于荒郊野外，倭寇至塔旺街，闻声急退。"[①] 以此可见，曳石活动最初是被用于抵御倭寇侵略的一种间接身体运动形式，参与抗倭斗争赋予了该项目特殊的军事价值，使其成为爱国主义精神的象征。如今的沙江曳石活动延续了以往的传统习俗，在每年的中秋之夜举行，参与人员全部由该村的村民组成，约11支队伍，每支队伍40至60人不等。器材有天然石头和制作的道具石头，以及牵拉用的麻绳和木桩；活动的地点为该村内的一个内环村道路，全长约3公里。每个队伍由村民小组自行组队，出发点为统一的区域，近几年还有一些学生队伍参加，参与过程没有性别要求，男女皆可参加。因为，该村落是一个以海洋产业为主的经济实体，多数民众会留在村中创业，为该活动的举办提供了人力资源，即使有部分年轻人出外就业，但该村一贯注重团圆的理念，促使很多人在中秋之夜仍会回来参与这项活动，说明该项目在村落中社会影响力巨大。

赛海马活动："赛海马"又叫"滑溜板"，是畲族中一项结合于生产

[①] 徐友梧：《霞浦县志·礼俗志》，成文出版社1928年版，第188页。

劳动的传统体育项目。① 赛海马活动是闽东畲族较为特殊的体育运动项目，该项目不仅具有族群性特征，同时还具有劳动生产、军事战争、地域生态等特性。从地域性特征来看，赛海马活动主要在闽东的滩涂地形上举行。因滩涂特殊地形地貌的特征，需要制作相应的器械，借助器械在滩涂上面从事休闲、赛事等活动。关于赛海马活动的源起，可以从闽东生活生产劳动方面巡视。由于特殊的自然生态环境，沿海地带的民众皆要在这种滩涂地上寻找生活资源，逐渐他们便发明了运用海马器械在滩涂进行捕鱼、抓螃蟹、收集海鲜的系列生产劳动。在生产劳动之余，他们便将这种生产方式用于休闲娱乐之中，逐渐衍化为赛海马活动。正如林荫生的研究成果指出，在这种原始劳动中的各种身体活动，孕育着体育活动因素，经过长期的历史变革，体育活动方式与工具得到改进，"海马"就成了现在的"滑溜板"②。当然，赛海马活动之所以在闽东沿海一带具有重要的影响力，同时还因为这个项目与抗倭斗争存在着一定的关系。据说，在戚继光闽东抗倭时期，倭寇盘踞在海边的一个名为"横屿"的小岛上，长期与戚家军对峙。因受到潮起潮落之影响，船舶不容易往返，消灭岛上的倭寇成为一大难题。于是，戚继光便运用民间淘小海的形式，将海马器械进行改造，用以训练军士，经过训练，士卒驾驶"海马"在滩涂上滑行飞疾，袭击、追逐在这一带沿海、岛屿猖獗多时的倭寇，不断取得胜仗。③ 为了纪念戚继光运用海马器械抗击倭寇并取得胜利的历史事件，赛海马活动便在闽东一带广泛流传至今。很显然，今天的赛海马活动不仅是沿海一带畲族民众生活的历史记忆，同时也是戚继光抗倭斗争的一种历史记忆。

金斗洋畲族拳：畲族拳自诩为南少林武术拳种的一支，由畲族武术与南少林武术融合而成，动作朴实无华，招招讲究实用，体现了南拳的技术风格特点。关于金斗洋畲族拳的源起，可依据畲族族群本身的尚武传统及南少林武术文化的融入两个方面。早期金斗洋村坐落于深山密林

---

① 参见兰润生、林荫生《试论福建省畲族传统体育的历史源流与发展》，《北京体育大学学报》2004年第3期。

② 参见林荫生《闽东畲族文化全书·体育卷》，民族出版社2009年版。

③ 同上。

之处，过着刀耕火种的猎捕性生活，在生产和生存过程中，这种环境造就了金斗洋村落畲族民众与猛兽搏斗的技能。在搏斗过程中，也悟出了不少技击技术，如金斗洋村畲族拳中的猛虎推山、饿牛顶柱、饿虎扑食、狮子摆尾等①，正是源于早期畲族民众面对自然环境所形成的生活和生存性斗争，型塑了畲族武术的初始形态。正如邱丕相先生所指出的那样，使用利器与野兽搏斗，这些技术孕育了武术技能，为武术的产生准备了物质条件。② 到了清朝年间，南少林师傅铁珠和尚因反清复明失败，流落至金斗洋村，便开始在该地传授南少林武术，金斗洋"雷石三十二公"雷朝宝便是当时铁珠和尚的高徒。当铁珠和尚去世以后，雷朝宝为继承师傅的遗志，广收族人教习武功，并融盘瓠功夫和少林武功于一炉，衍化出这种技击和健身价值强、具有独特风格的畲族拳。③

沙埕搬铁枝活动：沙埕搬铁枝又名"台阁"，源起于福建省宁德地区沙埕镇的相关村落，传承至今约有500年的历史。该项目隶属于表演性、技巧性项目，活动时间为每年的元宵节，属国家级非物质文化遗产项目。沙埕元宵搬铁枝活动共有9支队伍，每天有3支队伍表演。关于沙埕搬铁枝活动的源起，很难捕捉到相关翔实的记载。在查阅相关文献时发现，该活动历史至少可以追溯到宋朝年间。相关文献记载为："以木床铁擎为仙佛鬼神之类，驾空飞动，谓之'台阁'。"④ 根据实践调查得知，目前沙埕搬铁枝活动可以分为"文枝"与"武枝"两种形态，"文枝"的展演题材偏向早期的文戏性质，如《仙女散花》《五女拜寿》《天后巡境》等；而"武枝"重点以早期的武打素材为主题，如《穆桂英挂帅》《哪吒闹海》《杨门女将》等。参与搬铁枝表演的人员分为两种，其一是在"铁枝"从事表演的演员，这一群体多为10岁左右的儿童，不限性别，人数在10人左右。其二是"铁枝"运行过程中所需要的搬运群体，该群体多由参与表演儿童的家人组成。据传承人介绍，该活动共举行3天时

---

① 参见郭学松等《一个少数民族村落传统武术人口变迁的考察》，《武汉体育学院学报》2015年第12期。
② 参见邱丕相《中国武术文化散论》，上海人民出版社2007年版。
③ 参见林荫生、王健民《畲族拳》，人民体育出版社1987年版。
④ 参见周密：《武林旧事·卷三·迎新》，文化艺术出版社1998年版。

间，活动的高潮是元宵节当天，队伍的数量、参与者的规模、活动的热烈程度皆达到了一定的高度，有万人空巷之景观。这种以广大民众为参与主体的乡土体育活动，在少年儿童的身心教化、社会秩序维护、民间信仰培育、新农村精神文明建设、传统文化传承等方面都有着积极的影响。

(二) 福州地区原生态村落体育文化的现状

1. 福州地区地域文化概况

福州为福建省省会城市，因城内榕树植被繁盛，故又称为榕城。福州市下辖5区8县，被视为福建省政治、经济与文化中心，同时又是海峡西岸经济区中心城市之一。福州具有重要的区位优势，在近代社会就是中国5个通商口岸开放城市之一，是沿海贸易的重要港口，马尾的造船也使得其成为我国近代海军基地，被视为明清以来祖国统一大业的东方前哨。福州不仅具有重要的区位优势，同时也曾在历史上构建过王都、国都、京都，文化昌盛，英才辈出，造就福州"海滨邹鲁"之美誉。[①] 以上皆突显了福州在我国政治、经济、文化、军事等诸多方面都具有极其重要的战略地位。

因福州特殊的地理区位，其成为历史上的兵家必争之地，不仅国内如此，国外列强更是异常觊觎，因此也引发了数次争斗。早期就有汉武帝平闽越，东汉有孙策军攻占侯官，东晋有卢循农民军转战晋安，南朝有陈文帝讨伐陈宝应，隋朝有隋文帝平王国庆之乱，唐朝有闽殷之战，南唐两次攻打福州，元末红巾军攻福州，明朝有吴军攻占福州，明中叶有抗倭战争，明末有郑成功与清军之战，近代有中法"马尾海战"，辛亥福州起义，以及中华民国时期的抗日战争，等等。在这些战事之中，也促使福州民众为了生存而形成尚武文化，造就了福州人民的勇武精神，因此也使得福州武术文化盛极一时。如该地域的地术犬法、咏春拳、自然门武术、六合门、八井拳、虎尊拳、宗鹤拳、香店拳、梅花拳、儒家拳等，都是地域武术文化的象征。

福州虽为福建省的政治、经济、文化中心，在信仰、习俗仪式方面，

---

① 参见福州市地方志编纂委员会《福州市志》第1册，方志出版社1998年版。

并不比福建其他地方薄弱。在宗教信仰方面，福州有道教、基督教、佛教、伊斯兰教、天主教等主要信仰派系，因此也衍生了多样化的信仰仪式活动，特别是与道教相关的乡土宗教祭祀，成为地方信仰的一大特色。妈祖、临水夫人是福州最重要的道教神祇，其余如懿德夫人、开闽圣王、威武尊王、白马尊王、五福王爷、武夷真君、齐天大圣、董真人、裴真人、马天君、照天君等皆是福州知名的神祇。在这些乡土神灵的祭祀仪式中，原生态村落体育应运而生，如福州永泰梧桐镇埔埕村的椽板龙活动就与当地的"广平尊王""林显相公""郑仙公"三大神信仰有关。在一些中国传统的节庆活动或大型娱乐活动中，同样存续着大量的原生态村落体育事项，如福清新厝村车鼓舞、连江潘渡乡仁山村拉线狮、福清俤舞，还有琴江满族的台阁活动，等等。

2. 福州地区原生态村落体育文化的生存现状

福州是福建省省会城市，是福建的政治、经济、文化中心，其不仅以历史文化悠久而出名，而且也因其特殊的区位优势，成为地方文化、经济的主要汇集地，引发了不同历史时期对相关政权的争夺。在无数次的战争影响下，福州民众为了保卫家园，促就了其盛极一时的尚武文化，这些武术文化遗传至今，已成为一种重要的历史记忆和族群延续的集体记忆。如今，这些价值斐然的民间传统武术是历史记忆的储存器，同时也是民众健身、修身、休闲的重要手段之一。福州的宗教信仰文化和节俗文化也是其保存历史记忆的一种方式，在循环往复的仪式展演中，原生态村落体育被演绎和诠释。根据实地调研及收集整理，兹将已整理的福州地区与原生态村落体育项目有关的体育事项进行汇总，如下表2-2：

表2-2　　　　福州地区原生态村落体育文化项目统计表

项目	源起地域	级别	类别
地术犬法	福州永泰	国3、省3、市级	民间武术
咏春拳	福州市群众艺术馆	国4、省3、市级	民间武术
自然门武术	福建心武自然门武术研究院	省2、市级	民间武术
张三丰原式太极拳	福建心武自然门武术研究院	省4、市级	民间武术

续表

项目	源起地域	级别	类别
六合门	福建华夏武术发展中心	省4、市级	民间武术
椽板龙	福州永泰梧桐镇埔埕村	省2、市级	民俗体育
舞龙灯	福州高湖村	省3、市级	民俗体育
八井拳	福州罗源八井村	省2、市级	民间武术
虎尊拳	福州永泰伏口村	省2、市级	民间武术
南少林宗鹤拳	福清镜洋镇西边村茶山自然村	省2、市级	民间武术
香店拳	福州南后街庆香亭香店	省2、市级	民间武术
车鼓舞	福清新厝	省2、市级	体育舞蹈
拉线狮	福州连江潘渡乡仁山村	省2、市级	民俗体育
满族台阁	福州长乐琴江村	省2、市级	民俗体育
佾舞	福清市立达孔学会	省5、市级	体育舞蹈
儒家拳	福州市文庙	省5、市级	民间武术
藤牌操	福州平潭	省5、市级	民间武术
上乘梅花拳	福州市夏莲	省5、市级	民间武术

在城镇化进程中，一些赖以存续的村落环境已经不复存在，福州地区的原生态村落体育项目已经进入城镇中发展，特别是一些民间武术，如今以相关武术机构为发展载体进行传承。根据第一章对福建原生态村落体育文化外延与内涵的范畴界定，这些原生态的体育文化也被归纳为演进中的原生态村落体育文化。从目前已经收集的福州地区的原生态村落体育项目分析，发现该地区多数原生态村落体育项目已经成为非物质文化遗产项目，其中国家非物质文化遗产项目2项，省级非物质文化遗产项目18项，说明该地域不仅文化底蕴深厚，许多原生态体育项目蕴含了特殊的社会价值，而且广大民众对文化的保护态度较为积极，地方相关文化部门对这些项目的认可度较高。现将部分项目的情况进行阐释。

罗源八井拳：罗源畲族八井拳是畲族民间文化的重要历史记忆，也是畲族族群识别的工具之一，该项目已经入选福建省非物质文化遗产名录。关于该武术的形成主要有三种原因。首先，罗源八井村畲族民众早期的生存境遇与金斗洋村畲族民众的生存境况十分相似，武术生产之道与生存、生活等方面息息相关。据传承人介绍，八井拳的根基在于本族群一贯的尚武传统，在社会生活实践中生成。其次，早期畲族民众所遭受的民族歧视的生存境遇迫使畲族民众尚武自保。由于畲族人民经常被歧视、被欺侮，畲族男子就不得不学些武术以自卫。① 再次，阶级压迫造就了畲族民众反抗压迫斗争的尚武精神。最后，在畲族民众的生存过程中，不仅要与周边族群争夺生存空间，同时还要抵御匪患，保家护院，这同样成为畲族民众尚武的原因之一。以上为畲族武术文化形成的共性，对于八井拳来说，不仅是在这些情境中被推演，而且，据传承者介绍，南少林武僧林铁珠在反清复明失败之后，流落民间之际，也曾在该村传授南少林武术。该村有雷氏两兄弟精通本族群武术，但早期该村的武术并未自成体系，在传入南少林武术之后，雷氏兄弟便依据族群武术根基，将南少林武术融会贯通，使得八井武术由单一的族群武术开始海纳百川，自成拳派体系，即八井拳。②

永泰椽板龙活动：福建省非物质文化遗产永泰梧桐镇埔埕村椽板龙活动是该地域每年春节期间最为隆重的民俗体育活动，在历经300多年的发展过程中，融合社会需求，逐渐衍化为祭祀类、体能类、技能类等为一体的民间体育活动，活动时间为每年的元宵节前后。"椽板龙"因一条条板凳连接而得以成名。"椽板龙"长短不一，长者一百多米，短的也多达几十米。每条"椽板龙"都要安装一百多盏灯笼，并在灯笼中点燃蜡烛（不过现在多以电子类型代替），灯笼外面书写"三大驾"之字，寓意这项活动所供奉的有3位神灵，他们分别为"广平尊王""林显相公"和"郑仙公"。该项目活动的举办多为绕境游行，参与队伍为4支，前后相接，行进中颇为壮观。在"椽板龙"游行过程中，还有锣鼓乐队、彩旗队、踩高跷、陆地行舟等伴随，队伍所到住处，家家布置祭台、点燃香烛、燃放烟花爆竹，以示虔诚，祈愿求福。龙的图腾文化象征，使得这项活动在村落开展具有浓厚的群众基础，同时也展示了村民们对风调雨

---

① 参见蓝运全、缪品枚《闽东畲族志》，民族出版社1999年版。
② 参见郭学松等《一个少数民族村落传统武术人口变迁的考察》，《武汉体育学院学报》2015年第12期。

顺、五谷丰登、平安健康等美好生活的向往，以及对当下幸福生活的珍视。

（三）莆田地区原生态村落体育文化的现状

1. 莆田地区的地域文化概况

莆田古称"兴化""莆阳"或"莆仙"，是福建省最早立县的县份之一，自南朝陈光大二年（568）置县以来，已有1000多年的历史。境内水陆辉映，相得益彰。历来就有"海滨邹鲁""文献名邦"等美誉，是海神妈祖的故乡，南少林武术的发祥地之一，有着丰富的历史文化遗产和光荣的革命传统。[①] 莆田地区不仅历史文化悠久、文化底蕴深厚，而且其区位优势也十分突出。莆田地处福建沿海中部，东部与中国台湾地区一水相隔，北面与省会城市相接，南面与海上丝绸之路起点的泉州相邻。莆田因具有特殊的地域文化特质及独特的区位优势，促使其成为历史上的不平静之地。正因为如此，也塑造了莆田人民反抗压迫的优良传统。该地域在历史上曾经多次爆发反帝反封建斗争，如宋朝初期林居裔领导的农民起义，宋末有陈文龙、陈瓒发动的抗元斗争，元代有兴化路领导的农民起义，明嘉靖年间有广大军民的抗倭斗争，明末以朱继祚为首的莆田军民联合郑成功进行了抗清斗争，中华民国初期，黄濂领导的农民起义及杨持平等联合黄濂旧部组织了反北洋军阀的斗争，等等。[②] 在众多斗争场域中型塑了一批原生态村落体育文化，如当时的枫亭游灯活动便被戚继光运用于"布疑兵"之中，对于整个地域抗倭的局势走向有着重要的影响[③]；涵江前村的打铁球项目同样是为了庆祝戚继光抗倭胜利而衍生的原生态村落体育项目；而南少林武术也与抗倭、反清复明、郑成功收复中国台湾地区等关系密切。

莆田地区是福建宗教信仰较为兴盛的地域之一，其区域内不仅有佛教、基督教、道教等，还有中国特殊的乡土宗教信仰，如金堂教、先天教、明教等，特别是明嘉靖十三年（1551），哲学家林兆恩以儒家纲常伦

---

① 参见莆田县地方志编纂委员会《莆田县志》，中华书局1994年版。
② 同上。
③ 参见郭学松等《原生态民俗体育"菜头灯"活动的农耕文化记忆》，《武汉体育学院学报》2015年第5期。

理为"立本"创立了"三一教",注重以道家的修身炼性为"入门",强调以释家的空虚本体为"极则",主张用儒术治世、道术治身、释术治心,融三教于一体①,使其成为该地域代表性的乡土宗教。另外,莆田还是海神妈祖的故乡,妈祖信仰在中国大陆及中国台湾地区、新加坡、印尼、马来西亚等地十分兴盛,信徒超过千万。在这些宗教祭祀仪式中孕育了大量的原生态村落体育项目,如麟山宫皂隶舞的雏形源自西汉时期的"傩舞",以身体运动的形式来驱邪除妖,隶属于民间仪式性体育舞蹈,后期在延续过程中主要依托祭祀宋代名将杨五郎等神祇的麟山宫而发展起来;莆田南少林武术与佛教文化关系密切;梧塘镇松东村的抬神踩火也是村落宗教祭祀的重要原生态体育项目;前村打铁球活动如今也在宫庙祭祀中上演;而妈祖体育文化是最为特殊的一种宗教仪式体育文化。妈祖体育文化分为妈祖故乡传承的民俗体育,如摆棕轿、九鲤舞、转凉伞等,以及妈祖祭祀所衍生的体育文化,包括妈祖健身操、抢豆丸、跳房子、滚铁轮、跳竹竿等,如表 2-3。如此等等,皆说明莆田地区的宗教信仰与原生态村落体育文化之间具有裙系关系。

表 2-3　　莆田地区原生态村落体育文化项目统计表

项目	源起地域	级别	类别
游灯	仙游枫亭镇给村落社区	国2、省2、市级	民俗体育
九鲤灯舞	黄石镇和平村沟边自然村	国2、省2、市级	体育舞蹈
打铁球	涵江前村	市级	民俗体育
跳火活动	涵江区白塘镇镇前村	无	民俗体育
抬神踩火	梧塘镇松东村	市级	民俗体育
麟山宫皂隶舞	仙游枫亭镇麟山村	省3、市级	体育舞蹈
妈祖祭奠体育活动	湄洲岛广场	国1、省1、市级	民俗体育
南少林武术(莆田)	城厢区南少林武术协会	省4、市级	民间武术
登瀛高跷	黄石镇登瀛村	省3、市级	体育舞蹈

其实,在莆田地区,原生态村落体育或多或少都扮演着多重象征功

---

① 参见莆田县地方志编纂委员会《莆田县志》,中华书局1994年版。

能的角色，如枫亭镇的民俗体育游灯活动不仅与火的信仰有关，在抗倭斗争中被运用，而且还是每年元宵节庆的主要节目。打铁球活动和南少林武术、军事战争有关，而又依托佛教或乡土宗教为存续平台。黄石镇登瀛高跷的发展至今已有千余年的历史，由莆仙戏、民间武术、杂技等综合共生而成。诸如此类的原生态体育项目不胜枚举，说明莆田地区的民间乡土文化具有一种相互交融的复合型文化生存态势，因此也使得该地域的原生态村落体育蕴藏了多重象征文化内涵，同时也为原生态村落体育的发展提供了多元化平台，成为其可持续发展的重要依托。

2. 莆田地区原生态村落体育文化的生存现状

莆田位于福建省的中部范畴，历史上也有"闽中"之称谓。其悠久的发展历史、便捷的水陆交通格局、丰富的文化底蕴，建构了特色的"莆仙地域文化"。在这种地域性特殊文化的熏陶下，莆田地区开始了文化多元发展态势。海洋文化、农耕文化是该地域的重要文化组成部分，因此也促就了举世闻名的妈祖信仰文化。在妈祖信仰祭祀仪式中，产生或滋养了大量的原生态村落体育事项，这些体育事项有当地民间体育文化，也有缘于妈祖生平事迹被建构的文化，逐渐形成了"妈祖体育文化圈"[①]的现实规格。莆田地区是福建地域平原地貌较为广阔的区域之一，为当地提供了丰富的可耕种自然资源，因此诸如一些与农耕祭祀有关的原生态村落体育事项被发展起来。因莆田位于福建中东部沿海地区，历史上也是海盗、倭寇等掠夺的重要地域之一，所以因抗倭而被型塑的原生态村落体育事项也是莆田民间体育文化的特色。根据目前所收集的关于莆田地区原生态村落体育事项的情况，将其归纳并对相关个案进行阐释，尽管这些个案并不能完全代表莆田地区的全部原生态村落体育文化，但是已经能够在不同领域和层面成为莆田原生态村落体育文化的缩影。

在莆田地区的原生态体育项目中，目前有许多事项仍保存了较为传统的原生态特质，而且多数在村落传承，其项目特征主要体现为与宗教祭祀、节庆祭祀等相互关联，类别也以民俗体育为多，但是也体现出了

---

① 刘永祥、王清生：《论"海西"发展中的闽台"妈祖体育圈"建设》，《北京体育大学学报》2012年第5期。

一种综合性特征。从目前统计的结果分析，隶属于国家非物质文化遗产项目的有3项，省非物质文化遗产项目的有6项，其他情况的有3项，还有一些项目正在申请相关层次的非物质文化遗产保护。说明地域相关部门对文化保护的重视，同时也可以看出开展相关项目的组织和个人所付出的努力，展示了莆田地区历来的文化传统。根据实地调研收集情况，对部分原生态村落体育项目进行整理。

打铁球活动：福建莆田地区的打铁球活动有多个村落在开展，以涵江镇前村的打铁球民俗体育活动最为特殊，规模最为庞大。据实地调研得知，该项目起源于明嘉靖戚继光抗倭年间，至今已有400多年历史。据民间访谈得知，该项目是为了庆祝戚继光抗倭胜利而举行的庆祝活动，但同时又与武术文化相关。早在明嘉靖年间倭患肆虐，人们就以习武自卫。明末清初，战乱频繁，练拳习武之风盛行。[1] 随着社会的发展，打铁球与多种文化交融发展，其特征也逐渐包含了宗教性、祭祀性、武术性、杂技性、表演性、技能性、体能性、军事性等。涵江前村的打铁球活动依托该村的五显宫为举办单位，在每年的元宵节前后进行操演。该项目的活动仪式主要是由一系列的乡土宗教祭祀科仪构建，分为神灵附体、游街打铁球、宫庙前打铁球、涂抹香灰等仪式。最为精彩的是游街打铁球和宫庙前打铁球两个部分，一般在辇轿上展演。该村打铁球出行的辇轿有4至6个不等，4人抬着辇轿，打铁球人士坐在辇轿上的3把尖刀上（刀尖垫上符箓），手持一种链球（线长50厘米，球为不锈钢所铸造的刺状圆球），通过手臂的摇摆，用铁球打击腰背部位。整个过程结束后，参与者所击打之处皮肉绽开，所以才有后面的涂抹香灰仪式。

枫亭游灯活动：枫亭元宵游灯民俗体育活动以活动历时悠久、规模盛大、内容丰富、持续时间久、象征意义独特等特质享誉全国，影响力投射到国内外，并于2008年被国家非物质文化遗产名录收录。关于枫亭民俗体育游灯的历史源起，较少有文献记载，结合实践调查，及所掌握的文献材料，综合分析认为，枫亭元宵游灯民俗体育活动的源起可以追溯到原始社会历史时期。游灯活动由灯和火所组成，火的出现远早于灯。

---

[1] 参见陈金山《涵江区志》，方志出版社1997年版。

在原始社会时期，人们为了庆祝丰收、狩猎或战斗胜利，皆要燃烧篝火，族群成员围绕篝火载歌载舞，以表达或庆祝喜悦之心境。在夜间进行行军或者赶路时，广大民众也会使用火把进行照明。如此种种行径，将火作为媒介或工具来服务于人类社会发展，展示了火在原始时期的社会价值及其象征含义，同时也为游灯寻得了最初的基因。关于枫亭游灯的历史文献可以追溯到宋朝时期，宋徽宗时期蔡绦所著的《西清诗话》出现了简单的对枫亭挂灯及游灯的记载："香涌太平港，灯耀青螺峰。"① 依据这种对场景的描述，可以洞悉在那个时期，枫亭的这种习俗已经十分兴盛。另外，枫亭游灯协会所提供的明末清初枫亭霞街人郑得来的《连江志》② 手抄本也有对枫亭游灯的文字记载。在实地考察中得知，枫亭民俗体育游灯活动在宋元时期都非常兴盛，当然，这种兴盛与当时社会需求息息相关，并受到政治文化的深远影响。另外，在访谈与史料的相互验证中得出，枫亭游灯活动曾被戚继光在抗倭斗争中，用以迷惑敌军，为其发动攻击创造了条件，使得这项活动被赋予了军事战争的文化内涵。在千余年的发展过程中，如今的枫亭游灯活动内容更趋丰富。从灯的类别来看，其中涉及"菜头灯""树灯""大象灯""马灯""蜈蚣灯"等多种类型，特别是其中的"菜头灯"体现了农耕文化的特殊记忆。从游灯的规模来看，每年的游灯共举行5天时间（正月十三到十七），分别在霞桥村、霞街村、兰友村、学士村、北门村几个地方依次举行，仙游枫亭元宵游灯民俗学会负责总体统筹规划。枫亭民俗体育游灯活动在千余年的发展过程中，与农耕文化紧密相连，与莆田文化相互融合，呈现了诸多象征文化内涵，寄托了广大民众的许多心愿。

（四）泉州地区原生态村落体育文化的现状

1. 泉州地区的地域文化概况

泉州简称为"鲤"，别名为"鲤城"或"刺桐城"，地处福建省东南沿海，与祖国宝岛台湾仅相隔台湾海峡。泉州地区山海相映，地域文化

---

① 蔡绦：《西清诗话》，转引自郭绍虞《宋诗话辑佚》，中华书局1980年版，第347页。
② 枫亭旧时称为连江，因汉何氏九仙结枫为亭而得名，至今已有2100多年。在郑得来手抄本《连江志》中也有相关记载，故而《连江志》是记载枫亭相关历史的古文献。

独特,文化底蕴深厚,名人荟萃,展示着泉州在自然、人文、人才等方面的独特优势,正因如此,国务院将泉州列入第一批的 24 个历史文化名城之中。泉州地区临海的地理区位,造就了其在宋元时期"世界东方第一大港"之美誉,同时也使得其成为古代海上丝绸之路的起点,郑和下西洋谱写了我国航海史上的壮举。泉州是著名的侨乡和台湾汉族同胞的主要祖籍地。既保留中原文化的传统,又吸纳海洋文化的气息,文化积淀深厚,流播广远,被誉为"海滨邹鲁""世界宗教博物馆"。① 泉州是全国首个东亚文化之都,是列入国家"一带一路"倡议的 21 世纪海上丝绸之路先行区。泉州因特殊的区位优势、地域特征及悠久的历史(早在新石器时代,就有人类在此生息繁衍②)等,一度成为重要的军事要地,在历史上经历了多重战争洗礼,如历史上的王潮据泉州、留从效大破朱文进军、张世杰围攻泉州、郑成功在闽南抗清、林居裔起义军围攻泉州、惠汀漳起义军攻泉州、小刀会起义、抗倭斗争、郑成功收复中国台湾地区、抗击英舰进犯、保卫金门战斗,等等。在这些战斗中,泉州广大民众为了自保,纷纷习武强身,保家卫国,逐渐形成了泉州"武术之乡"的美誉,故而今有"拳头烧酒曲"之说。在泉州广大民众尚武成风的时代,也保留了丰富的武术文化,如俞家棍、太祖拳、五祖拳、咏春白鹤拳、宋江阵、蛇脱壳阵等。当然,在这些战斗中也涌现了一批武术志士,如抗倭民族英雄俞大猷、民族英雄郑成功、清朝将领施琅等,俞家棍便是俞大猷所创,本地的宋江阵也与郑成功反清复明有关。

泉州是宗教文化非常兴盛的区域,主要有佛教、道教、伊斯兰教、景教、天主教、印度教、基督教、摩尼教、犹太教等,其历史悠久,史迹丰富,在海内外影响颇大,有"泉南佛国""闽南蓬莱"之名,享有"宗教圣地""世界宗教博物馆"之美誉。③ 在这些宗教祭祀和重大活动中存续了大量的原生态体育文化,如永春县达埔镇岩峰村造火把、南少林武术等。这些宗教文化往往又与相关的习俗文化交织在一起,如晋江

---

① 参见泉州市地方志编纂委员会《泉州市志》,中国社会科学出版社 2000 年版。
② 参见泉州市地方志编纂委员会《泉州市建置志》,海峡文艺出版社 1993 年版。
③ 参见泉州宗教志编纂委员会《泉州宗教志》,泉州晚报印刷厂 2005 年版。

安海的端午嗦啰嗹活动，期间所举行的抓鸭活动与郑成功练兵有关，同时又是节庆的休闲水上运动。像南安英都的拔拔灯活动、石狮的踢球舞活动、石狮蚶江的闽台对渡习俗等都是与民间习俗融为一体的民间体育事项，还有永春德化的民间劈甘蔗活动、晋江南塘斗船迎春耕等民间原生态体育事项都与农耕文化有关，突显广大民众对农耕文化的特殊记忆，也说明泉州地域耕地之有限的现实。

2. 泉州地区原生态村落体育文化的生存现状

泉州是福建省经济较为发达、文化较为繁荣的区域之一，是海外华侨的重要输出地，也是台湾同胞的主要祖籍地，又是数次中原移民的重要聚居地，可以说，泉州是福建地域文化的一个象征和代表。在数千年的发展过程中，泉州不仅积淀了深厚的区域文化底蕴，同时又海纳百川，吸收了诸多外来文化，型构了一种依托地域为主的复合型文化特色，也正是这种多元共生文化的存续，勾勒了泉州绚丽多彩的昨天、今天和明天。作为传统文化的一部分，原生态村落体育文化是在特殊的社会背景下，被生产和传承的。缘于泉州浑厚的文化底蕴，其孕育了多元的原生态村落体育文化，是地域宗教信仰、宗族文化、习俗文化、战争文化等方面的综合呈现。依据前期的调查，将所收集到的泉州原生态村落体育事项进行统计和归类，以展示其样态，如表2-4。

表2-4　　　　泉州地区原生态村落体育文化项目统计表

项目	源起地域	级别	类别
蛇脱壳阵法	南安丰州镇桃源村	省3、市级	民间武术
拍胸舞	泉州各地	国1、省1、市级	体育舞蹈
端午闽台对渡习俗	石狮蚶江镇	国1、省1、市级	民俗体育
嗦啰嗹	晋江安海镇	国1、省2、市级	民俗体育
刣狮	南安水头镇卢厝村	省2、市级	民间武术
五祖拳	南少林	国2、省2、市级	民间武术
造火把	永春达埔镇岩峰村	无	民俗体育
劈甘蔗	永春德化民间	无	民俗体育
斗船迎春耕	晋江南塘	无	民俗体育

续表

项目	源起地域	级别	类别
拔拔灯	南安英都	国2、省1、市级	民俗体育
踢球舞	石狮	省1、市级	体育舞蹈
俞家棍	晋江	省4、市级	民间武术
宋江阵	安溪虎邱镇芳亭村	无	民间武术
宋江狮阵	南安水头镇江崎村	无	民间武术
抓鸭	晋江安海	无	民俗体育

泉州历来有"拳头烧酒曲"之说，意味着泉州是一个十分尚武的地方，当然这与泉州地域农耕资源有限、民众喜争的历史有关，同时也与泉州历史上的数次战争动荡有关联，所以，在泉州的原生态村落体育文化中，以民间武术文化最为特殊。这些武术文化又与军事战争关系密切，是一种历史的特殊记忆。在所收集统计的关于泉州原生态村落体育事项中，国家非物质文化遗产项目有5项，省级有9项，正在申报入选非物质文化遗产目录的有6项。说明在高级别的非物质文化遗产中，泉州还是体现了自我文化底蕴，展示了泉州传统文化的魅力。作为海上丝绸之路的起点，泉州还有很多民间体育文化尚未被发掘出来，其中就包括与丝绸之路相关的船拳文化、船上休闲娱乐体育项目，等等。现仅将已经被收集到的项目进行统计，并将其中的某些项目作为个案进行归叙。

蛇脱壳法阵法：蛇脱壳阵法源自福建南少林发源地泉州，是军事武术与民间武术相互融合与建构而成的。这种武术组织发源于泉州南安桃源村，以傅氏家族为传承主体，其发展历史至少有400年，主要以"口传身授"为传承形式。作为一种村落武术组织，正史并无相关记载，与此相关的历史记忆源自村落传承主体。在实地调查中得知，桃源村蛇脱壳阵源起于唐朝，发轫于宋朝，成型于明朝。据该阵法的传承人介绍，蛇脱壳阵是傅应嘉在俞大猷"独轮车"阵法的基础上，融入祖传"桃源拳"，结合南少林太祖拳法等为一体的武阵。该阵法主要在桃源村创立和使用，倭寇来犯之时，村民便迅速组织起来，使用手中的农具或兵器，根据阵法要诀，对倭寇予以打击。所以，现在的蛇脱壳阵中的一些"家私"仍为早期务农时所使用的器具，这种武术阵法也具有典型的农耕文化记忆、军事文化记忆等特殊象征意义。蛇脱壳阵是桃源村的武术组织，也是福建地域独特的民间武术存续样态，其内容体现为阵法演练与武术对练的交织融合。这种阵法多在宗族祭祀、节日庆典等场域中上演，在不同的场域中展演所体现的象征文化也不尽相同。如宗族祭祀场域中，更多地突显宗族历史文化记忆与象征，在节日庆典场域则展示文化魅力、愉悦身心等，无论是哪种场域展演，其组织展演形式无甚差异。南安蛇脱壳阵的人数没有严格限制，主要采用两两相对的配置，阵法演练采用两行纵队的形式。在演练过程中，体现攻防特征，两列纵队依照逆向推进，按固定套路绕阵，参与队员依序不断交换对手，依次过招，形似蛇脱壳模型。阵法中的器械又称"家私"，多为各种传统兵器及家具、农具，如丈二槌、狮旗、耙、藤牌、刀、斧头、钩镰、雨伞、锄头、扁担、双刀、双鞭、双锏、柳公拐、大刀、枪、单刀、槌等。这些兵器都有固定的套路，像其中的槌就有20套，其他每项器械也各有4套。阵法中所使用的拳种类别丰富，主要是在桃源拳的基础上融入了闽南地域的南少林拳法，主要有"空拳"和"家私拳"两大类，套路多达百余套。其中空拳包括天罡、地煞、打角、四门走齐、观音坐莲、太子游、猛虎下山、如来游四门、双阳砂、双绥、四角柱、抠摇、清风、牛甩草、五肚、双龙抢印、二拾拳、拾二拳等32套；家私拳有三战、连战、角战、雌雄战、擒蹭5套。蛇脱壳阵演练风格独特，以古代征战之特征设置而成，又融入了大量的武术拳种套路及器械套路，呈现了乡土武术与军事武术的融合共生景象，蕴含了丰富的历史记忆和文化象征。

抓鸭活动：泉州晋江安海水上抓鸭活动是每年端午节民俗文化节中较为隆重的民俗体育项目之一，整个活动分为测试阶段、准备阶段、开始阶段及结束阶段等。在测试阶段，每位选手必须通过70米左右距离的水域游泳测试才能到达湖边抓鸭场地，失败者由安保人员护送返回。水上抓鸭环节是活动的主体部分，分为竹竿上打开鸭笼和水上抓鸭两个部分。参与者要求光脚通过5米左右长、距离水面约3米高的悬空的毛竹，行走至另一端打开悬挂在空中的鸭笼，放走鸭子，并通过游泳等技术，在水中将鸭子抓住。据《泉州市志》记载，"水上捉鸭"是在大海船船首平伸一根长约2丈的杉木，涂满牛油，末端绑一个活底木箱子，内装活鸭。参赛者开步即滑落江中而告失败，也终有技高者沿杉木走近尽头，打开木箱，鸭落入江中，人再泅水捉拿猎物归己，往往博得岸上观众阵阵掌声和欢呼声。① 在实地调研中，相关组织者和传承人口述，抓鸭活动是一种军事战争衍生的民俗体育活动。当年，民族英雄郑成功在安海港操练水师，为锻炼军士们的胆量，便在军中开展这种抓鸭的竞技比赛游戏。通过这种对胆量或者技巧、技术的训练，铸造了郑成功强大的水师力量，成为其收复中国台湾地区的重要依托，在历史上产生了重大影响。

（五）厦门地区原生态村落体育文化的现状

1. 厦门地区的地域文化概况

厦门是福建地区较为特殊的城市，从古至今皆是如此。厦门别称"鹭岛"，为福建省副省级城市、经济特区，位于福建省东南部，依山面海，背靠漳州、泉州两市，是中国首先开辟的5个通商口岸之一。厦门既是福建最有名的商业中心，又是亚洲特大商业中心之一，无论其位置、财富还是出口的原材料，此地无疑是欧洲人前来贸易的最好港口之一。② 正因为厦门在福建地域上的特殊区位，自古以来该地区就是要塞之地、东南门户、闽台要冲。它既是对外交流的窗口，也是反侵略斗争的前哨。③ 历史上曾有俞大猷、戚继光抗倭斗争，明朝的抗击荷兰殖民者，清朝郑成功抗击清朝和收复中国台湾地区，近代因鸦片战争抗击英军登陆，小刀会起义，抗击日军登陆，以及当代的漳厦金战役、炮击金门，等等。在一系列的斗争场域中，滋养了许多民间体育事项，如与郑成功军事训练相关的博饼活动等。

厦门地区，诸多战事，特别是反侵略斗争，在这些斗争中，诸如宋江阵、五祖拳等武术成为斗争的重要工具，特别是在冷兵器时代，厦门一度成为"尚武之地"。"治世以文勘，乱以武，二者不可偏废也，同

---

① 参见泉州市地方志编纂委员会《泉州市志》，中国社会科学出版社2000年版。
② 参见郭士立《中国沿海三次航行记》，转引自《选编》，福建人民出版社1982年版。
③ 参见厦门市地方志编纂委员会《厦门市志》第2册，方志出版社2004年版。

（同安）地滨海，其人民熟于港汊沙线，好勇尚义，自古已然。道光朝论旨至云，同安为武功最盛之区，良非偶也。"① 不仅如此，厦门地区为了争夺生存、生活资源而发生的械斗，同样推动了乡土武术的发展。在厦门地区，北、南、西与惠安、泉州、同安及小溪接壤的地方是宗族械斗的中心。在 1909 年独占津渡的械斗中，李姓与初姓宗族经历了数天的械斗。在 5 月 6 日，平和的军官来到现场，械斗已经停止。② 中华民国初期，马巷地区有坝上陈、坝上许（今属内厝镇），姓陈的投靠官山，姓许的投靠"六大股"，双方械斗持续了 18 年，无辜村民死了 23 人。③ 在这种场域中，武术成为民间械斗的工具，同时又是自我保护和保家护院的"利器"。

厦门是中国对外开放较早的城市之一，宗教文化也随之渗入该地，如佛教、基督教、天主教和伊斯兰教等。厦门宗教活动最盛的当属地域性乡土宗教信仰，诸如本地的王爷信仰、保生大帝信仰、妈祖信仰，等等。这些信仰拥有十分庞大的信众群体，如 4 年一次的吕厝王爷信仰活动，现场可达十多万信众参与，而钟山村、石塘村、钟宅村等村落的王爷的祭祀仪式同样十分兴盛，于此也产生了与送王船相关的仪式身体运动。保生大帝信仰也是闽南一大特色，因此也产生了缘于此信仰的蜈蚣阁活动；还有一些诸如王审知信仰与宋江阵等活动关系密切。当然，一些民间体育事项，不仅与尚武风习、乡土宗教信仰等相互关联，同时也与节庆习俗相互融合，如集美端午龙舟赛、中秋博饼等。总之，在同安地区，新年元宵城乡多舞龙灯、打降、舞狮，并有执棍棒刀矛以助威者。④

2. 厦门地区原生态村落体育文化的生存现状

厦门与泉州、漳州通称为"漳泉厦"，是福建省经济较为发达的区域，同时也是地域文化底蕴较为丰厚的地区。目前，厦门地区是中国的一个经济特区，拥有巨大的可开发的商业、文化潜力，也带动了地域文

---

① 福建府县志辑：《同安县志》，上海书店出版社 2000 年版，第 243 页。
② 参见［美］腓力普·威尔逊·毕《厦门方志》，中国基督教卫公会出版社 1912 年版。
③ 参见林国耀《翔安文史资料》，厦新出（2004）内书第 101 号 2004 年版。
④ 参见福建府县志辑《同安县志》，上海书店出版社 2000 年版。

化的传播与发展。因厦门地区的区位优势,其对外交流始终成为一种区域文化的显性特征,也正因为如此,造就了厦门地区跌宕起伏的社会发展历程。历史上,厦门是抗倭、抗日、抗英、抗法等反侵略斗争的前沿阵地,同时厦门又是郑成功抗清和收复中国台湾地区的重要基地,种种原因使然,厦门成为兵家重地,也使得厦门尚武习俗成为一种社会所需,宋江阵武术组织就是一个特殊的例证。作为一个沿海城市,一个以海捕为重要经济来源的区域,乡土民间信仰也成为其精神支撑的重要方式,在这些宗教祭祀仪式中,大量的民间身体运动文化被型塑。为此,根据相关文献收集和实地考察,将已经收集到的与原生态村落体育文化相关的体育事项归类分析,如表2-5。

表2-5　　　厦门地区原生态村落体育文化项目统计表

项目	源起地域	级别	类别
送王船	同安西柯镇吕厝村、海沧钟山村、石塘村等	国2、省2、市级	民俗体育
海沧蜈蚣阁	海沧区东屿等村	国2、省2、市级	民俗体育
厦门同安车鼓弄	同安区前乡村	省2、市级	体育舞蹈
厦门翔安拍胸舞	翔安新圩镇金柄村	省2、市级	体育舞蹈
新垵五祖拳	海沧区新垵村新江武术馆	省2、市级	传统武术
厦金宋江阵	同安郭山村、翔安茂林村等	省2、市级	传统武术
跑帝	翔安马巷曾林村	无	民俗体育
中秋博饼	厦门地区各村	国1、省1、市级	民俗体育
集美端午龙舟赛	集美区各村	省5、市级	民俗体育

厦门地区是福建省重要的军事要地,在一系列的军事斗争中,产生了多元化的民间体育文化,如与抗倭斗争相关的郭山村、茂林村、西湖塘村、赵岗村等地的宋江阵武术阵头,与郑成功军事斗争相关的博饼等,可以说,与军事斗争相互关联的民间体育文化是厦门原生态村落体育文化的主要特征之一。根据所收集的材料整理得知,截至目前,厦门地区

与原生态村落体育文化相关的项目，被国家非物质文化遗产名录收录的有3项，被福建省非物质文化遗产名录收录的有8项。选取已经调研的项目，对其源起、展演形式进行呈现，以洞悉存续之样态。

郭山村宋江阵活动：在郭山村的调查中发现，该村宋江阵无论是发展历史，还是阵头规模都堪称目前福建之最。郭山村为姓氏较为单一的村落宗族群体，以汾阳郡王郭子仪为始祖。据村里参与宋江阵的长者郭金牌、郭冰水、郭回佳等口述，郭山村开基祖为郭子仪之孙郭镕，其为"开闽圣王"王审知之"十八大部将"之一，并跟随王审知入闽。郭氏家族传之宋江阵为郭镕开基郭山村时所创立，距今应有千余年历史，虽然当时未曾命名为"宋江阵"，但已有今之宋江阵之雏形。因郭山村开基祖为尚武之士，其后代子孙皆传颂了祖先这一文化遗产，故而宋江阵为全村共同参与的阵头仪式。目前该村宋江阵为70多人阵头，一般在每年正月村里圣王宫祭奠、北辰山王审知祭奠及大型活动时出阵。郭山村宋江阵保留着较为完整的阵头仪式，每次出阵之前都要进行祭拜仪式。该村宋江阵所供奉的保护神为商朝的闻仲，虽未立专门神像祭拜，但每次宋江阵出阵前都要在固定的场域进行祭拜。祭拜场所为该村居委会前的一棵1140多年树龄的樟树下，该祭拜场所摆放有石材所制供的奉桌，桌上摆设有祭拜的香炉等道具，并在地上放一个燃烧的香炉，参演队员逐一从上面跨过。除此之外，出阵前还会在兵器及道具上张贴相关符箓，皆有保平安之功用。据郭山村宋江阵队员口述及所提供的早期手抄本综合得知，该村的宋江阵阵法主要有开城门、对旗阵、剪刀阵、车轮阵、环螺阵；对练包括双斧与头旗、单斧与大刀、双剑与棍、雨伞与关刀、双刀与棍、锄头与棍等。

石塘村送王船活动：送王船活动是厦门地区一项源自乡土宗教祭祀仪式的身体运动，该仪式体育活动源起相当久远，但可查之文献始于明朝。据明《五杂俎》记载，该活动与当时的福建瘟疫事件关系密切。在当时瘟疫四起之际，一些医药均不能起作用，民众无奈，只得求助乡土神灵庇佑，于是乎："即幸而病愈，又使巫作法事，以纸糊船，送之水际。此船每以夜出，居人皆闭户避之，余在乡间夜行，遇之辄径不顾。"[1]

---

[1] （明）谢肇淛：《五杂俎》，中华书局2001年版，第122—123页。

送王船活动便由此而来。送王船活动由诸多身体运动构成，体现了民俗体育的特征。石塘村送王船活动过程是环绕整个石塘村1周（只要能到的地方几乎都有巡游），约历时3个小时，行程10公里左右。参与送王船巡游活动的有大小两只船，大船是航行船只，小船是救生船只。整个大王船约有3吨重，与真实的水上航行的船只并无太大差异，只是装饰了与王爷相关的东西。在以前的王船巡游过程中，主要靠人力的肩扛、托举等形式完成。现在的王船巡游主要是将整个王船安置在一个特别制作的简易"四轮车"支架上（这个"四轮车"只有轮子、支架、方向盘和驾驶座），船头和船尾各有两条用红色帆布制作而成的绳子牵引，每条绳子安排10人进行拖拉。船头的牵引绳子主要起到牵拉和引导方向之作用，后面的牵引绳子主要起到倒拉和控制船体位置及方向的作用。船身两边还有20余人参与推行工作。小王船由4人肩扛运行（旁边有4人进行替换，替换的人员没有严格要求，一般都是本村人，在巡游过程中，我们也参与了一段路程的抬行，需要良好的体力和身体素质，特别是在奔跑中），船上放上3个大缸，共重200斤左右，跟随大船后面进行巡游。

在王船的游街过程中，主要采用田径运动中间歇性的加速跑的形式进行。在巡游主干道上，王船先驻扎在一个位置（没有抛锚），参与王船牵引或参与旁侧推行的人员准备就绪后，由船头前方的导引者组织发号施令，大家齐心协力铆足力量牵拉、手推王船向前冲刺，大船后5米处的小船跟随大船在肩扛的托举下，奋力奔跑，保持与大船的距离。王船的间歇性运动主要体现为，王船在"大风"（人的推拉之力）的作用下快速航行100米左右的距离（王船快速航行的持续时间和距离一般根据参与牵引及助推人员的体力而定，基本上在50至150米，同时与参与者兴奋程度也有很大关联），然后以正常步行的速度航行100米左右，再进行下一次快速航行，反复进行，直到返回出口进入狭小街道为止。小船在这个过程中如影随形，只是肩扛对体力、协调配合（过程中间还有因为不协调险些"翻船"发生）要求更高，他们在一段时间内就要轮换人员，偶尔也会在大船准备快速航行的准备过程中，将小船放置在地面进行休息。大小船只在间歇性的变速运动、变向运动（因为是环村，故而要经过4至5次的变向运动）中航行约10公里行程，最后抵达王爷办案的府邸，抛锚驻扎，等待晚上的烧王船仪式。在王船巡游过程中，还有舞龙阵、舞狮阵、大西乐、拍胸舞、杂技团、歌舞团、惠安女、梁伞鼓、西藏舞、腰鼓队、西鼓队、蜈蚣阁、大梁伞鼓阵、三太子、公被婆、剧团八仙等参与巡游的50多支表演队伍，这些表演队伍一般沿着村的道路表演，在经过村的出口时，全部队伍驻停下来，分别由每支队伍依次进行表演，表演完毕后继续沿街巡游展演。

（六）漳州地区原生态村落体育文化的现状

1. 漳州地区的地域文化概况

漳州为福建省东南部的一个地级市，位于海峡西岸"闽南金三角"，素有"海滨邹鲁"之美誉，被称为中国"田园都市，生态之城"，是国家闽南文化生态保护区、国家区域级流通节点城市，正因为如此，漳州市曾荣获国家历史文化名城、中国优秀旅游城市及全国科技先进城市等荣誉称号。漳州为闽南文化的发祥地之一，历史十分久远，其人类繁衍历史至少可以追溯到10000年前。漳州目前保存有华安仙字潭商周时代摩崖石刻，这些似字似画的石刻印证了先民由野蛮向文明迈进的过程。从多处古遗迹采集到的旧、新石器和发现甘棠人胫骨化石等文化遗存，可以看出漳州历史悠久。唐总章二年（669），归德将军陈政及其子陈元光率兵入闽，中原华夏灿烂文化随之在漳州传播和繁衍，并与当地少数民族文化结合，形成独具特色的漳州文化。[①]

正因为唐朝以来北方军事力量的介入，漳州地域的武术文化气息愈加浓郁，如当时的龙溪境内武术活动主要在寺庙僧众及军伍中流传，以后逐渐传入民间，成为强身体、抗外侮的民族传统。民间有不少人习武成才，仅自明嘉靖三十八年（1559）至清嘉庆年间（1796—1820），龙溪、海澄两县就考上武进士54人。清咸丰年间，南少林寺被朝廷取缔焚烧，其僧众奔散各地另立门户，开设武馆授徒。同治年间，有开元、太祖、达尊三门派在境内传播。光绪年间，大批拳师涌入龙海、海澄，有来自客家的太祖门游青龙，达尊门苏文柏、黄其龙，永春白鹤门张仓荣、沈阳德，五祖门何

[①] 参见漳州市文化志编纂委员会：《漳州文化志》，漳州市文化局1999年版。

阳，南少林洪家拳"双技"许枫、大欣，以及来自龙岩的徐玉仙，在城乡建立登龙堂、习艺堂、武艺堂、明发堂、捷元堂、何阳堂、朝元堂、朝鹤堂、威德堂、耀德堂、双发堂、龙武堂、龙和堂等武馆传徒授艺。[①] 如今，漳州地区的太祖拳较为兴盛，像该地的耀德堂宋江阵、院后社宋江阵、笃厚社宋江八卦阵，等等，都是尚武文化的重要例证。

漳州是闽南宗教信仰的重要区域，主要以乡土宗教为主，重要乡土民间神祇有开漳圣王、关帝、保生大帝、三平祖师、妈祖、三公爷、盘古王，等等。在固定的日期内，供奉这些神祇的主要宫庙都会举行大型的祭祀仪式活动，由此也产生了多元的原生态村落体育事项，诸如长泰坂里正达村的盘古王戏水活动、云霄平乡吉坂村的抢土地伯公活动、岩溪珪塘村的三公下水操活动、平和国强乡高坑村的走水尫活动等，都是与乡土宗教祭祀仪式相关的民间体育事项。这些产生于祭祀的民间体育活动多与中国传统的节庆相互融合，构建了节日的多元文化特色，如盘古王戏水活动、三公下水操活动就在元宵节期间举办。漳州还是一个多元族群聚居地，主要有畲族、高山族等21个民族居住。据说该地的高山族源自我国台湾地区，主要居住在华安县境内，以送坑、大地、市后、云山、下林等村为主要定居地。在族群的沿袭过程中，高山族拉手舞活动被型塑为最具族群特色的传统体育文化项目。

2. 漳州地区原生态村落体育文化的生存现状

漳州是一个历史悠久、文化底蕴深厚的地域，与厦门、泉州等通称为"闽南"。漳州是中国内部移民与本地闽越族所建构的族群，形成多元文化体系，其中由中原地域迁徙而至的移民居多，像太祖拳、抢土地伯公活动等传统体育文化项目便是随着移民而传入，而高山族也是将他们的拉手舞项目传入本地域。应该说，漳州地域与原生态村落体育相关的体育事项，是本地文化与移民文化共同的结晶。根据目前的文献收集与实地考察，对漳州地区与原生态村落体育文化相关的项目进行整理，以期能够概览其民间体育文化之一斑，见表2-6。

[①] 参见福建省龙海县地方志编纂委员会《龙海县志》，方志出版社1993年版。

表2-6　　　　漳州地区原生态村落体育文化项目统计表

项目	源起地域	级别	类别
高山族拉手舞	华安仙都镇送坑村	国2、省2、市级	体育舞蹈
盘古王戏水	长泰坂里乡正达村	无	民俗体育
抢土地伯公	云霄平乡吉坂村	市级	民俗体育
三公下水操	长泰岩溪镇珪塘村	省2、市级	民俗体育
走水尪	平和国强乡高坑村	无	民俗体育
屘水神	龙海林前村	无	民俗体育
赛大猪	长泰马洋溪旅游区山重村	省4、市级	民俗体育
舞鸟	诏安各村	无	民俗体育
傩舞（浦南古傩）	芗城区浦南镇科教文化服务中心	国1、省1、市级	体育舞蹈
漳台大鼓凉伞舞	漳州各村落社区	省3、市级	体育舞蹈
闽台抢孤习俗	龙海市隆教乡大社	省5、市级	民俗体育
耀德堂宋江阵	龙海角美沙坂村	无	传统武术
太祖拳青龙阵	漳州市市尾武术馆	省4、市级	传统武术

从目前已经整理的漳州地区与原生态村落体育文化相关的民间体育情形观之，该区域现存的民间体育项目多与祭祀有关，更多地体现了民俗体育的特征。这些项目的收录级别分别为，国家非物质文化遗产名录收录的有2项，省非物质文化遗产名录收录的7项，还有一些项目仍在积极申报非物质文化遗产名录。

三公下水操：三公下水操活动源起于"崖山海战"，是对陆秀夫背帝跳海后与元军搏斗历史场景的模仿。[①] 该活动仪式过程又分为"水中犁神"和火把巡游（锦鳞村选取百余名火炬手，参与水中展演的火把照明及寻找陆秀夫的巡游环节）两个主体部分。三公下水操活动的整个仪式约历经4个小时，其中，在"半亩方塘"中的"水中犁神"环节最具象征意义。每年参与"水中犁神"的表演者被分为6至8组，每

---

① 参见郭学松等《作为象征载体的身体运动：乡土社会仪式中历史记忆与认同研究》，《上海体育学院学报》2016年第6期。

组固定6人,他们抬着三公爷(陆秀夫)"金身"的辇轿(前后各安排1人,左右各安排2人),在数千观众的围观中,奔跑冲过"半亩方塘"水池的小铁门,开始水中的"犁神"展演。在环绕水池"水中犁神"的展演过程中,参与者充分发挥臂力、肩力、腰力等之间的相互协调作用,通过上下左右托举、牵拉、按压等摇曳的形式,沿着水池的四壁运动。在"水中犁神"的身体运动过程中,参与者协调用力,辇轿沉浮轮转,波涛汹涌、水花四溅,重新勾勒了当年"三公爷"陆秀夫背着宋帝赵昺跳海时,在水中继续与元军搏斗的场域境况①,整个"水中犁神"历时两小时左右。在身体运动模仿的现实展演场域中,我们不仅感受到活动本身所带来的场景震撼,而且也诠释了身体运动的特殊象征意义。正是这种象征性身体运动的模仿特质,赋予了三公下水操之"水中犁神"特殊的社会意义,同时也表现了该仪式活动中身体运动的共性与特性。在"水中犁神"环节结束后,珪塘村叶氏民众抬着"三公爷"的神像,在百余名火把手及数千参与者的簇拥之下,重演了当年沿岸寻找陆秀夫等尸身的历史场景。

盘古王戏水活动:长泰县坂里乡正达村盘古王戏水与相关的神话传说有关。首先是明朝年间的抗倭战争,邓元帅假借盘古王托梦而取得大捷;其次是盘古王神灵庇佑帮助老母牛下崽传说。从此以后,由邓氏一族供奉的家神——盘古王逐渐演变成地方的保护神,感恩盘古王为村民们带来的灵福。在明朝末年,正达村村民们就开始在元宵节举行祭拜盘古王的大型民俗活动,其中就包括别具一格的盘古王戏水活动。② 盘古王戏水民俗体育活动在每年的元宵节庆上演,整个活动过程分为抬神游村和水中嬉戏两个主题。抬神游村活动中有4尊辇轿参与其中,以盘古王辇轿为主体。游村活动主要由两个人抬着辇轿,在行走过程中,逢院落、桥头等场域,便进行前后推拉、左右摇晃之运动。辇轿所到之处,家家户户摆设祭台,焚香祭拜,祈愿祈福。盘古王在村旁的戏水活动是整个

---

① 参见郭学松等《三公下水操的体育价值研究》,《体育文化导刊》2015年第2期。
② 参见郭学松《原生态村落体育"盘古王戏水"的调查研究》,《军事体育学报》2016年第1期。

活动的主体部分，同时也是高潮部分。前一个阶段大约用4个小时之久，在中午12点左右，活动开始进入高潮核心阶段，即盘古王戏水。虽然该活动为盘古王戏水活动，但实则参与活动的不仅只有盘古王一尊辇轿，还有打猎王等其余3尊辇轿。每尊辇轿主要由前后两人负责抬举，在水中嬉戏过程中，两边也可有参与者。戏水运动主要包括前后的推拉运动、上下抬举运动、左右摇晃运动等。据负责人介绍，戏水过程中，包括游客在内的其他人员都可以参与其中，体现了活动的开放性。另外，在最近几年的活动中也有不少地方媒体、机构人士，全国各地观众慕名前来参与活动，感受汉族祖神——盘古为人类所传承的精神内涵。整个活动的基本部分约持续2至3个小时，然后参与者们开始抬着净洗后的盘古王等几位神像返回遁龙宫，整个活动谢幕。

（七）龙岩地区原生态村落体育文化的现状

1. 龙岩地区的地域文化概况

龙岩市又称"闽西"，地处福建省西部，在闽粤赣三省交界处。龙岩地区在历史上与闽南地域有着密切交融的关系，被视为闽南的后方，同时又是闽南西进赣南及闽北南下粤东的主要要道，地域跨越博平岭山脉和武夷山脉南段。龙岩境内崇山、丘陵、河谷相互交错，为屯兵和游击战争提供了有利的天然条件，使其成为兵家必争之地。自唐开元二十四年（736）建汀州以来，武装斗争此起彼伏；宋末景炎年间（1276—1277年），右丞相文天祥率勤王义师到闽西招募义兵，杀得元军一度仓皇北溃。从元朝到清朝的几百年间，先后爆发较大农民起义6起，元朝曾派10万人的军队围剿，但仍难全部平息。到了近代，太平军先后4次入闽，在汀州、上杭、龙岩等地战斗，书写了近代龙岩地区的战斗历史。1927年9月，周恩来、贺龙、叶挺、朱德等率领南昌起义军南下，传播了革命火种，对闽西的革命斗争形成了巨大影响。1929年3—6月，毛泽东、朱德、陈毅等率领中国工农红军第四军先后进入闽西，占领了长汀、龙岩、永定、上杭等县城，建立红色政权，使龙岩地区成为中央革命根据地的重要组成部分。[①] 历史上不同规模的斗争，使得龙岩地区保持了浓郁

---

① 参见龙岩地区地方志编纂委员会《龙岩地区志》，上海人民出版社1992年版。

的尚武精神，也为龙岩地区留下了丰富的历史记忆，在这些斗争过程中，特别是在冷兵器时代，龙岩地区的武术文化得以更好地彰显其技击本质，如连城拳、五枚拳等传统武术。

龙岩地区属于革命老区，又以山地为主要地形地貌，同时也造成了耕地资源稀缺的社会现实，为了争夺生存空间和生活资源，该地域多以同宗同姓的方式聚居一地，形成宗族，俗称"家族"。这些家族之中，尤以客家民系最为特殊。该民系迁徙到龙岩地区之后，为了生存延续，也聚居在一起，形成本群体的力量，以型塑竞争力。闽西客家先民的生存还面临着与当地土著居民竞争生存资源的压力，同时受山林野兽的威胁，自然条件、社会条件恶劣，以及客家不同姓氏为了争夺生存空间，如山林、水源等，经常发生械斗，同时也孕育了诸如南田黄家拳、洋地巫家拳、石家棍（石家拳）等武术文化。[1]

因龙岩地区的自然环境所形成的社会资源境况，在有限的土地上，民众要想获得必要的生存资源，就需要提高收入，因此，耕地所获得的最大化收成成为他们支撑生活的一部分。所以，龙岩地区一些与农耕相关的习俗十分兴盛，如为了祈祷风调雨顺，他们在每年都要进行游大龙活动，以盼可以得到"支持"。为了一年的良好收成，他们往往还会在一些特殊的节日中，将地方保护神请出来，举行盛大的祭祀仪式，从而导演了像闹春田、犁春牛等民间仪式体育活动。这些活动是以农耕活动为依托的，同时也与地方的习俗联系在一起，而且，在这些活动中，地方乡土宗教的保护神也成为他们精神寄托的重要来源，使得龙岩地区诸如此类的民间体育文化融入了多元化的文化象征，被赋予了丰富的文化内涵。

2. 龙岩地区原生态村落体育文化的生存现状

龙岩是客家民系主要的聚居地之一，而客家群体又是由移民所组成的，正是这种移民所形成的新族群环境，往往使原来没有共同历史的人

---

[1] 参见谢亮《闽西客家武术的生存状态与发展对策研究》，硕士学位论文，福建师范大学，2012年。

群，用寻根来创造新的集体性历史记忆，以凝聚新族群认同。① 因此，客家移民群体多以某个区域为主要居住地，形成客家文化和力量区域，他们又通过这种聚居的形式定期或不定期地开展相关活动，以形成凝聚，像游大龙、走古事、红龙缠柱等民间体育多以这样的形式开展。因客家群体是一个移民群体，在移民初到一个陌生的环境中生存时，他们不仅要面对与生存环境的斗争，同时也要与周边的群体争夺生存空间和社会资源，所以，这种境况也造就了客家群体勇武的习性，传衍了多元的民间武术文化。在龙岩地区进行调研时，将已经收集到的该地区的民间体育文化进行了归类和整理，如表2-7。

表2-7　　　　龙岩地区原生态村落体育文化项目统计表

项目	源起地域	级别	类别
民俗绝技	武平永平乡中湍村	省1、市级	民俗体育
姑田游大龙	连城姑田中堡、下堡的邓屋村、万堂村、城兜村	国2、省1、市级	民俗体育
走古事	连城罗坊各村	国2、省1、市级	民俗体育
红龙缠柱	连城庙前村、新泉镇	市级	传统武术
跳海青	长汀新桥各村	无	民俗体育
高跷扑蝶	长汀城关河各村	无	民俗体育
龙岩采茶灯	新罗区苏坂美山村	国4、省1、市级	体育舞蹈
女子五枚拳	上杭中都镇古基村	省2、市级	传统武术
连城拳	连城文川乡隔田村、姑田镇洋地村	省3、市级	传统武术
闹春田	长汀举林村	无	民俗体育
上刀梯	新罗区苏邦村	无	传统武术
犁春牛	连城县璧洲、新泉、芷溪各村	省1、市级	民俗体育

根据目前已整理出来的关于龙岩地区与原生态村落体育相关的民间体育事项可知，该区域的民间体育文化多以民俗体育和传统武术为主，说明闽西民众的一贯传统与社会生存环境，以及由此而形成的闽西民众

---

① 参见王明珂《华夏边缘：历史记忆与族群认同》，社会科学文献出版社2006年版。

的生活习性。龙岩地区与原生态村落体育文化相关的体育事项，目前已经被国家非物质文化遗产名录收录的项目有3项，被福建省非物质文化遗产名录收录的有7项，仍有一部分项目正在积极申报各级各类的非物质文化遗产。通过实地考察，将部分与原生态村落体育文化内涵相关的项目进行叙述。

闹春田活动：龙岩长汀县举林村的"闹春田"民俗体育活动是以客家群体为活动中心开展的，发展历程已有百余年的历史，主要在每年的正月十二左右上演。据实地考察得知，该活动的源起与乡土宗教信仰相关，主要以关公信仰为主。历史上，客家是一个移民群体，在迁徙到一个地域之后，他们往往以山地或靠近山地的地域为居住或开垦领域，因山地的土地资源有限，客家群体在有限的土地资源中，需要获得最大的收益，但往往在这些山区，自然灾害较为严重，于是，客家群体在极其无助的情况下，不得不求助乡土保护神，举林村的闹春田民俗体育活动便是娱神盼丰收的一种重要祭祀仪式。整个仪式活动分为神灵祭拜、村落游神、水田运动和清洗神像4个部分，而水中娱神运动则是闹春田的高潮部分。水中运动多选取在一个平整的田地，整理清楚后，灌入水，供抬关公神像辇轿的活动者使用。该活动又分为两个部分：首先是4人一组的辇轿原地打圈运动。4个人抬着辇轿在水田地里，在一个固定的地点做不定向的原地奔跑打圈运动，摔倒或者累了则进行轮换。其次是有数十人参与的环绕整个水田的打圈运动。该活动一般由全部参与闹春田活动的人士共同完成，他们共同抬、扛、托举着这尊辇轿，围绕水田的内沿四周进行快跑绕环运动，约进行1至2圈行程。紧接着，参与者互相抓起泥巴打仗，抓起一把泥巴用力甩向目标，同时还要闪躲别人甩来的泥巴，直到每个人变成泥浆人才肯罢休。这些不仅仅需要智力、体力、耐力、臂力等，更需要结合灵敏性、协调性、力量素质、耐力素质、速度素质等来完成快乐的泥巴大战和抬着上百斤的关公转圈。

红龙缠柱活动：龙岩连城县庙前镇前村的红龙缠柱活动是该地域每年节庆期间所进行的一项民族传统体育活动，该项目的特性体现为祭祀类、体能类、技能类、武术类、表演类等特征。据考察，红龙缠柱活动为客家江氏十四世祖所创，距今已有300多年的发展历史，该项目不仅融入了舞龙的一些技术动作，并且是以武术为基础的，兼顾舞蹈之类的身体运动。就武术而言，红龙缠柱活动中以六九拳及少林拳术为其基础性武术，相关步法也为舞龙参与者的主要步法。红龙缠柱活动将武术文化融入舞龙灯活动之中，也是为了突显客家先民的尚武精神，以及尚武与生存境遇的关系。红龙缠柱活动的主要展演地位于连城庙前镇庙前村江氏"树德堂"祖祠，在活动过程中，不仅有鞭炮参与助威，同时还有不同类型的锣、鼓、钹等乐器参与演奏。活动的形式与舞龙有相似之处，如龙珠始终为领头者，在三个龙珠带领整个队伍到江氏祖祠的厅堂献礼后，便开始抢珠，然后在宗祠厅堂的4根柱子之间环绕进行倒"8"字运动。在穿梭过程中，龙身还要依据从左到右的顺序分别缠绕柱身，其中的绕柱运动还伴随着抢龙珠活动。整个红龙缠柱活动，无论步法还是身法皆以武术为根基，并将武术的阳刚之势和舞蹈的柔和之美相互融合。将武术作为象征性的内容，突显了客家民系对尚武精神的重视，以及这种精神在江氏客家族群繁衍中的作用。

（八）三明地区原生态村落体育文化的现状

1. 三明地区的地域文化概况

三明地区为福建省下辖的9个地级市之一，坐落于福建省的中西部，与龙岩等地域统称为"闽西"，是客家祖籍地。三明地区历史相当久远，早在旧石器晚期就有古人类在此繁衍生息，他们穴居岩洞，繁衍生息，主要从事采集狩猎渔牧，并逐渐开发农耕生产，沿袭千万年而不断进化成当前三明地区最为古老的一族。正因三明地区历史文化悠久，地理格局特殊，所以成为兵家的争夺要地，同时也型塑了该地域光荣的革命传统。自隋唐以来，发生在三明境内的农民起义多达20多次，而且一些起义规模相当大，对封建王朝的专制统治形成了巨大影响。隋代江南余杭人刘元进与吴郡人朱燮的两支农民起义军联合反抗隋炀帝暴政，义军数十万人，一度占据吴郡、毗陵、东阳、会稽、建安等广大地区，他们杀贪官惩污吏，突显了三明人民不畏强暴的反抗精神。[1] 在一系列的斗争场

---

[1] 参见福建省三明市地方志编纂委员会《三明市志》，方志出版社2002年版。

域中，型塑了三明人民勇武的抗争精神，为该地区留下了丰硕的与抗争相关的民间传统武术文化，如团牌舞就是与战争相关的武术与舞蹈相结合的民间体育项目，藤牌操也是军事战争所衍化的民间武术阵头之一。当然，与战争相关的不仅有武术文化，还有安贞旌鼓也是与古时战争相关的鼓文化遗存。

三明地区属于山区，自然灾害较之平原地区甚多。在早期社会文明化程度不高的情形下，人们遇到自然灾害，或者由此而产生的不良社会影响，往往会借助乡土神灵的庇佑，来实现自我需求，于是，与祭祀相关的活动在三明地区较为兴盛，也滋生了诸多与这些祭祀相似的民间体育活动。如板凳龙、稻草龙、龙灯舞等更多地是为了祭祀龙而祈愿的一种仪式活动，宁化安乐乡夏坊村的古游傩、永安上坪村的龙角舞、泰宁新桥乡大源村的大源傩舞、清流李家乡各村的李家五经魁活动等民间体育活动皆与祭祀相关，同时又有驱邪消灾之祈求。

三明地区的原生态村落体育文化是人们生产、生存、生活的具体写照，反映了该地域在历史上的生存境遇。永安青水乌坑村的打黑狮活动、沙县南霞乡茶坪村的打狮活动、尤溪县各村的打狮活动等民间体育活动是对生存境遇的一种特殊的历史记忆，突显在山高林密的社会生存环境中，人们不仅要面对自然环境的挑战，同时也要应对猛兽的攻击，于是，尚武精神和习武习性成为该地域文化的一种特质，因此衍生了此类的民间体育文化。其中，乌坑村的打黑狮活动还是该地区畲族的一项具有族群象征意义的舞狮活动，是对畲族群体历史生存和生活的具体映照。客家群体也是三明地区的重要群体之一，客家地区的民间体育文化同样是客家先民的具体生存境遇的写照，如该地区的文武灯活动、李家五经魁活动、古游傩、稻草龙活动、采茶舞、板凳龙活动、搬龙活动等都是客家民众所保留的传统生活记忆。

2. 三明地区原生态村落体育文化的生存现状

三明是福建较为古老的区域之一，历来有"八山一水一分田"的区域称谓，也突显了该地域可开发农耕资源的有限性，正因为如此，该地域的原生态村落体育文化多与农耕文化息息相关，与农耕相关的文化同时也与乡土宗教祭祀习俗紧密相连，于是便产生了三明地区民间体育文化的多重象征性。三明地区在历史上是一个动荡地域,历经无数次的斗争洗礼,使得该地区民众保留了较为浓郁的尚武文化传统,也使得所保留的一些民间体育文化与尚武、战争相互关联。该地域的畲族和客家是移民群体,移民所面临的新环境,迫使他们保持族群凝聚,实现资源、生存空间的竞争,于是在这些特殊的群体中,定期举行具有本族群特质或族群记忆的民间体育活动,来强化族群认同。在三明地区进行实地考察中,获得了重要的第一手关于该地区民间体育文化的材料,就目前所掌握的一些与原生态村落体育事项相关的情况,归类统计进行分析,见表2-8。

表2-8　　　　三明地区原生态村落体育项目统计表

项目	源起地域	级别	类别
板凳龙	大田武陵乡各村	国1、省2、市级	民俗体育
安贞旌鼓	永安槐南乡南山村	省2、市级	民俗体育
钵灯舞	建宁伊家乡沙洲村、里心镇新圩村	无	体育舞蹈
龙灯舞	建宁均口镇龙头村、龙下村、龙源村	市级	体育舞蹈
团牌舞	建宁全县各村	无	传统武术
跑天王	沙县际核村	无	民俗体育
肩膀戏	沙县地区	省1、市级	民俗体育
稻草龙	宁化太华镇华溪村、安远乡营上村	市级	民俗体育
古游傩	宁化安乐乡夏坊村	省3、市级	体育舞蹈
舞鱼	沙县夏茂镇和梨树乡各村	无	民俗体育
打狮	沙县南霞乡茶坪村	市级	传统武术
马灯舞	泰宁均口镇台田村	无	体育舞蹈
大源傩舞	泰宁新桥乡大源村	省1、市级	体育舞蹈
大源赤膊灯	泰宁新桥乡大源村	省3、市级	体育舞蹈
文武灯	宁化治平畲族乡高地村、池家紫自然村	无	传统武术

续表

项目	源起地域	级别	类别
龙角舞	永安上坪村	省3、市级	体育舞蹈
打黑狮	永安青水乌坑村	市级	传统武术
打狮	尤溪县各村	无	传统武术
李家五经魁	清流李家乡各村	省2、市级	体育舞蹈

根据目前所掌握的材料进行统计得知，三明地区与原生态村落体育相关的事项主要体现为民俗体育类、体育舞蹈类和传统武术类三大类别，突显了三明地区的尚武习俗、祭祀礼仪等文化传统。截至目前，这些项目中仅有1项被国家非物质文化遗产名录收录，有8项被福建省非物质文化遗产名录收录，还有一些仍未被相关非物质文化遗产名录收录，较之福建其他区域，虽然三明地区文化传统较为悠久，但是仍存在发扬、保护等某些方面的不足。关于这些项目，根据实地调研情况，将其中一些的源流和展演形式进行梳理。

板凳龙活动：福建省三明市大田县各村落都有板凳龙活动习俗，以均溪镇东坑村的板凳龙活动和武陵乡的板凳龙活动较为出名。每年的展演时间为元宵节，其特征为祭祀类、体能类、技能类、表演类等。板凳龙活动已列入国家非物质文化遗产名录。关于大田板凳龙活动的源起有多种版本，主要还是围绕龙与农耕文化的关系而建构起来的。龙的出现，在乡土社会更多地是为了满足人们的祈愿，是为了风调雨顺和五谷丰登而服务的，是为了满足广大民众的基本生活保障而被写入历史传说的。大田板凳龙活动的出现，同样是广大民众为了实现农耕社会最基本的心愿，而将龙文化与村落生活工具——板凳相互关联，使龙的传说更具生活化象征，这与三明地区早期对农耕的重视程度及该地域山多耕地少的现况有关。大田板凳龙龙头高近3米，龙身从几百节到上千节不等，长度可达到3000多米，已破吉尼斯世界纪录。该活动在每年的元宵节上演，主要在一个固定的广场展演，同时又与游街、游村相互结合，具有风调雨顺、平安吉祥等象征意义，也满足了人们对幸福生活的期盼。

打黑狮活动：三明、龙岩一带都有打狮习俗，这种习俗主要与先祖们的生存境遇相关,并被建构为某一族群的历史神话。三明清水畲族的打黑狮习俗是该地域畲族广大民众最深刻的历史记忆,同时又是族群英雄崇拜,以及族群延续的重要工具。打黑狮活动在三房村、乌坑村、沧海村保留较为完整,虽然茶坪村也有打黑狮活动,但是因种种原因所致,目前只有一些道具被存储在村落中。乌坑村打黑狮活动是青水畲族村落中的一种具有代表性的项目,说起具有代表性,是因为该项目与族群历史记忆相互关联。据传承人告知,该活动源自于"英雄祖先崇拜"的故事而被演绎。据说,当年该村背后的山中时常有狮子出没,危害村落百姓,行人更不敢过,于是,村中精通武艺之人,运用十八般兵器,历经搏斗,终将狮子打死。为了纪念畲族先辈的这段英勇往事,乌坑村畲族后裔们便建构了这项打黑狮活动,在族群祭祀及相关节庆中进行展演,以表达对英雄先祖的缅怀,并以此教化族群后人,形成族群历史记忆。早期乌坑村的打黑狮活动一般在族群祭祀仪式和村落大型活动中上演,随着社会发展,这种活动也逐渐与经济挂钩。村落已经组建的团队,只要收到相关邀请,便会前往展演,主要还是为了获得活动的相关经费。这些活动的展演形式包括武术表演、舞狮表演和打狮表演。武术表演多为村落传统武术的套路表演,其中包括拳术和器械表演;而舞狮表演多与传统舞狮相似,但狮子的造型和动作要表现出凶恶之状,刻画当年山中狮子的威猛,同时也突显畲族先辈们的英勇。"打狮"是活动的主体部分,主要形式有模仿狮子攻击人,而这些手执十八般兵器的参与者轮番与狮子搏斗,是为了重现早期那种历史记忆场景,同时也是为了反映畲族先辈们刀耕火种及山高林密的生活境况。

(九) 南平地区原生态村落体育文化的现状

1. 南平地区的地域文化概况

南平地区地处福建省北部,俗称"闽北",为古代中原文化进入福建地区的必经之路,具有重要的交通枢纽作用,成为福建地域的文化走廊,以及"八闽"古文化的发源地之一。南平地区不仅是福建的交通枢纽、重要文化基地,而且还是一座历史悠久的古城落。周显王三十五年(前334)之后,浙江地域的越族后裔移居到闽北等地开垦繁衍,随之将中原文化带到该地。越族在闽北繁衍生息的过程中,将中原文化与当地土著文化贯通融合，后来逐渐形成了历史上的闽越族。由于闽北地区区位优势和文化底蕴丰厚，也使得该地区成为历史上的兵家必争之地。在隋大业十年（614），建安郡郑文雅与林宝护发动起义，此次起义也成为福建历史上首次大规模的农民起义。在宋代，有廖恩起义、叶浓兵和范汝为领导的农民起义；在宋末元初，有政和黄华、邵武高日新、南剑路吕崇海等领导的抗元斗争；明正统年间（1436—1449），有以政和叶宗留为首的银矿矿工揭竿起义；嘉靖四十一年（1562），有政和、松溪抗倭斗争；清顺治年间（1638—1661），有闽北人民抗清斗争；清咸丰年间（1851—1861），有太平军二度入闽北。[①] 如此等等，皆在说明南平地区历史上多战事的情境。正因为如此，也使得闽北地区的抗争精神得以传颂，并遗留了诸如战胜鼓、挑幡、抢酒节、走古事等与军事战争相关的民间传统体育文化项目。

南平是福建开发最早的地区之一，是福建岩茶的重要基地之一，是清朝年间中国茶叶对外输出的源头之一，因茶叶的影响，也逐渐形成了与茶文化相关的民间体育活动，如茶百戏。南平地区有着浓郁的齐天大圣文化，是福建乡土宗教信仰较为兴盛的区域，在诸多乡土祭祀仪式中也催生了民间体育事项，如邵武的傩舞、政和铁山镇凤林村的走古事活动、漳墩镇老鸦窠自然村的龙角舞等。南平是一个古文化浓厚的地域，相关习俗文化保存较为完整，在习俗祭祀过程中，也孕育了一些民间体育文化，如兴田镇枫坡村的拔烛桥活动、竹荡活动、烛桥灯活动、五夫龙鱼戏活动、钱棍舞等。因南平地区隶属于多山地带，历史上也是少数民族选择聚居的区域，畲族就曾聚居此地，并在该地域生息繁衍。畲族是一个尚武的族群，在面对生存斗争和资源争夺的境况时，畲族民众自我培育尚武精神，也遗留下诸多武术拳种文化，如邵武市桂林乡畲村的畲族武术。

2. 南平地区原生态村落体育文化的生存现状

南平地区是福建省文化和历史较为悠久的地域之一，是闽越族最早的发源地之一，同时又是早期南下福建的主要交通要塞，是福建北方的

[①] 参见南平市地方志编纂委员会《南平地方志》，方志出版社2004年版。

门户要塞,也是历史上兵家必争之地。正因其地理区位的重要性,南平地区也是争斗不息的区域,在数次的争斗中,历练了南平人民的尚武精神,也为南平今天遗留了诸多与征战相关的历史记忆,并通过身体运动的形式得以保存并延续下来,成为南平地区广大民众的一种集体性记忆。缘于南平地区的传统文化,在诸多民俗节庆中,民间体育文化被滋养和繁衍,然而,这些民间体育文化又与该地域民众的生存境遇和信仰文化习俗相关,在靠天吃饭的生存环境中,在乡土民间,很多时候广大民众面对天灾人祸的重要时刻,需要求助地方神灵来帮助其渡过难关,于是乎,这些神人共娱的场所也为民间体育的传承与发展提供了机会。南平地区所居住的少数民族同样为该地域留下了具有族群特色的民间体育文化,这些民间体育文化与周边汉族民间体育文化共同建构了该地域多姿多彩的原生态村落体育文化。根据实地考察所收集到的与南平地域原生态村落体育文化相关的项目,进行归类,以求能够概览该地区的原生态村落体育文化,见表2-9。

表2-9　　　　南平地区原生态村落体育文化项目统计表

项目	源起地域	级别	类别
傩舞	邵武大埠岗镇各村	国1、省1、市级	体育舞蹈
战胜鼓	延平王台、峡阳各村	省1、市级	体育舞蹈
抢酒节	邵武洪墩镇河坊村	省2、市级	民俗体育
挑幡	建瓯各村	国1、省1、市级	民俗体育
拔烛桥	武夷山兴田镇枫坡村	省3、市级	体育舞蹈
竹荡	武夷山岚谷、吴屯乡各村	无	民俗体育
茶百戏	武夷山	省5、市级	传统体育
畲族武术	邵武桂林乡畲村	市级	传统武术
五夫龙鱼戏	武夷山五夫镇各村	省4、市级	体育舞蹈
黄龙灯舞	延平区王台镇王台村	市级	体育舞蹈
钱棍舞	邵武沿山镇各村	市级	体育舞蹈
烛桥灯	建阳黄坑各村	市级	民俗体育
走古事	政和铁山镇凤林村	市级	民俗体育
龙角舞	建阳漳墩镇老鸦窠自然村	市级	体育舞蹈

南平地域虽为福建之北部要塞，但真正遗留下来，且与武术文化相关的，被挖掘整理的并不多见，主要保留的还是与战争相关的一些习俗文化，成为一些战斗场域的历史记忆。据目前统计，该地域与原生态村落体育事项相关的有民俗体育项目、民间体育舞蹈等，所涉及项目多达14项，其中，被国家非物质文化遗产名录收录的项目2项，被福建省非物质文化遗产名录收录的项目7项，多数项目都已经入选市级非物质文化遗产名录。根据实地调查情况，选取部分与原生态村落体育文化相关的项目进行描述与展示。

战胜鼓活动：峡阳战胜鼓活动是一种与军事战争相互关联的民间体育运动。在实地调查中得知，峡阳战胜鼓活动源起于明末清初，与郑成功收复中国台湾地区的历史事件关联度较大，是由军事战鼓衍化而来的。在郑成功收复中国台湾地区之际，其军队中有个薛姓的峡阳人是郑成功军中的旗手，此人善击鼓。当他结束军旅生活回到家乡之后，便将这项军事技能传授于家乡广大民众，故而这种战胜鼓与郑成功收复中国台湾地区之历史事件相互关联在一起，被当地人称为"国姓鼓"。在中华人民共和国成立后，南平地区相关专家将其更名为战胜鼓，突显民族英雄郑成功收复中国台湾地区的历史功绩，同时也是对这段历史的重要记忆。峡阳战胜鼓活动原为军事战争中的战鼓文化的一部分，后在乡土社会逐渐衍化为鼓队舞蹈文化，但是无论形式如何衍化，传承主体始终保留了最为原始的军中击鼓的特色，体现出多样化的队列队形变化。峡阳战胜鼓出演人数在24至28人，前方有大钹率领，鼓队紧随其后。战胜鼓的击打不仅有静态形式，同时也有行进间击鼓，需要强调的是这种击打并非杂乱无章，而是依据所编纂的鼓谱，依据钹的击打带领，一起完成击鼓动作。整个活动过程相当隆重，有如千军万马之声势，进退有序，给人一种战场作战的气势，使得当年郑成功收复中国台湾地区，驱逐荷兰殖民者的场景在此呈现在观者的面前，以此激发广大民众的爱国主义精神，珍视当今之和谐生活。

挑幡活动：建瓯挑幡活动是建瓯地区具有地域文化特质的民间体育文化，是身体运动与器械融为一体的独特民间艺术。该活动不仅与地域文化息息相关，同时也与军事斗争关系密切。在实践调查中得知，建瓯挑幡活动与郑成功反清复明关系甚密，由郑成功军队中的军旗衍化而来。明末清初，郑成功以福建为根据地举起反清复明大旗，在福建地域大量招募各种军事人才，当时建瓯本地的一些造船人员应征入伍，参与到郑成功的反清复明运动之中。当郑氏大军北上抗清失败后，这些应征入伍的造船工人便返回乡里，但他们依旧不忘反清复明大业，遂将带回来的军旗用竹竿悬挂于村头，表达其抗争之决心。当清兵清村之时，便将旗杆砍倒，战旗也被销毁。大洲村村民十分愤慨，等清军走后便将旗杆扶起，竞相擎持，逐渐演化为挑幡活动。每年逢年过节或是大的庙会，都要举行类似活动，一直流传至今。[①] 建瓯挑幡选用原生态的大毛竹作为幡杆，尾部装有用竹片和彩绸制成的六角幡顶，最长约10米，重约20千克。该项目在表演之前需要由两个人相互配合将幡直立起来，然后由表演者运用身体的不同部位（脚、手、前臂、大臂、肩、嘴、头、髋等部位），通过脚踢、手抛、肩扛、头顶、牙咬、鼻拖等动作并配合步法、身型将幡轮回舞动形成不同的动作规格。建瓯挑幡人员在展演过程中，将这些动作根据演出需求进行组合，汇编成各种动作套路。其表演形式有单人的独自表演，也有多人的组合表演。在表演的过程中，还会配上鼓点音乐伴奏，特别在集体表演时，由于表演者需要不停地观看幡的尾部，以保持整个幡的稳定性，为了实现整体布局的一致性，需要有一套根据动作编排成的固定鼓点引领。无论是个人展演还是集体汇演，都需要参演者在熟练掌握单个或整套技术动作的基础上，运用步法的移动，将躯体各部分的关节与部位紧密结合在一起，最后配合套路动作完成。在挑幡活动中，特殊形式的身体运动及其组合培植了多元化的体育元素，通过身体运动将这些民间原生态的体育元素进行展演，彰显了乡土体育文化的魅力。

---

① 参见建瓯县地方志编纂委员会《建瓯县志》，中华书局1994年版。

第二节　福建原生态村落体育文化发展的现实困境

福建原生态村落体育事项是福建地域文化的能动反映，是福建地域历史文化、战争文化、宗教文化、宗族文化、节庆文化、地理环境文化等相互融合的结晶，内涵丰富，价值斐然。目前，据笔者初步统计，福建地域与原生态村落体育相关的事项有 100 多项，其中包括民俗体育文化、武术文化、体育舞蹈文化、仪式体育文化等几大类别。这些民间体育事项分布在福建的 9 个地级市，传承时间从 100 多年到 1000 多年不等，凝聚了各个地市文化的精髓，成为一方水土的重要历史记忆。虽然，这么多民间体育文化都有自我存续的依托，也有自我原生性或建构性的故事，对某些族群具有重要的历史和现实意义，但从调研的过程可以得知，每个地区的原生态村落体育文化发展格局，以及发展样态也各不相同，所呈现的问题与发展困境也有异同。从调研结果来看，目前福建省原生态村落体育文化发展所面临的困境主要体现在五个方面：第一，村落人口流动较大，直接导致一些项目后继乏人；第二，在城镇化过程中，原生态村落体育文化赖以生存的生态环境遭到破坏，资源部分流失；第三，政府监督和主导作用发挥难以平衡，保护机制不够完善，导致一些项目发展方向存在问题，甚至濒临消亡；第四，面对市场经济的冲击，原生态村落体育文化的市场价值挖掘产生误区；第五，活动开展的场地、活动的组织、活动自身的内隐性思想等也将制约其自身的发展。因此，对这些福建原生态村落体育文化事项发展所存在的困境进行剖析，是探讨其发展机制及其可持续发展路径的前提，对合理有效地制定保护和发展机制有着重要的意义。

一　村落人口外出流动，后继乏人

体育是以身体运动为主要表征的事项，这决定了体育的人本属性，人成为体育的主体和核心。福建原生态村落体育文化事项有个体性项目、双人性项目、集体性项目等几种类型，主要以集体性项目居多。这些集体性项目是在团体成员的共同协作中被建构起来的，需在一个团队的支撑下，通过严密的组织，才能表现出项目的真正寓意，实现该项目展演的社会效益。福建省原生态村落体育项目的开展（主要指集体项目），少则需要十多人，多则需要百余人的通力合作，才能保证获得预期的项目展演目标，如霍童线狮活动、红龙缠柱活动等项目至少需要 10 人，而像沙江曳石活动，为了获得当年全城皆兵的战场气氛，一般都是全村总动员，多则上千人，少则几百人；而其他的送王船活动、游灯活动、闹春田活动、宋江阵活动、盘古王戏水活动、搬铁枝活动等，所有参与者也达百人以上。在这些集体性项目中，我们不难看出，人力是这些项目持续开展的重要基础，决定项目未来的可持续发展方向，也成为福建原生态村落体育文化保持自身特质所必须面对的问题。

在经济快速发展的现代化进程中，人口流动已成为一种社会现象，主要体现为欠发达地区向发达地区流动、农村向城市流动、农耕地区向产业化区域流动等几种常规态势。笔者在一些山区农村进行调研时发现，这些农村的经济、文化、服务等方面较之 20 年前有了很大提升，但随之而来的是，在这些村落中，年轻劳动力不断减少，孤寡老人和留守儿童成为村落社会的主体，当然，我们发现的这种情况，更多的是在非活动期间的调查中，在一些过年等重要节庆中，这种现象会得到很大的改善。导致这种现象出现的原因很多，有经济、社会、婚姻、教育、思想观念，等等。而能够在过年这种节日促使他们返回家乡的主要因素，从早期的习俗教化、宗族规训，已经转移到年迈长辈和年幼子女的亲情牵挂，当这种牵挂伴随人口流动时间的持续问题，在某种社会状态下，逐渐消失之际，所谓的乡情和乡愁，以及夹杂在其中日久相传的习俗也会随之淡化，那么，也就不难想象，这些以人力为主要生存媒介的福建原生态村落体育文化，将面临何等严峻的挑战，即使在当下，就已经产生了这种迹象。

在三明永安青水乌坑村打黑狮活动和沙县茶坪村打狮活动的调研中得知，乌坑村打黑狮活动是畲族族群仪式体育，上文已做叙述，该村目前人口流动较大，村中常住人口趋向老龄化，年轻人多数外出工作，目前参与打黑狮活动的队员平均年龄相对较大，他们目前的展演不仅在本族三月三进行，而且还受邀去外面参演。据受访者告知，参与人员青黄不接是该项活动所面临的最大挑战,缘于种种原因,他们也担心这项具有族群象征的原生态村落体育项目逐渐流失。沙县茶坪村是坐落在山上的一个小村落,虽然山路已经修通,但仍然较为难行,村中多数人都前往城市谋求发展,以做生意为主,村中小学也基本荒废,常住人口较少。据该村打狮活动组织者告知,该活动早期十分兴盛,而近几年,大家都忙于生计,断断续续还在维持这项活动的开展。这项活动是以武术为基础的,现在的年轻人基本没有时间习武,很多时候也没有时间回来参加这项活动,基本已经到了没落之际。在宁德猴盾村龙头舞活动和沙江曳石活动的调研过程中,穿梭在村落小巷中,同样感觉到人口流动所带来的凄凉的情境。

在实地调研中,福建多个地市中的原生态村落体育文化传承都将面临或正经历着这样的困境,人口流动对这种民间集体性体育事项的冲击是有目共睹的,不仅如此,诸如一些乡土武术的传承亦是如此。在福安金斗洋村畲族武术、罗源八井村畲族武术的调研过程中,传承人同样提出了这种村落传承的困境,所以,像金斗洋村的雷盛荣和钟团玉已选择在部分民族学校中传承这项武术文化,可想而知,若干年后,很可能在这些村落已很难再重现当年那种朝气蓬勃的武术文化发展状况。在八井村的调研过程中,其最年轻的一代传承人也在城市工作,虽然也在尽最大的努力传承这项族群文化,但现况仍不容乐观。在笔者的研究成果中提到的"村民们的'文化认知、文化认同、文化自觉'等系列人生观和价值观尚未形成,其武术传承的主观能动性尚未得到激发"[1] 等因素促进了目前村落传统武术发展日渐式微的态势的形成。人们为了生计而四处奔波时,传承民间武术就会被放在次要地位。[2] 这种人口的流动,以及逐渐形成的与项目的隔绝而导致的文化认知、认同、自觉等思想,都将给福建原生态村落体育文化发展带来巨大冲击,这是目前较为严重的发展困境之一,也是迫在眉睫、亟待解决的问题。

---

[1] 郭学松等:《一个少数民族村落传统武术人口变迁的考察》,《武汉体育学院学报》2015年第12期。

[2] 参见郭玉成《中国民间武术的传承特征、当代价值与发展方略》,《上海体育学院学报》2007年第2期。

二 城镇化进程快，生存空间受挤压

城镇化又称城市化，是近十年来引领农村社会发展的重要政策导向，同时也是农村社会转型及发展的重要方向。随着社会经济的不断发展，我国传统以农业为主的乡村型社会也正在不断发生变化，工业化与服务业等非农产业领域逐渐被推向乡土社会，现代城市型社会也逐渐向乡土社会推演。农村城镇化是一个漫长而又不断变化的进程，在不同的社会时期又表现出不同的特征，早期的农村城镇化逐渐衍化为当下的新型城镇化，其主要特征表现为城乡统筹、城乡一体、产业互动、节约集约、生态宜居、和谐发展等多项指标汇集一体的形态。在农村城镇化不断发展的过程中，这种与时俱进的建设理念，适应了我国社会发展的基本要求，对新农村精神文明建设、城乡统一发展、建设现代化城市等具有一定的促进作用。在我国新型城镇化建设进程中，针对当前的发展态势，党的十九大报告明确指出，"要坚持农业农村优先发展，按照产业兴旺、生态宜居、乡风文明、治理有效、生活富裕的总要求，建立健全城乡融合发展体制机制及政策体系，加快推进农业农村现代化"。这些举措突显了国家对农村发展的重视程度，城镇化是一个无法回避的现实问题，当然，城镇化过程中所出现的"上楼"现象，致使农村的村落形态、农民的生活方式发生剧烈的改变①，也是必须要面对和想方设法要解决的问题。

凡事有利必有弊，在城镇化过程中，的确会给社会发展及广大人民带来前所未有的改变，但同时也会因社会空间格局的转换，致使一些诸如民间仪式体育文化的发展受到冲击。然而，在城镇化过程中及新农村精神文明建设中，作为仪式核心载体的原生态村落体育文化，承担着对历史文化传承、现代化建设等诸多方面的历史与现实使命。②党的十九大报告强调，"文化是一个国家、一个民族的灵魂。文化兴国运兴，文化强

---

① 参见周飞舟、王绍琛《农民上楼与资本下乡：城镇化的社会学研究》，《中国社会科学》2015年第1期。

② 吴祖会等：《城镇化进程中原生态村落体育参与者的价值取向研究》，《南京体育学院学报》（自然科学版）2016年第8期。

民族强。没有高度的文化自信，没有文化的繁荣兴盛，就没有中华民族伟大复兴。"这里所指出的"文化"不仅是现代的新型文化，同时也更加强调对传统文化的重视，以及充分发挥这类民族传统文化在当下提升我国文化软实力中的重要作用。原生态村落体育文化是乡土传统文化的组成部分，是中华传统文化的有机体，在城镇化进程中，以及新农村文化建设中，都将担负着重要的使命。正因为如此，国家也出台了一系列的非物质文化遗产保护政策，使一些濒临消亡的项目得到可持续发展的支撑，但城镇化的快速进程仍然对村落原生态体育文化的发展带来了不同程度上的干预。

在沙埕搬铁枝活动的调研过程中发现，沙埕搬铁枝展演是一项具有高难度的项目，且在空中操练，高度可达10米以上，这样便对展演空间提出一定的要求。由于沙埕临山傍海而建，可开发的土地面积较少，随着人口的不断增加，建筑面积不断增长，现今沙埕街道越来越狭窄，可拓展空间也非常有限。另外，随着农村经济的快速发展，街道中出现了错综复杂的电线、大大小小的广告牌等，使得原本狭小的街道更加拥挤。沙埕搬铁枝活动不仅需要一定的横向移动空间，同时儿童在七八米的高空表演，更需要纵向空间，很显然，这种生态环境给沙埕搬铁枝活动的可持续发展制造了不少麻烦。在建瓯挑幡活动的调查中，缘于城镇化的发展，挑幡活动的训练空间受到挤压，队员的练习只能在一个狭小而又拥挤的巷子里进行，这样不仅影响了训练效果，同样存在安全隐患。在厦门石塘村送王船活动的调查中，王船的起点及其所要出行的要道也是在这样狭小的街道中，几百米的巷子走了近一个小时，展演空间受到很大限制。

在福建原生态村落体育文化的实地考察中发现，诸如沙埕搬铁枝活动、建瓯挑幡活动、石塘村送王船活动之类的项目，在发展或者展演的过程中都或多或少地遇到这种在城镇化进程中，生存空间或展演空间受到限制的情形。在早期的农耕社会村落中，原生态村落体育拥有宽广的展演空间，使其可以更好地保存其原生态特质，而面对城镇化的发展，一些宽广的土地被开发，高楼耸立，街道变得狭小，部分原生态村落体育的训练和展演空间被限制，使其不得不开始转型，以适应城镇化的发展。我们知道，作为一种民间体育文化，无论在什么样的社会背景下，都必须考虑"适者生存"的现实，原生态村落体育文化的发展亦是如此。当这些原生态村落体育文化还没有找到适应快速发展的城镇化进程的方法，而又试图保持原生态特质时，势必会形成很多发展困境，这是必须面对的现实，同时也是必须要思考的问题，更需要群策群力去解决这些问题。

三 传承方式失范，保护机制欠完善

福建原生态村落体育文化是以代代相传的形式开展的，所沿袭的模式基本上也是村落社会自我通用的形式。因不同社会背景下的社会发展、社会体制、生存环境、人文思想、社会经济等方面发生变化，原生态村落体育文化要想更好地发展，需要解决与这些发生变迁的方面之间的关系。在当前社会环境中，原生态村落体育文化的发展方式失范，反映在两个方面，首先是客观性的失范，其次是主观性的失范，甚至是两者的交叉影响所致，正如郑国华指出的，影响民族传统体育的社会因素是复杂的、多种多样的，这些因素又都是随着社会发展而不断变化的，因此，民族传统体育失范是一种复杂的社会现象。[1]

福建原生态村落体育文化更多的是代代相传，多数以宗族或村落为传承依托，依据老一辈的习俗和规定传承，特别是在一些宗族性的村落中，族规祖训成为传承的主要精神要领。在一些原生态村落体育活动开展的过程中，需要遵循一定的规定来操办，比如漳州正达村的盘古王戏水活动，在活动开始前以投"圣杯"的形式与神灵沟通，得到允许后方可举办活动，这种仪式在闽南一带较为常见。有些原生态村落体育活动还需要在祭祖的场合进行展演，并举行隆重的祭祖仪式，如宁德后盾村的龙头舞活动。当然，我们列举这些事例并不是要说明其行为是优或是劣，所谓"存在即合理"，不能排除其中的信念、信仰和尊崇的积极因素，但其中也夹杂着封建迷信的成分，这些因素势必会限制项目的适应性和全面性发展。在现实调研过程中，还存在

---

[1] 参见郑国华《我国民族传统体育失范研究》，《中国体育科技》2011年第3期。

一些项目团体之间的竞争情况，如福建南少林武术，以及不同区域同一项目所出现的竞争性团体，它们之间所谓的"门户"规约，将不利于资源的整合与协调发展。

福建原生态村落体育文化项目自身所内含的一些因素，是影响项目可持续发展，以及导致项目发展失范的主要因素，但外在的一些因素，例如相关部门的干预，致使自发、自愿的原生态村落体育项目受到影响。由于功利性政策导致原生态村落体育失范，主要是指政策编制不是为了保护和发展民族传统体育，而是把民族传统体育作为一种手段来达到相关部门的某些利益目标，一些地方部门为了提高管理效率，利用政策的强制性与政策的合法性身份制定了大量功利性政策。[①] 在实地调研中就曾发现过类似的情形，如宁德双溪镇乾源村的斩白蛇活动。该项目中间停滞过好几年没有举办，据项目分管的负责人告知，早期该项目是在村民们自愿自发的基础上开展的，发展势头一直良好，后来非物质文化遗产介入，为了政绩目标，相关部门投入一定的经费，来组织管理项目的开展，结果反而导致项目发展受阻。其中涉及并未充分掌握项目情况的人员介入组织管理，使得项目发展偏离了原来的发展路径，当然，也存在着相关部门的经费投入进而转移了民众思想。例如，访谈中相关负责人强调，利益的驱使使得"自愿、自发"的观念被改变，"今年提供每人一百元的参与费用，到了明年没有增加，便使得民众的价值观念发生改变"，当然，这只是影响项目开展的要素之一，我们想说明的是，原生态村落体育项目的可持续发展，需要考虑在回归"自愿、自发和自觉"的形态引领下，相关部门以什么样的姿态介入，以及如何使用经费，这都将影响到原生态村落体育文化的可持续发展。这些现实情况的反馈，决定了文化遗产保护的妥当与否。

在泉州踢球舞的实地考察中，传承人口述了目前该项目的传承尴尬之处：该项目主要的传承者有 4 个人，目前仅有 3 个人在负责传承。该项目是福建省非物质文化遗产，在申报成功之际，人们也是相当兴奋，相关部门根据非物质文化遗产文件要求，提供了第一笔发展资助经费，并

[①] 参见郑国华《我国民族传统体育失范研究》，《中国体育科技》2011 年第 3 期。

鼓励该项目传承下去。但是，好景不长，第一笔的经费资助也成为唯一一次经费资助，后期并未跟踪项目的发展，虽然福建原生态村落体育项目非常多，可能很多时候不能做到完全跟踪服务，但是传承人所指出的一个现象和心愿，引发了我们的思考。据其口述，现在的3个传习者年岁已高，他们的心愿就是想得到地方相关部门的支持，提供相应的场所，由他们负责教学，将项目传承下去，但是，遗憾的是，这种期望并未得到落实。其实，很多时候，就像郭于华教授所说的那样，我们在农村做口述历史的时候，都会聆听到最底层的声音，想最真实地将其反映出来，甚至有着一种尝试帮助的想法，但作为一个研究者，我们最可能做到的是将这种最底层的心声用文字呈现出来，希望对当前一些保护机制的完善提供一个样本。

四 缺乏与市场接轨，经济效益差

当社会进展到某个阶段，许多物质的东西都要与社会经济挂钩，比如在举办一个仪式性的民间体育活动时，不得不考虑道具、服装等方面所产生的消耗。如莆田仙游的游灯活动，整个活动5天下来，也需要约几十万的投入。这些费用从哪里来？如何来？如何使用？都将成为一个问题。福建原生态村落体育文化活动的开展很多是与庙会结合在一起的，他们有一部分的费用是宫庙中的香油钱开支，据相关负责人说，一个香火兴盛的宫庙，每年的香油钱也是十分可观的，一场活动是用不完的，而余下的是给村落贫困户的补贴，比如吕厝村的王爷宫。如仙游的游灯协会举办活动的费用，有一部分依靠相关人士的捐赠，而更多的则是依靠理事会的运作，以"彩头"的形式募集，然后由理事会统一列支。这些只是福建原生态村落体育文化在与社会接轨方面，做得较为成功的实例，但事实上，很多福建原生态村落体育文化没有这样的运作模式，也没有这么多的经费来源渠道，特别是一些偏僻的山村。

那么，偏远地区的山村，本来经济条件就太好，如果承担这样的活动还要自己提供费用，对于一些年长的人，是可以接受的，毕竟他们保存了这样的信念，对于年轻一代，已经逐渐失去了这种激情。不但如此，正如上文所说的人口流动一样，村落年轻人在面对许多经济社会问题时，不得不"忍痛割爱",背井离乡,另谋出路。在经济文化的冲击中,福建原生态村落体育文化的"源远流长"显得那么"不堪一击"。在身处经济快速转型的新农村建设中,为了使家庭过上丰裕的物质生活,他们不得不面对物欲横流的"拜金主义"现象,然而,此时的他们又有谁"有时间"去真正考虑民间传统体育所蕴含的隐性经济价值呢?[①] 当遭遇这个问题的时候,如果想使一些文化得以延续,就必须考虑这些文化在当下的存在价值,使其更好地服务于现代社会发展。

当然,可能有些研究者会提出,举办一场大型的原生态村落体育文化与庙会相结合的活动,其实可以带动地方经济发展的,比如厦门吕厝四年一次的送王船活动,参与者(包括媒体、游客等)多达十余万人,这些群体是一个庞大的消费人群,可以带来购物、餐饮、旅游等各方面的消费,同时也会增大捐赠力度,带来投资商机,为活动提供必要的经费支撑。目前厦门吕厝村正在建设江滨公园,既作为活动基地,又能提供旅游场所,同时又能打造城市品牌。当然,我们已经阐述过,这只是比较成功的案例,多数福建原生态村落体育项目的潜在价值还未被发掘。像三明地区的打黑狮活动、宁德地区的曳石活动等,蕴含了重要的历史和现实价值,如何使得这些社会价值得以发挥,使其作为推动原生态村落体育文化发展的最强音,已成为当前研究者和社会共同关注的问题,这也是原生态村落体育文化可持续发展需要思考的问题。

五 发展理念滞后,导致生存瓶颈

福建原生态村落体育文化蕴含了丰富的思想观念、人文精神、道德规范、礼仪规约,这些都是当代中国文化复兴所需要积极倡导的理念,是中国传统文化根基性历史。这些传统也是福建原生态村落体育文化赖以生存的文化基因,在不同历史时期,对社会、群体、个人等都发挥着积极的作用。当然,传统文化中除了这些优秀的内涵外,还存在一些与当今社会不相符合的因素,这些因素将成为阻碍项目保持与时俱进的拦

---

① 参见郭学松等《一个少数民族村落传统武术人口变迁的考察》,《武汉体育学院学报》2015年第12期。

路石，或产生一些对社会、群体、项目自身不利的影响，需要结合时代要求加以创新。根据党的十九大精神，对于福建原生态村落体育文化的发展，需要坚持继承与创新相结合，做到有的放矢。因为，无论项目如何传承与发展，始终都是作为主体的人来操练的，也始终围绕人和社会需求来衍化，那么作为主体的人的思想如何定位，将直接影响到项目的发展。

继承与创新始终是原生态村落体育文化无法回避的问题。如何继承，如何创新，如何实施？其实很多项目都在探索，有成功的案例，也有不理想的发展格局。如建瓯的挑幡活动，据一个社团的团长告知，他们团队所传承的挑幡活动基本上保持了原有的文化特质，在征求相关舞蹈专家的建议下，将现代的一些呼啦圈运动加入运动之中，增添了难度和美感，与当代的审美需求保持适应，从而使这个项目走上了国际化道路，并获得国内外一致好评，发展前景值得期待。但是，该项目也存在一些所谓的"门派"观念。在实地考察中就遇到过这种现象，该项目的三个团队之间存在隔阂。例如，在拜访其中的一个团队时，不能提及去访谈过另外一个团队，以此可见，三个团队之间存在很大的竞争和隔阂，并未形成资源融合与共享的思想观念，这将对协同发展，乃至做大做强该项目，有一定的负面影响。

在泉州踢球舞活动的实地考察中，传承人强调，他们的队伍是几百年来一脉相承的，是最正宗的，而另外一个团体只是近期才组建的，很多都是现代的东西，没有文化底蕴，并不能很好地体现原生态特质。这一问题同样体现出了"门户"观念，其中的原生态并未和现代的创新很好地结合起来，也可能导致所谓的"原生态"进一步流失。南少林之争，虽然已经告一段落，但是仍然存在着一些隔阂，泉州、莆田、福清三地的南少林文化之争，导致他们并没有很好地坐在一起，搁置争议，共同发展；再如太祖拳、五祖拳的"正宗"之争，也不利于资源整合发展。如此等等，都将对项目的发展产生影响。如何将这些相异的发展理念融合在一起，共同推动福建原生态村落体育文化的整合发展，在某些项目传承中，已经成为一种现实的困境。

福建地区是一个宗族观念比较浓厚的地域，宗族通常只是村落的一个部分，但是，在福建和广东两省，宗族和村落明显地重叠在一起，以致许多村落只有单个宗族。① 福建原生态村落体育事项多数是以宗族为单位而开展的，这些文化被认为是宗族沿袭的历史记忆，是宗族文化的一部分，具有独有性，容不得外人分享。例如，在郭山村的宋江阵活动、西湖塘的宋江阵活动、沙坂村的宋江阵活动的调研中，他们都将这种武术文化与本族群的英雄先祖相互关联，尝试突显族群文化优势，并说明这些文化的族群特性，虽然型构了自我特色，同时也缺少了"他者"之优势，这种宗族本位观念对于同一项目的综合性、创新性发展有所影响。当然，畲族的龙头舞活动、翔安的宋江阵活动、茂林的宋江阵活动、卢厝的狮阵活动等项目不仅在本村民众中间传习，而且还推广到地域学校中传承，同时也破除了传男不传女的习俗。这些项目与时俱进的继承与创新方式，为其他项目的发展提供了借鉴样本，值得思考。

本章小结

福建原生态村落体育项目繁多，以村落为生长和繁衍地。要深入了解这些项目的生存现状，需要在大量文献收集并分析的基础上，深入福建9个地市的相关村落做实地考察，方可洞悉其概貌于一斑。本研究通过网络设备、相关馆藏机构、各地方文献资料库等媒介，收集与福建原生态村落体育文化相关的材料文献，对相关文献进行整理分析，以此为基础，选择福建9个地市的相关项目进行实地调研。从各地市的文化渊源、宗教信仰、宗族发展、族群文化、军事斗争等方面，综合阐述了与相关地市原生态村落体育事项相关的基础支撑，并通过表格的形式将每个地市与原生态村落体育文化相关的事项进行统计整理，在此基础上，选取每个地域较具代表性的项目及实践考察的体育事项，分别从其渊源、开展形式、存续状况等方面进行描述，以呈现每个地市相关原生态村落体育文化的概貌。同时也为后续章节归纳这些原生态村落体育的特征，

---

① 参见 ［英］莫里斯·弗里德曼《中国东南的宗族组织》，刘晓春译，上海人民出版社2003年版。

阐释其相关价值提供参考。在实践调查的基础上，从村落人口流动较大，导致一些项目后继乏人；在城镇化过程中，原生态村落体育赖以生存的生态环境遭到破坏，资源部分流失；政府监督和主导作用发挥难以平衡，保护机制不够完善，导致一些项目发展方向存在问题，甚至濒临消亡；面对市场经济的冲击，原生态村落体育文化的市场价值挖掘产生误区；活动开展的场地、活动的组织、活动自身的内隐性等方面呈现了福建原生态村落体育文化发展存在的困境，为后续有针对性地提出非物质文化遗产保护、可持续发展路径等提供依据。

第三章

福建原生态村落体育文化的特征及价值

福建原生态村落体育文化是一种地域文化的缩影，更是一种地方文化的彰显，在数百年的发展演变过程中，逐渐与乡土宗教信仰、宗族观念、习俗文化等相互融合，被型塑成一种多元一体的共生文化。正是这种多元文化的汇集，赋予了这些民间传统体育文化多元性特征和多样化价值。正因为福建原生态村落体育文化在传承发展过程中所凝聚的社会价值，使得其在数百年的发展历程中，虽经历多重波折，始终保持了强劲的生命力，并保存了其独特的原真性。这种多元文化共生体的源起往往又依托一种传说、神话或故事，被传承主体的人所建构而成，成为广大民众的一种特殊历史记忆，其在不同历史时期的传承也勾勒了传承主体的历史心性。项目群体所具有的某种历史心性成为其传承发展的重要依托，在传承与发展的过程中，福建原生态村落体育文化中所隐含的特殊价值被不断呈现，以至于为当前村落社会发展形成助力。

缘于福建原生态村落体育文化在历史上及其在当下社会发展中所形成的影响力，本研究对这些项目所蕴含的价值进行挖掘，并使其能够服务于当下和谐社会全民健身、新农村精神文明建设，以及中华民族伟大复兴等方面。我们在大量实践调查的基础上，通过深度访谈、口述历史、参与式观察等方式，对福建原生态村落体育文化所呈现的地域性特质、原真性特征、延展性特征、艺术性及观赏性特征、依附性特征等进行梳理，并以此探寻形成这些多样化特征的原因。基于此，尝试从政治文化导向的功能、直接和间接的经济价值、族群认同、强身健体的价值、娱乐观赏价值、爱国主义教育、文化认同、文化传承、新农村文化建设等方面，探讨蕴含在这些项目中的社会价值，以期使深藏在福建原生态村落体育文化背后的有益价值能够系统地呈现于世，并服务于当下社会发展。

第一节　福建原生态村落体育文化的特征及成因

特征是指一事物区别于他事物的特别显著的征象、标志[①]，通常是指某一物质自身所具备的特殊性质，用以描述一个客体或一组客体特性的抽象结果，其实也就是一事物与其他事物在特点方面的差异性。对于中国民间传统体育文化来说，能够存续几百年，甚至上千年的时间，必然有其特殊的原因，以及深厚的文化底蕴。这种具有民族特色的文化，显然与西方文化有本质上的差异，这也是西学东渐，以及在"土洋体育之争"中，为何中国十分庞大的民间传统体育文化体系能够存续的文化根基。中国56个民族在数千年的历史演进中，创造了大量的民间传统体育项目，如今尚存的应该也有千余项之多（根据福建目前所收集的100多项原生态村落体育项目进行推演），而这些民间传统体育文化多以保持最为原始的特征而得以彰显，即便是在社会环境中有所变化，仍然保存了原生态的文化内涵或身体展演痕迹。本研究在文献考究和实地调查过程中，据目前可统计的材料得知，福建地域至少还存续100多项与原生态村落体育文化相关的身体运动，分布在汉族、客家、高山族、畲族等群体之中，是这些群体在生存延续、宗教信仰、宗族尊崇、习俗方式等方面的主要历史记忆。这些民间传统体育事项共同生存在福建这个地域之中，又分布在不同的小区域、小群体之中，也形成了它们之间的相似或相同与相异之处，主要体现在这些项目的特征之中，而本章节所探讨的特征并非是每个项目都具有的共同特征，主要对多数项目或者某一类别项目的特征进行归纳，其中难免存在交叉、遗漏或不全之处。

[①] 参见辞海编辑委员会《辞海》，上海辞书出版社1979年版。

一 福建原生态村落体育文化的特征

福建原生态村落体育文化是在福建特殊的地域环境中被滋养出来的，也是在福建特殊的地域文化中被传承的，具有典型的福建特色，其中包含了所有原生态村落体育文化的一般性特征，同时体现出福建特有的文化特质。根据实地考察，依据福建原生态村落体育文化所展示出来的特点：在地域文化所催生的地域性特征，一直保持的原生态特征，传承数百年的延承性特征，体现族群性的民族性特征，身体展演的艺术性特征，与宗族、宗教、习俗等相结合的依附性特征，体现生活、生存、战争等的象征性特征，举办时间的规定性特征，全民参与的群众性特征等方面，从显性和隐性两个方面归纳阐述福建原生态村落体育文化所呈现的和内化的系列性特征，使得福建原生态村落的特质得以展示。本研究选取的以下这些特征指标，主要是根据对福建原生态村落体育文化项目的实地考察，综合项目身体展演、文化内涵、象征意义等方面进行归纳而得出的。

（一）地域性特征

全国地形地貌千差万别，有的地域以山地为主，有的地域以平原为主，有的地域以丘陵为主，有的地域以湖泊、溪流为特征，有的地域却被海洋所包围，如此等等，也造就其所生存的地域文化差异较大，福建省原生态村落体育文化在地域所造就的地域性特征方面也有所差异。如福建地域的民间传统武术文化，就体现了特殊的地域性特征。本研究对福建闽南一带的拳种武术进行实地考察，并根据长期从事武术练习和研究的林荫生教授的访谈得知，福建南拳之所以突出贴身近打、下盘稳健、手法多变、发劲刚猛、幅度短小、腿法少而低等特点[①]，并非因为一些武术人士所说的南方较热、北方较冷而形成南拳北腿的特色，北方人性格豪爽而擅长放长击远，南方性格内向而形成的贴身近打，还有身体形状等原因。据林教授口述，南派武术所形成的特征，与其地理因素关系密切，其中可用"四多一难"（山地多、水田多、滩涂多、船舶多、行路

---

① 参见林荫生《试论南派武功的特点及形成条件》，《上海体育学院学报》1991年第2期。

难）的格局加以概括。这些地理环境对格斗者的技术特征提出了严格要求，也形成了南拳的地域性特征。

福建历来有"八山一水一分田"的地域文化特色，山多是福建地域的地形地貌较为特殊的特征，因此也产生了诸多与山地相关的原生态村落体育项目。在早期山高林密且伴随众多猛兽的生活环境中，为了与它们争夺有限的生存空间，畲族先民需要在日常生活中或狩猎过程中与野兽进行搏斗，其间也不断悟出了诸多武术技法，如畲族八井拳中的五虎围桩猛虎卧地等，这些动作伸似老鹰双禽，扑如猛虎下山，动如龙蛇飞舞，如此等基本动作都是模仿动物所得的[1]，正如邱丕相学者研究所指出的，这些使用利器与野兽进行搏斗的技术孕育了武术技能，为武术的产生准备了物质条件[2]。因此，福建畲族武术文化体现了这种山地生存境遇的地域文化特质。再如闽西一带的打黑狮活动，也是源于山中的狮子危害人间，民众以武术的形式用十八般兵器斩杀狮子，以此建构了打黑狮民间体育运动事项[3]。

福建"八山一水一分田"的地理格局中的"水"更多是指生活和农耕用水，而不是海水，因福建东临台湾海峡，有着较长的海岸延长线，这些外海和内海交错形成了福建特殊的地形地貌——滩涂。福建的经纬度位置和海陆位置与其他的海域滩涂相比，泥滩的面积所占比例较大，畲、汉民族传统体育项目赛海马就受到闽东特殊地理环境——滩涂地形的影响[4]。赛海马活动是闽东人民日常生活中在淘小海基础上而形成的地域性原生态村落体育事项，据载赛海马活动被戚继光用于抗倭斗争之中，并取得了横屿抗倭大捷[5]，之后闽东人民根据平时的淘小海情形，结合戚继光抗倭训练士兵状况，将这个具有地域特质的项目衍化为民众的娱乐、竞技活动。福建地域的此类项目很多，像畲族的狩猎舞等都是地域文化

---

[1] 参见郭学松等《一个少数民族村落传统武术人口变迁的考察》，《武汉体育学院学报》2015年第12期。
[2] 参见邱丕相《中国武术文化散论》，上海人民出版社2007年版。
[3] 参见吴莲花、郭学松《走向共生：乡土仪式体育的生存性智慧——福建乌坑村"打黑狮"运动的人类学考察》，《山东体育学院学报》2017年第3期。
[4] 参见陈上越、郭学松《赛海马研究》，《体育文化导刊》2013年第5期。
[5] 参见林荫生《闽东畲族文化全书·体育卷》，民族出版社2009年版。

的具体展示，体现了显著的地域性特质，是福建地域文化的象征、记忆与诠释。

(二) 原真性特征

自20世纪80年代末，李康在《保护原生态地的法制化轨道——纵观美国保护原生态地的有关法律及对策》[①]一文中关注了"原生态"的相关信息，学术界开始对这一问题进行了系列研究，特别是在2003年以后，"原生态"的相关讨论，在生活、艺术、餐饮、学术等方面开始被全方位地关注，说明人们逐渐开始留意被我们所遗忘的原真性东西。为什么在当下发达的社会环境中，还要关注这些"遗存"的文化呢？我们对这些保存或残存文化的研究，在当下来说具有相当大的现实意义，因为在这其中有被我们称为"迷信"的诸多成分，而这些所谓的"迷信"正不断勾勒着我们的历史记忆，型塑着我们的信仰。除此之外，这些所谓的残存文化更多的是当下非物质文化遗产保护的重要构成部分，对这些历史传承并延续下来的文化进行研究，将有助于我们发现历史发展的进程。[②] 无论社会如何发展，在许多层面上巡视，现在很多习俗、文化、技术等都是过去的一种延续，甚至是过去的一种保留与传递，那么，讨论原真性不仅能够更加清晰地认识现在，同时也有利于认知现在是如何从过去衍化而来的。

民间传统体育、民族传统体育、民俗体育等事项虽然有学术用语上的差异性，但更多还是强调一种源起于本民族的一些体育事项，突显这些是为了说明这些体育事项，或者身体运动在某种层面上保存了本民族文化中的原真性特质。原真性往往又成为定义、评估及监控非物质文化遗产的一项基本因素。保持原真，就是为了维护民族传统体育文化遗产的表现形式和文化意义的内在统一。[③] 2005年以来，国家不断制定与推行非物质文化遗产相关政策文件，非物质文化遗产保护也正式启动。相关部门开始对全国各地的非物质文化遗产进行整理，并启动收录程序，相

[①] 参见李康《保护原生态地的法制化轨道——纵观美国保护原生态地的有关法律及对策》，《四川环境》1989年第4期。

[②] 参见［英］爱德华·泰勒《原始文化》，连树声译，上海文艺出版社1992年版。

[③] 参见倪依克、胡小明《论民族传统体育文化遗产保护》，《体育科学》2006年第8期。

继有许多地域性非物质文化遗产进入名录之中，是原生态村落体育文化受到重视的一大突破。因为，自从近代"土洋体育之争"伊始，中华民族固有之体育不断受到西方体育思想的冲击，同时也产生了对西方体育几乎极致的、偏执的"文化模仿"，造成了我们民族传统体育的发展瓶颈，找不到突出重围的办法。[1] 要么保持本民族特有的原真性，要么被西方体育同化，原生态村落体育面临着巨大的挑战。在国家相关文件出台以后，原生态村落体育文化似乎找到了自我发展和存续的精神寄托，从文化自知开始向文化自觉的路径转移。

福建原生态村落体育文化正是因为保存或者残留了隶属于自我的原真性特质，才使得其在全国民间传统体育文化中有所立足，乃至崭露头角。如福建的南少林武术文化就保持了攻防技击的特质，展示了福建地域特殊的地理形态特质，以及福建特殊的禅宗文化底蕴，使得其不仅成为福建南拳的代名词，同样成为与北少林武术遥相呼应的武术派系。福建的畲族民间体育文化也始终保存着本族群的历史记忆，让后代铭记族群先祖们的光辉事迹，以教化族群后代。闽西客家群体中的红龙缠柱、闹春田等项目，同样是对客家先民生活、生存、生产等方面深刻的记忆。闽南一带的宋江阵活动是闽南相关族群对先祖们抵御外患、彰显抗争精神的一种历史记忆，其中尤以搏斗精神最为特殊。诸如此类的原生态村落体育事项皆以保存或遗存了原真性而具有特殊的象征文化内涵，同时也被视为村落社会治理、传统文化复兴、城镇化建设、新农村精神文明建设等方面的重要载体，展示了原生态村落体育最原始的工具性特征。

（三）延展性特征

黑格尔曾指出，"凡是合乎理性的东西都是现实的；凡是现实的东西都是合乎理性的"[2]。福建原生态村落体育文化历经数百年，甚至千余年的大浪淘沙，在当下社会存在，即体现了这些民间传统体育事项的合理性。作为中国传统文化的传承载体，福建原生态村落体育项目发展史并

---

[1] 参见王岗《民族传统体育发展中的问题：文化模仿》，《体育科学》2006年第7期。
[2] ［德］黑格尔：《法哲学原理》，范扬、张企泰译，商务印书馆1979年版，第11页。

非完全一致，有的传承百余年，有的传承上千年，而多数也有500年左右，突显了福建原生态村落体育文化发展历史之久。其实，福建原生态村落体育文化在历经数百年，甚至千余年的发展历程中，并非都是一帆风顺的，大多数项目都经历了"几度风雨几度春秋"的波折发展历程。在不同的历史时期，民间传统体育文化伴随着传承主体——人的需要，以及社会发展需求而不断调试自我，突显了民间传统体育文化的被选择性和工具性特征，在被选择和被运用的过程中，民间传统体育文化增强了自我的适应性，也考验了其内涵价值，使其能够在不同的社会环境中存续，铸造了其强劲的延展性。

通过文献调研和实地考察得知，福建地域虽为中国的南方城市，但在近1000多年来也是一直经受战争、斗争等的洗礼，使得福建社会的发展历经多重考验。在农民斗争及一些大型的战争中，社会的生产、人民的生活、相关习俗等方面都受到一定程度的影响，福建原生态村落体育事项的发展同样逃脱不了这种社会境况的干预，因为福建原生态村落体育文化其实就是社会的产物。这些民间体育事项主要在五种场域中被型构起来，第一是战争的延续与转型的产物，第二是宗教祭祀催生的事物，第三是宗族祭祀建构的事项，第四是习俗所衍生的身体运动文化，第五是在广大民众的生存、生活中所创造的身体活动。这些体育事项都是在不同的社会境遇中产生的，也型构了福建原生态村落体育文化的社会特质，必然离不开社会的发展。

在实地考察中，发现福建原生态村落体育文化都存在发展变化情况，如莆田仙游枫亭的游灯民俗体育活动。从这一个案例中可以看出，原生态村落体育的发展经历了社会的洗礼，在社会发展的前提下进行传承，并随着社会的变更调试自身的演进。在千余年的发展历程中，可洞悉原生态村落体育文化并未因为社会的起伏波折而消退，反而在当下社会始终保持原真性而得以兴盛，说明这种农耕文化催生的原生态村落体育具有重要的文化底蕴，在广大民间社会拥有深厚的民众基础，也体现了广大民众对民间传统体育文化的认知与情感，使其被赋予了强劲的生命力和延展性特质。在福建的宋江阵活动、沙江的曳石活动、珪塘村的三公下水操活动、正达村的盘古王戏水活动、吕厝村的送王船活动等福建原生态村落体育项目的实地考察中，相关活动传承人士的表述，皆突出这些项目的发展都是经历了洗礼，并在当下社会中一直传承着，试图体现福建原生态村落体育文化所具有的延展性特质。

(四) 民族性特征

民族性是指原生态村落体育文化中所体现的包括语言、文字、历史等在内的文化认同。优秀传统文化对于一个民族的发展具有积极的影响，因为在这些文化中所折射出的民族精神、民族历史、民族习性等是田民族的历史记忆及存续根本。福建原生态村落体育文化是在中华民族的历史发展中被孕育的，是炎黄子孙身体存在的一种历史记忆，凝聚了不同历史时期人们的辛勤智慧。这些民间传统体育文化诸多是战争、习俗、宗教、宗族等文化所催生的产物，其中不乏精神、信仰、礼仪等交织在一起，体现了不同时期广大民众的历史心性，以一种小历史建构或呈现了大民族文化特质，同时也与西方体育形成对照。

福建原生态村落体育文化是在中华大地上土生土长的民间传统体育事项，是中华民族某个历史时期特殊的产物，因此也造就了这些民间传统体育特有的民族性特征。明朝中叶，福建地域深受倭寇的侵扰，广大民众生活在水深火热之中，甚至面临灭族之灾。在这种悲惨的历史境遇中，福建沿海一带民众在俞大猷、戚继光等抗倭英雄的带领下，进行了长期的保家卫国斗争。在大小数百次斗争中，产生了许多民间传统体育项目，如沙江曳石活动源自戚继光的一次空城计，民众为了纪念这次保家护院战斗的胜利，在每年的中秋之夜举行曳石活动。戚继光在闽南一带抗倭斗争中，面对倭寇的利刃，根据闽南地形、藤牌器具、民间尚武风气等条件，创造了宋江阵，并在之后的郑成功收复中国台湾地区、雅克萨之战、抗英斗争、抗日斗争中展示了民族尚武精神。俞大猷的俞家棍法是在李良钦的棍法基础上，根据倭寇武术技法创造形成的。莆田涵江前村的打铁球活动也是为了庆祝抗倭胜利而开展的身体运动。泉州南安丰州桃源村的蛇脱壳阵法也是其先祖抗倭所创之武术阵法，如此等等，都是中华民族抵御外族的历史记忆，具有强烈的民族精神和尚武精神。

建瓯的挑幡活动是从郑成功的军旗衍化而来的，安海的抓鸭活动是郑成功训练水师的方式之一，厦门地区的博饼活动是郑成功军事体育游戏之一，宋江阵被郑成功当作驱逐荷兰侵略者的武器，这些都无一例外地表现出福建原生态村落体育文化的民族性特征，是我国其他地域所不具备的。当然也有一些具有普遍性的，如龙岩姑田的游大龙活动、龙岩庙前的红龙缠柱活动、永泰梧桐镇埔埕村的橡板龙活动、三明宁化县太华镇华溪村的稻草龙活动、三明永安市上坪的龙角舞活动等，与龙图腾文化相关的民间传统体育事项，似乎都在说明华夏子孙是龙的传人，这些项目具有浓郁的民族象征意义。福建地域的民间传统体育文化与中国的道教有着密切关联，甚至衍生或者寄生在这些乡土宗教的祭祀活动之中，如因王爷信仰而生成的送王船活动，因保生大帝信仰而产生的蜈蚣阁活动，因临水夫人信仰而形成的奶娘踩罡活动，因妈祖信仰而形成的妈祖民间传统体育等，表现了福建原生态村落体育文化的民族宗教特质，以民族的特性区别于外来宗教信仰。

（五）艺术性特征

原生态民俗体育活动历经数百年，甚至是千余年的岁月洗礼而经久不衰的现实说明其具有独特的设计艺术。① 诸多民间传统体育事项并非凭空被建构出来，或多或少都可以在当时社会中找到一个相似的模型，正是这个生活中的模型具有一定社会存在意义，才被人们认可接受，并建构出多种多样的民间传统体育事项。在早期社会，民众的休闲娱乐方式并不丰富，这些民间传统身体运动的展演不仅传递一种历史记忆，表达一种特殊的民族性情，以及广大民众的历史心性，而且久而久之也成为广大乡土民众的一种休闲娱乐方式。这些娱乐方式往往又是源自身体运动本身所具有的艺术美，虽然这种艺术性较之今天多样化的娱乐生活已经暗淡失色，但至少在当时的社会背景下，这种民间身体运动可以称得上"地域一绝"，是地域较为经典的文化象征和身体表达。

福建原生态村落体育文化的艺术特征往往都是在活动器材、活动仪式等方面的设计基础上，通过身体展演的形式传递给观者。在实地考察中，福建原生态村落体育的展演现场，每年都保持人潮涌动的场面，少

---

① 参见郑敬容、郭学松《枫亭民俗体育"菜头灯"的特征及价值研究》，《南京体育学院学报》（自然科学版）2015年第4期。

则千余人，多则十余万人，表现了人们对民间民俗体育艺术性特征的积极认可。在沙埕的台阁（搬铁枝）活动的调研中，活动场面十分壮观，不仅有国内的游客、媒体工作者、学术研究者、艺术家等参与其中，而且还有海外的相关人士参与，进入沙埕的道路被拥堵得水泄不通，而沙埕搬铁枝活动之所以有如此吸引力，得益于其象征内涵丰富，以及精巧的道具设计技艺和展演内容的精心布局。搬铁枝活动道具的设计相当复杂而且精细，既要确保艺术性特征，又要保证参与者的安全，因为参演者要在十米左右的高空平台上展演，场面十分壮观。正因为如此，该项目在诸多场合的展演都获得了一致好评，被誉为"全国少有，中华一绝"[1]。

建瓯的挑幡活动的设计十分独特，并将现代的一些技术动作融入其中，以增添展演技艺的艺术性和观赏性。挑幡活动的技术特征表现了独特的艺术性特征，其所涉猎的技术名称与技术动作十分吻合，同样具有艺术文化的因素。例如，臂扬万马鞭、指擎定乾坤、足登移昆仑、钢指拨千钧、铜掌举九天、铁肩担霹雳、拱手揽明月、玉女拜观音、童子敬如来、妈祖降风云、郑和掌轮舵、莺歌播吉祥、燕舞传如意、芭蕾展英姿、竞划四海船、玩转风火轮、戏耍金箍棒等技术名称。正因这些技术具有独特的艺术性特征，一度在 2009 年央视元宵晚会、CCTV 挑战群英会、全国青运会开幕式等大型场域进行展演，而且还走出国门，在 2015 年泰国国王寿诞庆典演出，突显了福建原生态村落体育文化的艺术美。霍童地区的线狮因特殊的艺术设计和展演魅力而远播国内外，在中央电视台展演、新加坡展演等均获得好评。一言以蔽之，福建原生态村落体育文化之所以能够在国内外不同场域中崭露头角，不仅源自其丰厚的文化底蕴，同样也因为其独特的艺术展演之美。

（六）观赏性特征

娱乐性和观赏性是民族传统体育得以延承的重要因素之一，民族传

---

[1] 参见郑敬容、郭学松《枫亭民俗体育"菜头灯"的特征及价值研究》，《南京体育学院学报》（自然科学版）2015 年第 4 期。

统体育的娱乐性又可分为自娱与娱人两个方面。① 福建原生态村落体育文化的艺术性特征也决定其走出区域社会，并在国际舞台上崭露头角，而这种艺术性必须获得广大观赏者的普遍认可，才能获得观众基础，因此决定艺术性强弱或高低的程度，其实要体现在项目设计本身、身体展演形式和效果、项目的组织运作等方面，最终以表演效果和群众的观赏评价来衡量，那么，观赏性往往也成为一个项目受欢迎的重要影响因素。在早期农耕社会，科技、信息、网络等技术并未普及到广大民众之中，甚至在全社会都未曾出现，在乡土社会中，广大民众的娱乐生活方式非常单调，一台收音机就是获得信息的主要渠道。在农耕之余或节日庆典中，广大民众主要还是依托地域性的娱乐休闲活动，来满足精神生活中的空缺，于是，一些乡土民间的身体运动展演，便成为乡土社会民众最好的选择，而被用于丰富民众的精神生活。福建原生态村落体育文化便成为这种自娱自乐的工具，而得到广大民众的青睐。

随着社会文明化程度的提升，科技社会和信息社会的加速发展，早期那种自给自足的生活方式被打破，乡土社会单一的娱乐方式被改变，许多现代化的休闲娱乐节目进入千家万户，原生态村落体育项目的娱乐观赏性受到很大冲击，那么，为何这些原生态村落体育项目在此等冲击下并未消失，而是十分受欢迎呢？在厦门的送王船活动的实地调查中发现，吕厝村的送王船活动至少可以达到几万人的参与规模，从王船巡游、巡演队出展、整个行程的组织等，皆体现出活动主体的用心良苦，得到了广大社会群体的一致好评。在珪塘村的三公下水操活动的展演现场，水中的激情展演，本来就是一件振奋人心的事情，他们忘我的裸露上体的水中身体运动，引来了数千观众的呐喊助威。此等活动，不仅娱人，展演者在水中上下沉浮，左右倾斜，齐声发力，充满笑声，何尝不是一种自娱，或者自我陶醉？此类影响颇大的活动，在福建地域不胜枚举，能够在今天多姿多彩的社会中，具有如此大的群众影响力，可见福建原生态村落体育文化之观赏性之强。

---

① 参见郭学松《沙江中秋曳石活动的体育价值研究》，《体育文化导刊》2014年第1期。

(七) 依附性特征

节庆是中华民族习俗文化的重要组成部分，同时也是民族文化展示的大舞台，民族文化中所涵盖的衣食住行、社会关系、传统艺术、民间信仰等都能够在节庆的舞台中获得展现的机会，而节庆本身便属于一种文化传统的"储存器"与重要载体。[1] 与中国最为传统的节庆相互融合，节庆为这些身体展演提供平台，是民间传统体育最大的依附性特征之一。福建原生态村落体育文化依托节庆期间展现最突出的依附性特征，这些节庆包括春节、元宵节、端午节、中秋节等，像游灯之类的民间传统体育活动多在元宵节进行，扒龙舟之类的民间传统体育活动多在端午节举行，举火把之类的民间传统体育活动多在中秋节举行，从正月初一到十五，不同村落都要举行各种仪式体育活动来欢庆节日，因此，"在现代社会，要找一个民族的历史遗产，就要找民俗，要找民俗的家门，就要去年节"[2]。

福建原生态村落体育文化多数是依附在一定场域中进行的，重点是在中国较为传统的习俗节庆。像宁德乾源村的斩白蛇活动、宁德沙埕的搬铁枝活动、三明大田的板凳龙活动、三明宁化县太华镇华溪村的稻草龙活动、长泰正达村的盘古王戏水活动、南平枫坡的拔烛桥活动、龙岩姑田的游大龙活动、龙岩罗芳的走古事活动、龙岩苏邦村的上刀梯活动、莆田的枫亭游灯活动、莆田勾边村的九鲤灯舞活动、莆田市涵江区白塘镇镇前村的跳火活动、福州永泰县梧桐镇埔埕村的橡板龙活动等，都是在元宵节庆期间举行的民间传统体育活动；而宁德沙江的曳石活动、厦门的博饼活动等都在中秋节庆期间举行；泉州石狮蚶江的闽台对渡习俗、泉州安海的嗦啰嗹活动和抓鸭活动等在端午节举行。还有一些诸如畲族的打黑狮活动、畲族拳、霍童线狮活动等会在一些特殊的节日中举行。

传统节庆是福建原生态村落体育文化所寄托的最大的展演平台，而一些宗族祭祀、宗教祭祀同样成为推动民间传统体育事项发展的助力。

---

[1] 参见陈奇、杨海晨、沈柳红《一项民族传统体育的文化人类学研究——广西南丹拉者村"斗牛斗"运动的田野报告》，《体育科学》2013年第2期。

[2] 董晓萍：《说话的文化：民俗传统与现代生活》，中华书局2002年版，第233页。

诸如厦门同安的宋江阵活动、赵岗的宋江阵活动、西湖塘的宋江阵活动都会在每年农历二月十二的王审知祭祀期间,到北辰山进行展演,是为了纪念先祖跟随王审知征战的历史。厦门钟山村、钟宅村、石塘村、吕厝村的送王船活动也是在王爷祭日才出来展演,而蜈蚣阁活动则是在保生大帝祭日巡游展演,莆田的打铁球活动在本村宫庙的祭祀上进行展演,宁德的奶娘踩罡活动在临水夫人祭祀中展示,妈祖相关的体育文化则在妈祖祭祀中上演,诸如此类的项目不胜枚举,宗教祭祀成为这些民间传统体育项目展演的重要平台。像畲族的狩猎舞、龙头舞、铃刀舞、打黑狮活动、竹竿舞等多在本族群三月三的族祭中进行表演。总体而言,福建原生态村落体育项目都有一个或多个展演平台,使得这些项目具备了多样化的象征内涵,同时也体现了这些项目依附性的多样化特征。

(八) 农耕性特征

农耕文化是中国数千年历史文化沉积的重要成果之一,具有存续时间长、影响范围广等特质。自古以来,中国社会就具有典型的滥觞于种植的农耕文化特质,其与欧洲社会掠夺式的游牧文化存在着本质上的差异。中华农耕文化在中华文明中发挥着重要作用,体现了地域多样性、民族多元性、历史传承性及乡土民间性等显性特征。这也是如今农耕文化孕育中原生态村落体育文化得以获得生存空间而被推上历史舞台的重要原因之一。[①] 在百余年前,中国工业尚不发达的历史阶段,农耕成为人们生活的重要依托,即使到了今天,农耕仍然被国家视为生存之根本。福建历来有"八山一水一分田"的地理格局之称,也造就了福建耕地有限的历史与现实,因此,福建广大民众对有限的土地资源十分重视,所以也导引了闽南一带的尚武风气与争田、争水而发生的械斗相关,使得这些武术与农耕文化关联到一起,成为农耕文化发展的工具。像畲族、客家的尚武习俗也与争夺生存空间和社会资源有关,其中农耕种植资源的相互争夺是其中之一。

中国是农业大国,在几千年的农耕生活中,人们不仅忙于农耕,在

---

① 参见郭学松等《原生态民俗体育"菜头灯"的农耕文化记忆》,《武汉体育学院学报》2015年第5期。

农耕之余，他们也会将农耕生活中具有代表性的事件，以及与农耕相关的器械、材料，依据一定的方式方法组建成民间的一种休闲娱乐的体育游戏，久而久之便衍化成一种原生态村落体育事项。福建枫亭元宵节开展的菜头灯活动就是中国农耕文化记忆的案例之一。所谓"菜头灯"就是以农田中种植的萝卜、白菜等农作物为原材料，经过雕琢后制作而成，是农耕文化所催生的衍生品，凝聚了劳动人民的辛勤智慧，成为该地域农耕文明的重要记忆。泉州永春德化民间的劈甘蔗，是以农耕收成中的甘蔗为道具，在成人或儿童之间盛行的一种竞技性体育游戏。宋江阵是军事斗争的衍生物，在不断发展演变的过程中，其又与农耕文明相互结合，如其中的锄头、木耙等器械即为农耕时期所使用的农业根植工具。泉州南安丰州桃源村的蛇脱壳阵法是广大乡民在抵御倭寇的过程中，随机将家中务农使用的农具组合起来，根据战场上的阵法转型而成。这些阵法被用于军事斗争，却多数与广大农民的生活关联在一起，其所使用的兵器也是农耕文化记忆之载体。

　　泉州和厦门一带流行的拍胸舞是村民们农闲时期的身体运动方式之一，也是对农耕丰收的一种庆祝方式；三明泰宁新桥乡大源村的傩舞、宁化县太华镇华溪村的稻草龙、龙岩姑田的游大龙、龙岩罗芳的走古事、连城新泉等村的犁春牛、晋江南塘的斗船迎春耕等活动都是对农耕丰收的一种期盼，与农耕文化密不可分。龙岩长汀举林村闹春田活动是客家较具代表性的，且直接与农耕文化相关的原生态村落体育项目，该活动主要在农田中"嬉闹"或娱乐关公爷，以求其保佑今年的农业风调雨顺、五谷丰登。漳州云霄吉坂村的抢土地伯公活动，是将村庙中供奉的土地公请到泥田中，由全村民众进行相互争夺，以表征土地公与土地相结合，而给土地带来灵气，保佑该地域的土地可以获得丰收。对于福建这种耕地有限的区域来说，广大民众更加珍视耕种的效率和效果，于是与农耕文化相关的习俗也成为满足广大民众心愿的重要方式，并通过神人共娱的身体运动呈现出来。

（九）宗教性特征

　　宗教人类学并非仅仅聚焦于信仰与仪式，它还尽力将宗教行为纳入广阔的社会背景中，从而试图揭示宗教、社会、自然界等之间的相互关系。在人类学中，在寻求一般的解释和理论与详细地描述特定民族与实践之间，保持着一种有益的张力。① 可以说，宗教仪式是一种复杂的多元综合体，其中不仅以特殊的仪式象征表现出来，同时又由多种身体运动的共生所建构。宋江阵在宗教祭祀仪式中的出现，体现着中华武术与宗教的相互融合，同时也展示了武术技击的护卫功用，其同样具有多种象征意义。宋江阵在乡土宗教仪式场域的出演，使其被赋予了特殊的象征，因为象征的另一重要源泉是宗教。"在人类创造的各种文化形式中，宗教和文学恐怕是历史上最能潜移默化大众心灵的两种形式。"② 宗教象征具有凝聚共识与认同的作用，宗教认同往往是人群联系（affiliation）的重要方式，并由此产生具有归属感的社群。③ 韦伯（Weber）认为农民的民间宗教也有一个同样的倾向。多数农民与自然是休戚相关的，强烈地依赖于有机体的成长和自然活动，以至于他们总是"对巫术顶礼崇拜"。他提出，文化的类型越是农民化的，农民群众就越有可能追随一种"传统"的类型，也就越有可能缺少"伦理的理性"；他们还是相信万物有灵论和参加仪式的巫术活动。④ 在中国乡土社会中，乡土宗教之所以如此兴盛，大概也与此休戚相关吧。

莫斯（Mauss）更是强调身体与宗教之间的相互联系："我明确相信，我们的所有神秘状态的根源，都有身体的技巧，我们还未曾研究他们，但在中国和印度已经得到充分研究，并且从遥远的时代起就开始了。"⑤ 在盛行祖先崇拜的地方，这种神之子就可能成为伟大的领袖或战士或著名个人的灵魂。例如，蒙古人把伟大的成吉思汗及其家族崇拜为善神。中国人声称，木匠和建筑者把很久之前生活在山东省的著名技术家鲁班

---

① 参见［英］菲奥纳·鲍伊：《宗教人类学导论》，金泽、何其敏译，中国人民大学出版社2004年版。

② ［德］比德曼：《世界文化象征辞典》，刘玉红等译，漓江出版社1999年版，第5页。

③ 参见 Larsen, "Belonging: the Experience of Culture", in *Belonging: Identity and Social Organiza-tion in British Rural Cultures*, Manchester: Manchester University Press, 1982。

④ ［英］布林·莫里斯：《宗教人类学》，周国黎译，今日中国出版社1992年版，第98页。

⑤ Marcel Mauss, "Body techniques", *in Sociology and Psychology*, London and Boston: Routledge and Kegan Paul, 1979, p. 122.

尊为自己的保护神，把关帝尊为战争之神，他是汉朝的杰出战将。[①] 在福建地域自然也有地方保护神，如闽东的临水夫人信仰、闽中的妈祖信仰、闽南的王爷信仰和保生大帝信仰，一些族群还有自我群体的保护神信仰，如畲族有盘瓠信仰。在这些乡土神祇的信仰，广大民众通过祭祀仪式来实现与神灵的沟通，在实现自我祈愿以外，通过身体展演的形式娱乐神灵。

我们在实地调查中得知，福建原生态村落体育文化都有多重功能，它们不仅在节日庆典中上演，也是一些乡土宗教祭祀的重要内容之一。如厦门多村的送王船活动就是在地域乡土宗教王爷信仰的基础上开展起来的，其中也有舞龙舞狮、宋江阵、大鼓凉伞等民间传统体育活动。漳州、厦门地区的保生大帝信仰，催生了蜈蚣阁活动，并在保生大帝祭祀之日出来演出。北辰山王审知祭祀仪式中，同安郭山村的宋江阵、西湖塘的宋江阵、赵岗的宋江阵等都会到场进行展演，以示纪念先祖跟随王审知征战的历程。漳州长泰正达村的盘古王戏水活动就是由盘古王祭祀仪式而衍化出来的身体运动项目。宁德屏南双溪乾源村的斩白蛇活动是根据陈靖姑生前斩妖除魔的"事迹"而改造成的民间传统体育事项。三明沙县际核村的跑天王活动、漳州云霄吉坂村的抢土地伯公活动、长泰珪塘村的三公下水操活动、平和县高坑村的走水尪活动、龙海林前村的屃水神活动、龙岩罗芳的走古事活动、莆田梧塘镇松东村的抬神踩火活动、莆田涵江前村的打铁球活动、仙游县枫亭镇麟山村的皂隶舞等，都是与乡土民间祭祀仪式交织在一起的，有的直接是由这些祭祀仪式中的身体运动衍化而成的，有的则是寄生于这些祭祀仪式之中，成为酬神的工具。总之，福建原生态村落体育文化或多或少都与乡土宗教的祭祀仪式有关，这也与福建乡土多神信仰的现实有关，形成了福建原生态村落体育文化的宗教性特征。

（十）宗族性特征

宗族是由父系血缘关系所建构起来的各个家庭单位，是在祖先崇拜

[①] 参见［英］爱德华·泰勒《人类学——人及其文化研究》，连树声译，上海文艺出版社1993年版。

及宗法观念的规范下生成的社会群体，也可将宗族称为家族。无论是宗族还是家族都要注意四个要素：第一体现为血缘系统的人员关系；第二是家庭为基本单位；第三体现了聚族而居或相对稳定的居住区；第四是有组织原则、组织机构及领导人进行管理。① 正如费孝通所指出的，所谓的族是由许多家组成的，是一个社群的社群。② 宗族通常只是村落的一个组成部分，然而，在福建和广东地域，宗族与村落两者有着明显的重叠现象，以致诸多村落只有单个宗族③，如宋江阵存续的郭山村、玉江村等村落。在这些以村落为宗族的群体中，往往都会形成自我独特的族祭仪式，这些仪式的表演，以一种象征的方式实践了崇拜家族祖先的制度化设计，从而维系家族的团结，实现敬宗收族，这是家族祭祀的主要目的。弗里德曼认为"在家族祭祀中，人们与他们'熟知'的逝者或多或少地取得联系，并且通过祭拜的仪式或身体运动能够向他们贡献，可以使其在不同的世界获得快乐。这种祭拜仪式基本上都是集团行为的展示，在那里，村落或社区的权力及地位之结构通过仪式的方式展现出来。在宗族或族群的层面，亲属体系所要求的分化在仪式过程中得以表达和强化"④。这些族祭的仪式展演内容是实现这些目标的重要方式，作为地域化象征记忆的福建原生态村落体育文化往往成为族祭的主要构成部分。

福建目前所形成的人口格局是由早期中原地带多次移民与福建闽越族群共同构建的共生体系，这些后期迁入的广大移民群体多数定居在闽南一带，且多以宗族为共同体开垦某一地域，逐渐形成了以某一姓氏为主体的特殊的宗族村落。这些宗族式的村落不但将早期祖先所传承的习俗带到福建，同时在宗族繁衍的过程中，又结合地域文化特色，逐渐形成了具有宗族象征特性的村落地域文化，同时又在相关族祭展露与宗族

---

① 参见冯尔康等《中国宗族史》，上海人民出版社2008年版。
② 参见费孝通《乡土中国》，生活·读书·新知三联书店1986年版。
③ 参见［英］莫里斯·弗里德曼《中国东南的宗族组织》，刘晓春译，上海人民出版社2003年版。
④ Maurice Freedman, *Lineage Organization in Southeast China*, Longdon: The Athlone Press, 1958, pp. 90 – 91.

群体相关的特殊文化,如漳州云霄吉坂村的抢土地伯公民俗体育活动就是其族人从河南地域随迁而入,在发展的过程中又融合了福建的地域文化。但也有部分习俗是在既定社会环境中被创造出来的,如闽南一带所盛行的宋江阵武术文化,是一种福建土生土长的民间体育事项,具有特殊的地域文化象征意义,并在部分宗族延续中发挥了积极作用,被村落族群视为一种宗族文化的遗产而获得重视。

福建漳州珪塘村的三公下水操活动以叶氏宗族为主要活动主体,珪塘村分为珪前和珪后两个村落,几乎都是叶姓群体,毗邻的锦鳞村也以叶姓为主,无论是三公下水操中的犁神环节,还是火把巡游部分,主要参与者均为叶氏群体,因为,这是为了纪念先祖们的丰功伟绩,而导演出的仪式体育行为。龙岩连城庙前村的红龙缠柱活动在江氏宗祠中举行,参与者也多是江氏一脉,并以客家群体为主。闽南的宋江阵武术文化也是以宗族为开展单位,如赵岗村宋江阵以王姓为主、郭山宋江阵以郭姓为主、沙坂宋江阵村以陈姓为主,如此等等,都说明这些乡土民间传统体育的开展依托宗族为主要传承载体。宁德金斗洋的畲族拳、猴盾村的龙头舞、漳湾雷东村的狩猎舞、罗源八井村的八井拳等都是以畲族某一姓氏为单位传承和开展的。当然,也有一些早期以宗族为单位,后来因人口流动,外地人嵌入,从而形成了杂居现象,在传统门户观念逐渐改善之后,这些人自然也逐渐融入相关活动之中,形成了多姓氏参与的境况,如翔安茂林村的宋江阵活动。

(十一) 军事性特征

福建因远离华夏政治文化中心,所以自古以来,其战事较少,但这并不意味着福建没有战事,其中不乏国内的割据战争,抵抗外来侵略的战争。如汉武帝平闽越,孙吴对闽中用兵,陈文帝伐陈宝应,隋文帝征王国庆,陈元光与土著居民的战争,南唐灭闽,元军追歼南宋端宗政权,明军消灭陈友定势力,郑成功抗清,太平天国运动,辛亥革命,北伐战争等,皆在福建地域留下了深刻的军事历史记忆。福建不仅是国内征战的场域,同时也是国外列强的重要入侵地。明代中叶以后,随着世界资本主义的发展和海洋战略的兴起,中国屡遭资本主义列强的侵略,福建进行抗倭、抗葡、抗荷、抗英、抗法、抗日战争，成为保卫中国东南的海防要地。① 除此之外，福建各个地域的农民起义斗争也是风起云涌，大大小小也有数百次之多。在早期的冷兵器时代，战事不仅需要兵器，更需要精通武术和阵法的人士参与其中，以确保战斗的胜利，正因为如此，福建地域习武风气十分兴盛，产生了很多武术拳种，一直流传至今。

　　福建是南少林的故乡，南少林武术是福建南拳的重要派系，而南少林武术虽为禅宗寺院之武术派系，但在福建历史上，也曾被用于战斗场域。在俞大猷抗倭时期，南少林武术就曾被用于抵御倭寇的战斗之中②，在反清复明运动中南少林武术成为斗争工具，同时也是后期郑成功收复中国台湾地区的利器，当然，南少林武术在近代太平天国运动、辛亥革命、抗日斗争中都留下了斗争痕迹。③ 可见，南少林武术经历数百年的战争洗礼，已经具有浓郁的战争特征。闽台宋江阵是闽南和中国台湾地区最为特殊的武术阵头，衍生于戚继光抗倭的鸳鸯阵，并在南少林反清复明、郑成功收复中国台湾地区、鸦片战争、抗法战争、近代抗日战争等场域中展示了传统武术的技击功用，即使在今天的宋江阵操演中，阵头参与者所演练的阵法、一招一式的对练等仍表征出早期的战斗痕迹。

　　在冷兵器时代，传统武术被作为军事战争的重要工具而得以彰显其技击特质，但军事战争所遗留的民间传统体育文化，并非仅仅局限在武术的范畴之中。如沙江曳石活动就是早期戚继光在福宁府抗倭之时，根据军事情形，在中秋之夜运用曳石活动迷惑倭寇，造成满城皆兵的情形，最终在兵力空虚的情形下，使得福宁府城得以保全④，为此，这项活动便与抗倭斗争关联在一起。赛海马活动同样被戚继光用于行军之中而使其具备了军事战争的特性。⑤ 枫亭的游灯活动也曾被戚继光用以布疑兵，使

---

① 参见福建省地方志编纂委员会《福建省志·军事志》，新华出版社1995年版。
② 参见孙宇《福建南少林武术与明代抗倭战争的关系研究》，硕士学位论文，福建师范大学，2009年。
③ 参见郭学松《南少林武术与反帝反封建运动关系研究》，硕士学位论文，福建师范大学，2011年。
④ 参见郭学松《沙江中秋曳石活动的体育价值研究》，《体育文化导刊》2014年第1期。
⑤ 参见陈上越、郭学松《赛海马研究》，《体育文化导刊》2013年第5期。

得戚家军旗开得胜。① 泉州安海的抓鸭活动是郑成功用以训练水师所采用的一种训练方式,后转化为民间传统体育运动;厦门的博饼活动是郑成功军中的体育游戏;建瓯的挑幡活动是由郑成功反清复明中的军旗行动衍化而成的。无论是直接参与军事战争,还是成为军事战争的辅助手段,这些民间传统体育项目都镌刻了战争的痕迹,凝结了战争文化的烙印。

(十二) 模仿性特征

模仿(imitate)是人类社会俯拾皆是的社会现象,主要是指个体或群体自觉或不自觉地重复他人或群体行为的过程。"那种源于柏拉图的'模仿'(mimetsis)的权威观点,总是把一个基本的人类行为排除在受模仿影响的类别之外,即欲望(desire)。"② 在柏拉图的哲学理论中,模仿是一个重要的、应用十分宽广的学术词语和社会现象,诸如行为方面的效仿,哲学家们的不懈追求,政府部门的一些工作,乃至整个自然界的形成,都毫无例外地呈现着模仿的原则与效应,可以说,我们生活的世界中,"模仿"无处不在、无时不有。在身体运动的社会层面,模仿的痕迹更是清晰可见。诸如白鹤拳、鹤拳、猴拳、地术犬法、罗汉拳、螳螂拳、牛拳等乡土武术拳种都是对模仿对象的高度模仿。

模仿性是中国众多民俗体育项目产生及变迁的重要因素之一,其中包括其源起中对军事战争、狩猎活动、生产劳动等的模拟,以及在后期的传承过程中,为了适应社会的发展而模仿其他一些人类社会活动而产生的身体运动。建瓯的挑幡活动的源起是模仿郑成功军事战争中军旗的运动,在其发展过程中,经过民间艺人长年累月的摸索和创造,将民俗艺术、民间杂耍、传统杂技等社会活动中的身体运动进行改造,融入挑幡活动之中。如"玩转风火轮"的技术。③ 在珪塘村的三公下水操活动

---

① 参见郭学松等《原生态民俗体育"菜头灯"活动的农耕文化记忆》,《武汉体育学院学报》2015年第5期。

② René Girard, *Violence and the Sacred*, translated by Patrick Gregory, Baltimore: The Johns Hopkins University Press, 1972, p. 2.

③ 参见郭学松、陈萍《民间体育挑幡运动的文化表达与存续之道研究》,《南京体育学院学报》(自然科学版)2017年第3期。

中，水中犁神环节是对当年崖山海战，陆秀夫背帝跳海后与元军搏斗情形的一种高度模仿，或者是历史场景的再现，正是这种场景的再现，仿佛又勾勒出人们对崖山海战历史场景的回忆。这种由身体运动而储存的记忆，一时间成为乡土民间精神教育的重要方式。

宋江阵活动以戚继光抗倭斗争为型塑基础，在后期水浒英雄的民间影响作用下，成为水浒英雄的存续场域，这源自对水浒英雄的高度模仿。当前宋江阵的诸多人物模仿，及其所体现的象征文化均以小说《水浒传》为版本，在这本著作中所反映的人物形象有着统一的劫富济贫、爱憎分明等特征，同时也存在因个体性格、出生等因素而形成的差异性。虽然这部通俗化的作品诸多以虚拟的人物为版本，但是，在当时的社会情境中，这种构建出来的人物皆可以找到相关人物或者其所反映的社会镜像。如作为《水浒传》义军领袖的宋江，以反对强暴与贪官污吏，而同情人民疾苦的形象存在。也正是因为他喜好"济人贫苦，周人之急，扶人之困"，故时常被称为"及时雨"。在这一层面上，十分明显地，他成为及时出手相援、扶危解困的侠义之士的象征。宋江出身地主家庭，本身原为"刀笔小吏"，他有着浓厚的正统观念和忠君思想[①]，也造就了其革命的不彻底性及抗争的妥协性，最终使得这次轰轰烈烈的"起义"事件流产。在宋江阵活动中，头旗的守护者被视为宋江的人物象征，是整个队伍的核心人物，扮演宋江角色的人物需要具有一定的领导能力和组织能力，能够统帅整个宋江阵队伍，一般选择村里较有威望且精通武艺的男性人士担任，其不仅是整个队伍的指挥者，同时也是村落形象的象征与代表。

（十三）群体性特征

福建原生态村落体育文化多源自乡土社会，或者至今仍扎根于村落之中，这些项目多数由广大人民群众所创造，并为广大人民群众所传承，同时也服务于广大人民群众的生存、生活、生产等方面。一般认为，原生态村落体育属于群众性体育，由特定的群体发明或创造，并服务于某一特定的人群，当然，随着社会流动性的发展，如今的原生态村落体育

---

① 檀明山：《象征学全书》，台海出版社2001年版，第204页。

已经开始走出固定的群体，并面向全体社会成员开放，服务于能够触及该项目的所有群体。所以，这种固定群体的范畴在不断延伸，也突显出原生态村落体育的社会功能在不断增强。

在厦门的吕厝村、钟山村的送王船活动的实地调查中得知，这种仪式性身体运动的传播范围是在不断拓宽的。早期这些活动一般都在本村中开展，并且由某一姓氏主持或轮换，最多也就是在毗邻同姓氏的村落中开展，服务的群体十分有限。如今，吕厝村的送王船活动已不再局限于某一姓氏的参与，而是一场全民性运动，其中不乏海内外同胞、侨胞等群体参与其中，但是，我们要说明的是，礼仪主持的核心成员仍然是吕厝华藏庵送王船理事会的成员，这种主持群体和参与群体，虽都为群体，却存在对核心内涵掌握程度的差异性。如珪塘村的三公下水操活动，只有本族群的人员才能参与到水中犁神的身体展演，这种群体是固定的，这也是一个群体的习俗。在举火把环节，也是只有锦鳞村的叶氏群体才能参与，但在2016年，笔者通过沟通也曾参与到该活动环节，说明这种活动的群体范畴，也有可能在不断扩展。

本研究目前所收集到的有关福建原生态村落体育文化项目，多数为村落群体共同参与的事项，或者由村落某一姓氏为主体的成员参与，是一种集体性身体行为。诸如正达村的盘古王戏水活动、沙江的曳石活动、闽南的宋江阵活动、闽南的刣狮活动、姑田的游大龙活动、罗芳的走古事活动、举林村的闹春田活动、建瓯的挑幡活动、乌坑村的打黑狮活动等，都是由一些固定或不固定的群体来操练的，这些群体有宗族的，也有多姓氏的，他们以某一原生态村落体育事项共同构建了一个共生体，并使得这种共生体发挥其特殊的社会效应。即使是一些传统武术拳种，也有固定的传承群体，要么是门派，要么是家族，要么是武馆，他们同样构建了以某一武术文化为中心的群体。总之，福建原生态村落体育文化是从某一群体为核心的群众性体育，其服务群体逐渐由早期的固定群体向全社会广大民众转移，突显了这些民间体育事项的功能转移，以及由此而形成的民间传统体育的社会化普及和推广。

（十四）仪式性特征

人们按照他们自己的形象创造了神，而在造神运动中，神也成为祭拜的主要对象，并形成了形式各异的祭祀仪式。"仪式是把群众会聚在一起的黏结剂，如果这种黏结剂不存在了，那么这些群众便会陷入混乱。"[①] 仪式是按照计划进行的或即兴创作的一种表演，通过这种表演形成了一种转换，即将日常生活转变到另一种关联中，而在这种关联中，日常的东西被改变了。[②] 正如表演理论家谢克纳（Richard Schechner）大量引用特纳的论著，试图揭示不同种类身体表演之间存在的联系，他指出游戏、体育、戏剧艺术和仪式之间共存一些基本的品性。它们的展演或多或少都需要具有一种特殊的时间秩序，并且被附属于其他物体的某种独特的价值，而且常常在一个特殊的地点进行表演。[③] 福建原生态村落体育文化与宗教、宗族、节庆等习俗相互融合，逐渐形成自我的展演仪式过程和象征意义，并在特定的时间和地点上演。仪式是一种由文化来建构的象征性交流，仪式在建构特征上是表演性的[④]，是由社会来规范的、重复性的象征行为，时常也在自身具有特殊象征意义的特定场域及特殊时间被上演[⑤]。仪式中充满了象征符号，或者干脆地说，仪式就是一个巨大的象征系统。[⑥] 每一个仪式都是象征化的并再生产出其创造性。所以，仪式与象征的技能紧密地联系在一起。[⑦]

在漳州沙坂村的宋江阵活动调研过程中发现，沙坂村的宋江阵活动以供奉的田都元帅为主要保护神，阵头出演一般在族祭、大型活动、节庆等仪式活动中，一直以来都保存着较为完整的仪式过程，其中包括"前阈限"的科仪仪式、"阈限"过程中的阵头展演仪式及"后阈限"的谢馆仪式。在"前阈限"的科仪仪式中，沙坂村的宋江阵活动在每次出

[①] ［英］布林·莫里斯：《宗教人类学》，周国黎译，今日中国出版社1992年版，第149页。

[②] 参见 Alexander, Bobby C, "Ritual and current studies of ritual: overview", in Stephen D. Glazier, ed., *Anthropology of Religion: a Handbook*, Westport, CT: Greenwood Press, 1997。

[③] 参见 Richard Schechner, *Performance Theory*, New York and London: Routledge, 1994。

[④] 参见 Schechner, S. J. Tambiah, *A Perfomative Approach to Ritual*, Proceedings of the British Academy, vol. 65, 1981。

[⑤] 参见 D. I. Kertzer, *Ritual, Politics, and Power*, New Haven & London, 1988。

[⑥] 参见彭兆荣《人类学仪式的理论与实践》，民族出版社2007年版。

[⑦] 参见 J. E. Cirlot, *A Dictionary of Symbols*, New York: Philosophical Library, 1971。

行前都要举行一定的仪式,主要祭拜相公爷——田都元帅。在祭祀中,所有宋江阵队员及参与活动的人员在宗族长者的张罗下,举行鞠躬、进香等科仪,他们始终相信这种信仰崇拜的祭祀能够使他们"出师平安且战无不胜"。这种祭祀活动在早期军队出征前也时而有之,其寓意也有雷同之处。田都元帅祭拜仪式结束后,宗族长者将主持饮酒仪式,有"歃血为盟"之形态。在饮酒仪式中,所有的宋江阵参与者依次饮用同一碗白酒,并蘸白酒于头部、四肢,请神明赐予他们勇气和神力。从这种仪式过程中可见人们对信仰的一种虔诚度,也直观呈现了人们对祖先所遗存的传统文化的认同。在饮酒仪式之后,宗族长者将高举法器——牛角檀及香炉举行一种特殊的信仰科仪仪式。宗族长者左手持香炉,右手持牛角檀,依照队伍顺序依次从每个出行的宋江阵队员头上绕过,队员们屈蹲迎合。这种仪式的主要目的是为了驱邪避煞,与宋江阵兵器及道具上张贴符箓之功能相仿。在这些仪式结束之后,所有参与宋江阵展演的队员将依次从放置在门口的牛角檀和香炉上跳过,在热身后进入宋江阵活动的身体展演环节。

珪塘村的三公下水操活动在水中犁神和火把巡游的环节之前都要进行相关仪式,如水中犁神之前,要用投圣杯的形式将三公爷请到辇轿之中,然后给三公爷洗刷一番,等到预定的时间到了才能举行水中犁神运动。正达村的盘古王戏水活动的仪式与三公下水操的仪式较为相似,但是其还增添了到山上的庙中去参拜菩萨,以及在村中游神等活动环节。畲族的狩猎舞在展演之前要祭拜族群的先祖,在一番科仪之后才进行展演;石塘村的送王船活动不仅进行宗教科仪活动,还要进行宗祠的祭祖科仪活动。诸如此类的仪式性行为,在福建原生态村落体育文化的展演场域中较为普遍,只要与乡土宗教、宗族、节庆等相关的民间传统体育活动,在活动期间一般都要进行相关的仪式活动,突显其仪式的信仰主题。

二 福建原生态村落体育文化的特征成因

福建原生态村落体育事项有百余项之多,这些民间传统体育事项的发展历史各不相同,从传承时间来看,有的项目是从近代才开展起来的，有的项目则有上千年的发展历程，多数项目传承时间在500年左右。从福建9个地级市的项目情况分析，每个地域的数目不等，类别也有所差异，主要以传统武术、民俗体育、体育舞蹈等几种类型为主。每个地域的项目文化内涵又多与该地域的政治、军事、生产方式、习俗、信仰、宗族、经济等多个方面相互关联，所以，也促进了福建原生态村落体育文化的多样性和多元化特征的形成。这些民间传统体育文化所体现的每一个特征背后，或多或少地都存在一种或一些影响因素，或支撑条件。深入研讨福建原生态村落体育文化特征的形成因素，将使得我们更加清晰地认知这些项目是如何起源、如何发展，以及如何发展成今天这种态势的。为此，本研究在大量实践工作的基础上，根据所见、所闻、所思，从社会、经济、文化、军事、宗教、宗族、历史等多个视角与层面进行综合分析，以期能够较为全面系统地阐释形成福建原生态村落体育文化特征的因素。

（一）社会因素

社会是一个复杂的关系和结构体系，是由人类和社会现象所共同编织的网络结构，其中涉及生产、消费娱乐、政治、教育、经济、文化等诸多方面，因此，社会也附属了多样化功能。如社会是一种交流的场域，具有交流功能。社会是由无数个个体组织起来所共同构建的，因此，其在文化整合、规范整合、意见整合及功能整合等方面发挥着作用。社会在某些方面具有一定的导向功能，并依赖于一整套行为规范而被型塑，同时社会还具有继承发展、自组织调节等系列功能。社会是一种抽象的范畴与场域，我们当前的一切都在这种场域中发生、存在、发展与延续。福建原生态村落体育文化也是在社会这种场域中被建构起来的，是某一历史时期社会的产物。

我们在诸多福建原生态村落体育文化调研期间，发现受访人士均谈到，在不同的社会背景下，民间传统体育文化的存在及发展都是不一样的，最多谈及的是"文化大革命"的社会环境对民间村落体育文化发展的影响。在枫亭的游灯活动的实地考察中得知，该活动传承至今已有千余年的发展历程，历经宋元时期、明清时期、近代社会、"文化大革命"

时期、改革开放至今几个阶段。① 在不同历史阶段的发展过程中，其实我们可以较好地审视，作为一种民间传统体育文化，其如何在社会变迁过程中，从抗争到适应，再到融合的不同发展境况。从这种微众文化的发展历程中，我们又可以进一步审视其中所折射出的社会关系、社会群体及社会生活的演变等。② 然而，总体来看，诸如此类的民间体育文化又必须存续于社会之中，它们与社会之间是互动关系，社会变迁为此类民间体育文化的变迁提供了"温床"，民间体育文化又反过来推动社会变迁。③ 枫亭的菜头灯活动的变迁总是在一定的社会环境中发生，始终与社会的变迁保持同步，同时也是通过作用于作为传承主体的人，最终服务于社会的变迁，诚如"价格"随着"价值"上下波动的变迁规律形式一样，即这种文化随着社会环境的变迁而呈现出上下波动的基本规律。④ 从中可以发现，福建原生态村落体育文化的延展性特征、原真性特征等都与社会相互关联。

（二）经济因素

经济作为文化的基础，其具体的存在是统一于人和社会运动之中的。也就是说，不管是从社会总体来看，还是从个体的活动情况入手，经济其实都是一种必要的因素，为文化提供基础的支撑。这种基础作用，不仅是静态的，也是动态的，在人生和社会运动的全过程中都体现着。⑤ 事实上，经济与文化之间的关系早已被证实，它们之间存在着一种辩证统一的关系，经济是社会发展、国富民强的重要指标，其中不仅涉及物质的领域，同时也内含了文化的内容。文化是社会发展中文明进步元素的积累，在社会主义市场经济的各个领域都有具体表征，同时也是推动经济发展的助力。经济与文化的关系统一于国家这个想象的共同体之中，

---

① 参见郭学松等《原生态民俗体育"菜头灯"活动的农耕文化记忆》，《武汉体育学院学报》2015年第5期。

② 参见司马云杰《文化社会学》，中国社会科学出版社2001年版。

③ 参见郭学松等《民俗体育"搬铁枝"活动的变迁研究》，《宁德师范学院学报》（自然科学版）2015年第2期。

④ 参见郭学松、方千华《乡土村落武术的变迁规律：畲族八井拳的格言研究》，《体育成人教育学刊》2016年第4期。

⑤ 参见刘永佶《经济文化论》，中国经济出版社1998年版。

服务于国家的发展规划。民间传统体育是中国传统文化的一个组成部分，与村落社会经济乃至区域社会经济都有着密不可分的关系。

原生态村落体育活动是一种身体运动，从事这种身体运动需要充沛的精力和体力来完成既定的运动内容。那么，要解决精力和体力问题，必然会涉及经济问题，就像目前很多人在谈全民健身意识、全民健身路径等方面的问题时，时常会谈起"温饱都没有解决"，这些也始终只是某一部分人的一厢情愿而已。只有我们的经济发展达到一定的水平，广大民众解决了"温饱"问题，他们才会更多地关心一些健康问题，当你还在为了一套房子日夜工作的时候，当你还在为了一日三餐犯愁的时候，试想，谁还会去关心全民健身、举国体育，这些也只是空中楼阁。在乡土社会何尝不是这样，当广大民众衣食无忧之际，他们才有更好的精力、体力去开展与传承这些民间传统体育活动。从传承主体——人来说，面对日益竞争激烈的社会环境，他们需要解决最基本的生活保障，才能更好地从事文化保护、传承与创新。

早期原生态村落体育事项的开展往往都是在村民们自愿自发的基础上进行的，并不需要耗费多少物质财富，应该说，在当时娱乐休闲活动尚不丰富，以及交通、通信信息并不发达的社会情境中，民间传统体育活动是非常受广大村民喜爱的。但是随着社会的发展，民间传统体育的发展却与经济开逐渐关联，像枫亭的游灯活动，每年需要投入十多万元的经费，包括组织策划、劳务费用、道具费用等，这样所承办出来的活动往往能够征服观众，体现出了较好的艺术性和观赏性。像沙埕的搬铁枝活动、厦门的送王船活动、建瓯的挑幡活动等集体性活动，又在不断追求创新的思想观念，少不了投入一笔可观的费用，假如没有这么多创新和构想的仪式呈现，那么，在当前娱乐休闲多样化的社会中，福建原生态村落体育文化的吸引力将大打折扣，社会效益也将受到影响。反过来观之，正是这些基础性的投入提升了活动的知名效应，慕名而来的相关人士带动了地方经济社会发展，为区域招商引资提供了机遇。在这个过程中，经济成为基础，文化成为载体，最终都是服务社会的发展。

（三）文化因素

文化是一个范畴非常宽泛的概念，它是人类在社会历史发展过程中持续创造出来的物质财富与精神财富的总和。福建原生态村落体育文化也存续于文化范畴之中,更加趋向于传统文化的范畴,但原生态村落体育文化在源起、发展、传播的过程中,又与宗教、宗族、节庆、战争等文化关联在一起,使其具备了多样化的特征。像闽东的赛海马活动是沿海民众用以淘小海的生产方式,在戚继光抗倭过程中被用于军事战争,使其具有了军事特征;枫亭的游灯活动是由早期民众对火的崇拜而衍化成的点灯习俗,在抗倭斗争中,戚继光用以迷惑倭寇,使得这些民间传统体育文化具有了军事特征;珪塘村的三公下水操活动是对宋元崖山海战中陆秀夫跳海后,在海中与元军搏斗场景的历史场域再现,如今与村落的庙会相互结合,使其具有了乡土宗教特质;郭山村的宋江阵活动源自于抗倭斗争,之后便在郭氏宗族中传承,在传承中又要祭拜其族群保护神——闻仲,所以,该项目具备了军事、宗族、宗教等特质,诸如此类的福建原生态村落体育项目不胜枚举,说明这些民间传统体育项目是一种文化综合体,其所形成的特征是一种共生文化的呈现。

(四)地域因素

地域是一种空间范畴的特指,每个地域之间存在着地域差异,主要应为建构地域特色的自然要素与人文因素之间存在差异性所致。中华民族以地大物博而享誉全球,在交通、信息等并不是很发达的历史阶段,造就了"五里不同村、十里不同俗"的现实,说明了在这种社会背景下,一个村落、乡镇、地市、省份等皆有自我区域特性,同时也建构出不同的地域文化圈,如齐鲁文化、秦晋文化、巴蜀文化、吴越文化、岭南文化、八闽文化,等等。福建至明代以来,"八闽"就成为其代名词。虽"八闽"之称谓出现的历史并非悠久,但是福建的人类发展史却相当久远。福建地域文化历史非常悠久,并非一些学者所谓的"蛮荒之地""不牧之民"。从"东山人""清流人"和漳州"甘棠人"骨化石的发掘,以及平潭的壳丘头遗址到三明万寿岩所发现的距今约19万年前的旧石器时代的器物,皆说明早在新石器之前,福建就有人类活动的迹象。[①] 正因为福建文化源远流长,才逐渐衍化出如此璀璨的原生态村落体育文化。

---

① 参见林建华《福建武术史》,厦门大学出版社2013年版。

自古以来,在福建,民众为了争夺生存空间及社会资源,民间械斗频繁发生。在无数次的民间械斗中,武术成为重要的械斗工具而得以经久不衰。早期的农业社会,乡土社会中的纷争更多的是以分类械斗的形式来处理问题,特别在闽南地域,争水、争田地的械斗频仍,许多情境中的械斗发生在村落与村落之间,甚至是某一族群与另一族群之间,械斗中的恩恩怨怨又是通过一代代循环往复的械斗来解决的,械斗的结果则以流血牺牲为代价。明清以后,宗族械斗、村落械斗成为闽南突出的社会问题。清雍正皇帝曾就闽南一带的械斗风习颁发上谕,劝导闽南民众戒除械斗恶习。宗族制度与门阀在中国这个地方不是轻易得以解决的小事。① 械斗一般因风水、地界、水源、迎神赛会等纠纷而导致,是闽南家族、宗族和乡族在生产与生活资源争夺上的白热化的处理方式。漳州的诏安、平和、云霄,泉州的晋江、惠安、南安,是械斗多发地区②;而厦门地区地域辽阔,北、南、西与惠安、泉州、同安及小溪接壤的地方是宗族械斗波涌变幻的中心。在1909年独占津渡的械斗中,李姓与初姓宗族经历了数天的械斗。5月6日,平和的军官来到现场,械斗已经停止。③ 中华民国初期,马巷地区有坝上陈、坝上许(今属内厝镇),姓陈的投靠官山,姓许的投靠"六大股",双方械斗持续了18年,无辜村民死了23人。④ 在闽南多地域的宗族、村落械斗中,福建传统武术被视为重要的斗争武器,一度得以兴盛开展。据福建武术专家林荫生教授口述,在早期的村落械斗过程中,村落、宗族习武风俗颇盛,那个时期的宋江阵与民间械斗交织在一起,成为民间非常受欢迎的传统体育项目之一。

(五)环境因素

福建地处我国东南一隅,三面环山一面临海,其自然地理特点表现在三个方面:其一,山岭众多,素有"东南山国"之称;其二,海岸线

---

① 参见[美]腓力普·威尔逊·毕《厦门方志》,中国基督教卫理公会出版社1912年版。
② 参见陈支平、徐泓《闽南文化百科全书》,福建人民出版社2009年版。
③ 参见[美]腓力普·威尔逊·毕:《厦门方志》,中国基督教卫理公会出版社1912年版。
④ 参见林国耀《翔安文史资料》,厦新出(2004)内书第101号2004年版。

绵长，素有"闽海雄风"之称；其三，江河纵横，素有"闽水泱泱"之称。① 福建地域历来有"八山一水一分田"之称的自然环境特点，山多是福建地形地貌的一个自然景观。在山林之中有很多野生动物，促进了福建捕猎文化的形成，如傍山而居的畲族，早期就以狩猎作为生活的来源之一。这些居住在山中或山边的居民，时常也会受到来自山上野兽的侵袭，久而久之，在狩猎和抵御野兽攻击的过程中，一些具有攻防技击的格斗技术被孕育，如八井拳中的五虎围桩、猛虎卧地等。② 因山地而出现的福建原生态村落体育文化，还有闽西一带的打黑狮活动，也与抵御野兽攻击有关，并建构了打黑狮民间体育运动事项。③ 说明这些山地自然环境是一些民间传统体育运动源起的基础条件之一。

　　海岸线较长是福建自然环境的地域化特征之一，不仅使福建海上运输发达，同时也使得福建福州、厦门成为较早的沿海开放城市。这些情形的出现也促进了福建原生态村落体育文化的对外传播。福建海域的发展也形成了天然的自然景观——滩涂，像畲族传统体育项目赛海马就受到闽东特殊地理环境——滩涂地形的影响。④ 因为航海因素使然，福建的船拳文化较为发达，一些打斗往往发生在船板上或滩涂上，这些地理环境对格斗者的技术特征提出了严格要求，也形成了南拳的地域性特征。

　　福建的淡水资源并不是很丰富，但境内却是江河纵横，自北向南有交溪、霍童溪、闽江、晋江、九龙江等，正是这些大的水系所形成的网络状溪河，为福建原生态村落体育文化的开展提供了场域。如漳州正达村的盘古王戏水活动、漳州平和县国强乡高坑村的走水尪活动、龙海林前村的舁水神活动等水中进行的民间传统体育运动，多是在村落附近的小溪中进行的；泉州安海的抓鸭活动是在安平桥下的一个溪流中举行的；而一些地方的端午节扒龙舟活动也多数在境内的河流中举行。三公下水

---

① 参见何绵山《八闽文化》，辽宁教育出版社1998年版。
② 参见郭学松《一个少数民族村落传统武术人口变迁的考察》，《武汉体育学院学报》2015年第12期。
③ 参见吴莲花、郭学松《走向共生：乡土仪式体育的生存性智慧——福建乌坑村"打黑狮"运动的人类学考察》，《山东体育学院学报》2017年第3期。
④ 参见陈上越、郭学松《赛海马研究》，《体育文化导刊》2013年第5期。

操活动虽然不是在溪流中举行，但其水中犁神的身体运动也是在"半亩方塘"中举办的。如此民间传统体育活动的开展诸多与水资源相关，要么是借助水资源开展，要么是其源起与水相关，可见，这种自然形成的溪流资源为福建原生态村落体育文化提供了展演的平台。

（六）宗教因素

福建是中国较晚开发的地区，自汉晋以来北方民众不断南迁，把中原先进的政治、经济制度及文化资源等带到了福建，促进了福建的经济、人文的开发。而佛、道等思想也大多沿着这条自北而南的路线在福建广为传播。福建地处东南沿海，自古以来对外交通都比较发达，外来宗教的传入和中国宗教的对外交流①，构成了福建宗教发展的格局。福建的宗教信仰呈现多元化格局，佛教、道教、儒教、天主教等是福建宗教的重要组成部分，但是，在乡土社会中，主要还是以道教的信仰和地方乡土神灵信仰最为兴盛。像厦门的王爷信仰、漳州的保生大帝信仰、莆田的妈祖信仰、宁德的临水夫人信仰等都是福建较为普遍的乡土宗教信仰，还有一些村落的神祇信仰，如珪塘村的三公爷、正达村的盘古王、金斗洋的三十二公、枫亭麟山宫杨五郎等，皆是地方性保护神，在某些村落开展，并不是十分普及。这些信仰的存在与早期的社会情境密切相关，更多地用以满足广大民众的心理需求。在这些普及性和村落地域性的神灵信仰中，都会举行祭祀仪式，所以一些乡土民间身体运动便产生于这样的祭祀仪式之中，成为福建原生态村落体育文化的重要组成部分，同时也赋予了福建原生态村落体育文化宗教性特征。

漳州正达村的盘古王戏水活动是由本村落的郑氏家族信仰传延至此地的，并成为村落中主要信仰的神祇；厦门地区的送王船运动是为了纪念王爷代天巡狩的事迹，同时也是为了祛除病魔、鬼怪，是保平安的一种祈愿；漳州和厦门的保生大帝信仰中，将保生大帝用蜈蚣做药引治病的"事情"作为一种建构基础，衍化出了蜈蚣阁活动；厦门同安郭山村的宋江阵活动、西湖塘的宋江阵活动、赵岗的宋江阵活动等都会参与到开闽圣王王审知的祭祀仪式之中；宁德屏南双溪乾源村的斩白蛇活

---

① 参见陈支平《福建宗教史》，福建教育出版社1996年版。

动、福安的奶娘踩罡活动都以陈靖姑信仰为基础,并根据陈靖姑生前的英勇事迹改编而衍化为民间仪式体育;三明沙县际核村的跑天王活动、漳州云霄吉坂村的抢土地伯公活动、长泰珪塘村的三公下水操活动、平和县高坑村的走水尪活动、龙海林前村的尸水神活动、龙岩罗芳的走古事活动、莆田梧塘镇松东村的抬神踩火活动、莆田涵江前村的打铁球活动、仙游县枫亭镇麟山村的皂隶舞等,都有自我"建构"的神话传说,当这些神话成为生活的一部分,也同时具备了建构模仿身体运动的成分。福建原生态村落体育文化或多或少与乡土宗教的祭祀仪式有关联,造就了福建原生态村落体育文化的宗教性特征。

(七) 族群因素

族群问题是人类学家、民族学家们经久不息的研究命题,族群问题研究始于20世纪30年代的西方国家,如马克斯·韦伯(Marx Weber)所述:"某种群体由于体质类型、文化的相似,或者由于迁移中的共同记忆,面对他们共同的世系抱有一种主观的信念,这种信念对于非亲属社区关系的延续相当重要,这个群体就被称为族群。"[①] 哈佛大学的 N. 格拉泽(N. Glazer)和 D. P. 莫尼汉(D. P. Moynihan)认为,族群是指在一个较大的文化和社会体系中具有自身文化特质的一种群体;而其中的宗教性、语言、习俗及群体成员或祖先所共有的体质的、民族的、地理的起源是最为重要的特质。[②] 而巴斯(Bastiat)却指出,族群是由其内部构成成员所认定的一种范畴,形成族群最主要的因素是其所构建的边界,而不是语言、文化、血统等内涵。族群边界并不一定是指地理的边界,而是其社会的边界,这种族群边界的形成影响着族群认同的变迁问题。[③] 在徐杰舜看来,《哈佛美国族群百科全书》对族群概念的界定是比较通识性的,其内涵涉及来自族群之间相互区别的地理来源、迁徙情形、宗族、

[①] Marx Weber, "The Ethnic Group", in Parsons and Shils etal., eds, *Theories of Society*, Vol. 1, New York: The Free Press, 1961, p. 306.

[②] 参见 Nathan Glazer, Daniel P, *Moynihan. Ethnicity-Theory And Experience*, New York: Havard University Press, 1975.

[③] 参见[挪威]弗雷德里克·巴斯《族群与边界——文化差异下的社会组织》,李丽琴译,商务印书馆2014年版。

语言、宗教、传统、价值观、象征、文字、民间创作、音乐、饮食、居住、职业模式及成员的体感等诸多领域。[①] 如此种种构思与阐释，皆展开了对族群理论的研究。其实，对族群的研究一直在继续，也一直存在争论，在某种程度上与宗族具有一定的重合性有关，在福建地域，某些宗族与族群具有重叠性，一些宗族村落所传承的原生态村落体育文化具有族群特质。

在实地考察中得知，漳州珪塘村主要以叶氏群体为主，几乎没有其他姓氏的迁入，而该村的三公下水操活动是以这样的族群为开展单位的，三公下水操活动的始创是一种族群共同体的结晶，在这种循环往复的乡土社会仪式的身体运动中，本族群民众获得及强化了一种对本族群的历史记忆，传承了一种优秀的历史文化或历史人物精神，巩固了族群的社会角色，增强了族群内部的社会凝聚力。[②] 厦门郭山村以郭氏为主要居民，宋江阵也是其先祖的一种历史征战记忆，其千余年的传承凝聚了族群延续的集体记忆。连城庙前的红龙缠柱活动以江氏客家族群为主体、厦门赵岗的宋江阵活动以王氏为传承主体。如此等等，都表现了这些民间传统体育的族群传承特征。正是因为族群的存在，以及这些项目所凝聚的族群特质，或借此建构的族群历史，福建原生态村落体育文化获得了根深蒂固的传承基础，同时也保存了"原真性"的族群特质。

第二节　福建原生态村落体育文化的价值及成因

福建原生态村落体育文化是在特殊的地域文化中发起或传承下来的，展示了一个地域文化的特质，成为地域历史、文化、经济、社会的缩影。这些原生态村落体育项目多以村落为发起单位，以村民为传承主体，在某些固定的时间内进行展演，是村落的一种集体记忆。在数百年的发展

[①] 参见 Thernstrom S, Handlin O, Orlov A, *Harvard Encyclopedia of American Ethnic Groups*, Melus, vol. 3, 1976。

[②] 参见郭学松等《作为象征载体的身体运动：乡土社会仪式中的历史记忆与认同研究》，《上海体育学院学报》2016 年第 6 期。

过程中，福建原生态村落体育又与乡土宗教祭祀、宗族祭祀、节日庆典等相互融合，被赋予了不同领域的象征文化，同时也使得这种身体运动获得了多元化的价值内涵。同时，也正因为原生态村落体育中身体运动的象征特质，以及所表现出的价值体系，为其能够在广袤的乡土社会存续至今提供了支撑，促使其成为新农村文化建设的有益补充，特别是现代体育出现在农村开展窘境化的情形下，原生态村落体育活动所承载和蕴含的功能更加突显。[①] 福建原生态村落体育文化被赋予的多样性价值与其所具有的多元化特征是紧密相连的，因为这些特征的凝聚是社会的产物，社会的需求又是通过传承主体——人作为媒介来实现的，主体需求的多样性，促进了这种多元化价值的呈现。当然，福建原生态村落体育文化所展示的多元价值是一种综合性因素通力作用的结果。本章节将根据实地考察结果，对福建原生态村落体育文化的相关价值进行提炼，并探寻使这些价值存在的因素。

一 福建原生态村落体育文化的价值

福建原生态村落体育文化是福建地域文化与国内多种地域文化的一种共生性结晶，其中涉及福建本地域土生土长的民间传统体育文化，以及由移民带入的外地文化，两者交叉融合共同生成。这些民间传统体育文化在历史发展过程中，要么起源于战争、宗教祭祀、宗族祭祀、节日庆典，要么后期与这些文化融合在一起，共同构建了一种多元共生的格局，也使得这些乡土民间传统体育文化在不同的展演场域中，被赋予了不同的存在和展演价值，而这些传统文化是在特殊的社会环境中被创造，或者被传承下来的，最终通过传承主体的媒介作用，而服务于社会的发展。福建原生态村落体育文化中所蕴含的价值，既有显性的也有隐性的，要使得这些乡土民间传统体育文化的价值呈现于世，需要深度挖掘整理，让广大民众更加清晰地认知其存在的合理性和必要性。为此，本研究通过实地考察，依据调研的所见、所闻、所感，结合项目的自身源起、发

---

① 参见吴祖会等《城镇化进程中原生态村落体育参与者的价值取向研究》，《南京体育学院学报》（自然科学版）2016 年第 4 期。

展历程等,对福建原生态村落体育文化所蕴含的价值进行归纳总结,但需要强调的是,以下所提炼的价值,并不是每个项目都具备,可能属于集体性的,也可能属于某一类别的。

(一)政治导向功能

文化是一个庞大的系统,不仅影响着经济社会的发展,同时也对政治制度、政治体制等方面存在着影响。为什么我们一再要强调"文化复兴",是因为文化,特别是传统文化中所蕴含的有益价值十分显著,其对于维系社会、民族的生生不息形成了巨大力量。文化是一个民族软实力的重要指标,提升民族的软实力就要提升对文化的重视,因为一些民族所特有的优秀文化是一个民族发展的特殊记忆。

福建原生态村落体育文化是我国民族传统文化的一个组成部分,在民族文化复兴中发挥着重要的作用。像福建地域的送王船活动是广大民众最为关注的乡土宗教仪式体育事项,在乡土社会有着众多的信众,影响力颇大。在吕厝村举办的闽台送王船活动中,地方相关行政职能部门参与了整个仪式过程,正是基于政府的"在场",该活动具有重要的民间政策工具的导向功能。[1]

(二)促进区域经济发展

在农耕社会为主体的历史时期,诸如民俗体育、传统体育等更多地承担了丰富广大民众的业余生活、扮演着节庆的润滑剂的作用,当然,诸如民间武术类项目亦有强身健体、技击格斗之功能。随着社会的不断进步,民俗体育、传统体育事项的价值也在不断拓展,逐渐在单纯的娱乐观赏、集会性基础上被赋予了社会经济价值。[2] 民间传统体育文化蕴含了丰富而又多元化的价值,在当前社会背景下,一些内含的价值逐渐被挖掘,以突显其存在的适应性,如经济价值。从经济学视角分析,蕴含

---

[1] 参见郭学松等《乡土社会仪式中的身体运动研究》,《南京体育学院学报》(社会科学版)2016年第4期。

[2] 参见王若光、刘旻航《我国民俗体育功能的现代化演进》,《武汉体育学院学报》2011年第10期。

第三章　福建原生态村落体育文化的特征及价值 / 161

在传统武术内部的经济价值可以分为显性和隐性两个方面。① 如，1991 年 11 月，在湖北举办了武当传统文化武术节，在仅仅 4 天的时间里，以此为契机所形成的贸易活动成交额就多达 7 亿人民币。② 1992—1998 年，在陈式太极拳冠名的河南温县举办了 5 届国际太极拳年会，在经济贸易活动中，业务洽谈签订销售合同高达 11 亿元，引进资金 9000 万元，贸易成交额 600 万元，长年在温县学习太极拳的有 2000 多人，收入 100 多万元。③ 这些民间传统体育所带来的经济社会价值已经得到社会认可，并影响着区域社会的发展。而民间传统体育所具有的防身、健身等方面的特质，同样能够给人们带来间接的经济价值，但这方面的价值往往却被大多人忽略。

福建原生态村落体育文化能够创造的价值包括直接价值和间接价值两个方面。如畲族拳、八井拳、白鹤拳、舞龙舞狮活动、宋江阵活动、打黑狮活动等民间传统体育都会参加一些赛事或邀请展演，在这些过程中，作为参与主体的人将会通过比赛或展演获得一些报酬，虽然，有时候看起来，这些报酬是微不足道的，但却是民间传统体育所能够展示直接经济价值的客观呈现。作为乡土社会的一种特殊文化，福建原生态村落体育文化真正能够为区域社会带来可观经济价值的是那些附属的间接价值。像厦门吕厝的送王船活动，每届参与者多达十万人，这些群体能够间接地给区域社会带来经济收入，其中包括居住、餐饮、购物等，而且以此为平台还会带来一定的商机，对"引进来"和"走出去"都是一个平台。一些媒体的介入，对村落文化是一种特殊的宣传，对于开发旅游产业等也是大有裨益的。如吕厝村为了举行送王船活动已经着手在江边打造旅游园区，准备与该项目形成一种产业链，推动区域社会经济发展。当然，这些民间传统体育所蕴含的直接和间接的经济价值的不断开发，也将极大地鼓舞村民们投入家乡建设之中，为他们提供更多的经济

---

① 参见郭学松等《一个少数民族村落传统武术人口变迁的考察》，《武汉体育学院学报》2015 年第 12 期。
② 参见艾泽秀《构建中国武术职业化可持续发展的理论框架》，《西南民族大学学报》（人文社会科学版）2004 年第 6 期。
③ 参见《太极拳的大产业梦想》，http://www.cntjq.net/article-3592-1.html。

收入渠道,对于项目的传承和发展也将产生积极的影响。

(三) 推动文化传承

文化是一个非常庞大的社会体系,主要领域涉及物质和精神两个层面。对于福建原生态村落体育文化来说,其以传统身体文化为主要体系,同时又与乡土宗教、宗族、地方习俗、地域文化等息息相关。这些文化涉及民俗传统、经济体系、宗教信仰、文学艺术、社会组织等与环境之间的关系。① 福建原生态村落体育项目是福建地域传统文化的重要组成部分,具体到物质文化和精神文化两个方面,物质文化涉及道具、兵器、服装、场地等,而其精神文化包括信仰文化、节庆习俗、尚武精神等。从这些宏观方面的文化因素来说,福建原生态村落体育项目是这些物质文化和精神文化的传承载体,担负着传承的历史责任和现实使命。

福建原生态村落体育文化的地域化特征,具有明显的福建文化特性,而且这些文化多发源、传承于村落社会,是某一村落社会发展历程的汇集和缩影。村落文化是民族传统文化的重要组成部分,是村民们集体智慧的结晶和展示。② 在早期社会,缘于交通、信息等技术的欠发达,村落之间的交流互动较为困难,有着"五里不同村,十里不同俗"的说法,也表现了村落社会所形成习俗之间的差异性。福建原生态村落体育项目多达上百项,多以独自的村落为传承体系,可以说,每个项目基本上体现了一个村落社会的特质,同时又统一于福建地域文化的范畴之内,有共性,也有个性。因此,福建原生态村落体育文化的传承,是一种习俗的延续,一种文化的传承,一种精神的弘扬,而所有的这些都凝聚在以身体运动为核心的乡土社会之中。

(四) 文化认同价值

福建原生态村落体育文化是福建地域文化的综合体现,其中涉及地方自然社会环境文化、宗族文化、宗教文化、军事文化等多个组成部分,而较为明显的文化认同方面,则主要体现在自然社会文化和宗族文化方面。福建历来就有"八山一水一分田"之称的自然环境景观,这种自然

---

① 参见何绵山《八闽文化》,辽宁教育出版社1998年版。
② 参见郭学松《沙江中秋曳石活动的体育价值研究》,《体育文化导刊》2014年第1期。

环境也使得福建原生态村落体育文化具有了本地域的特质。山地多是福建自然生态的一个特征，如打黑狮活动、狩猎舞等都是与山地文化有关的民间传统体育项目，其中折射出山多林密、野兽时常出没的社会情境，是对这种社会历史的一种集体记忆。闽东的赛海马活动是在滩涂上进行的一种身体展演，这种民间体育运动是在一种特殊的场地上进行的，闽东沿海的特殊地形地貌提供了这种天然的条件，赛海马活动是福建滩涂地形地貌的直接体现。福建南拳是福建原生态村落体育文化的重要组成部分，而这些拳种所形成的一些特征，也是在福建"四多一难"的自然社会环境中产生的。这些民间传统体育文化的保存、发展与开展，都是对福建这种地域文化，特别是自然地域文化的一种记忆，其中也体现了生活在这片土地上的人们对他们的先祖或自我生存境遇的一种记忆与认同。

福建是一个由移民和闽越族共同构建的族群体系，由外地迁入的移民群体大多以宗族为单位而群居在一起，逐渐形成了以某一宗族为单位的村落格局，正是这样的村落族群特征，使得一些原生态村落体育的传承主要以某一宗族为载体，宗族特性也成为福建原生态村落体育文化的一大特质。宗族意识和宗族势力在民俗体育的传承和发展中起到了重要作用，同时，民俗体育在宗族社会的形成和发展中也承担了重要功能。[1]漳州珪塘村的三公下水操活动是以该村叶氏宗族群体为传承主体的，他们把这种民间传统身体运动与自我族群先祖的伟大事业相互关联，使之成为塑造自己先祖英雄形象的重要方式，逐渐形成了族群的集体记忆，正是这种来自对英雄祖先记忆的历史心性，使得族人们围绕一个中心形成凝聚、型塑了族群认同，而这种认同是建立在对先祖的认同、对族群文化认同的基础上的。漳州沙坂村的宋江阵、郭山村的宋江阵、西湖塘宋江阵等民间传统体育活动的传承者，都将这一文化与自我族群的发展历史相互结合，使之成为族群文化的一部分，同时也是为了彰显自我族群的存在感，突显族群的优秀特质，以形成新的文化认同。

---

[1] 参见周传志、陈俊钦《宗族社会视角下的闽台民俗体育历史作用与现代价值》，《武汉体育学院学报》2013年第7期。

（五）推动新农村文化建设

在新农村建设的大环境中，我国村落体育文化发展获得了前所未有的重视，特别体现在以"农民体育健身工程"为标杆的村落体育文化推广方面，收到了非常显著的成效。① 村落传统体育文化是村落体育文化的重要组成部分，被视为新农村文化建设，以及中华民族文化复兴的文化根基，在提升民族文化软实力的倡导下，这些优秀传统文化获得了良好的发展契机，展示了自我存续的社会价值。为什么原生态村落体育文化能够在村落社会发展，乃至在整个中华民族文化复兴中占有重要的地位，更多地缘于这些民族传统体育事项不仅能够在健身、健心等方面发挥有益价值，同时在社会教育、村落文化建设等方面也具有特殊的功用，使其成为新农村文化建设的必然组成部分及促进因素。② 村落传统体育文化包括传统体育、民俗体育等多种形式的身体文化类型，而这些类型是原生态村落体育文化的一个部分，以民间传统武术文化，宗教祭祀、宗族祭祀、节庆习俗中的仪式性体育为主体部分。这些民间村落传统体育是在村落发展过程中被建构起来的，并伴随村落的发展得以传承，凝聚了村落社会的诸多方面的文化内涵，是村落文化的缩影。正因为村落中有这些文化的存续与开展，村落社会充满了生机，民众的生活情趣被激发，创造激情被点燃，不仅丰富了广大村民的文化生活，同时也推动了村落社会的发展。

福建原生态村落体育文化并非凭空被建构起来的，而是依据社会历史、文化等的基础，在广大村民的集体智慧中被型构，应该说，每项原生态村落体育项目的源起或发展背后总能找到相应的社会现象，这些社会现象在当地社会中具有重要的历史和现实意义，影响到村落的发展，甚至是村落群体的延续，所以，这些原生态村落体育才能够在"多灾多难"的社会环境中，得以经久不衰。像沙江村的曳石活动、闽东的赛海马活动、莆田的打铁球活动、闽南的宋江阵活动等民间传统体育事项皆与戚继光的抗倭斗

---

① 参见姚磊、田雨普《新农村建设进程中农村体育文化服务体系研究——以安徽省为例》，《中国体育科技》2014年第3期。

② 参见薛欣、傅涛《民族传统体育与新农村文化建设》，《体育文化导刊》2008年第2期。

争历史关系密切，是这段历史的重要记忆。当下传承这些具有民族精神象征的村落传统体育文化，对村民的身心教化、爱国主义精神的培植、集体主义信仰的熏陶等都具有重要的现实价值，同时，这些方面也是构建新农村文化建设的核心要义，可以提升村民的文化认知水平，对于村民的文化自信、文化自觉、文化自治等的形成，将产生基础性的作用。

在新农村文化建设过程中，提高村落的文化意识是基础工作环节，也是推动村落文化发展的必要基础工作，是形成和推行村落文化品牌的根基。在近几年，在全国特色村落、传统文化村落、文化旅游村落等名号的推行中，传统文化品牌逐渐获得重视，原生态村落体育文化开始在村落传统文化品牌建设中彰显价值。福安金斗洋村落是第二批入选的全国少数民族特色村落之一，该村是一个武术之村，以畲族拳而闻名。该村畲族拳传承人雷盛荣、钟团玉等在国内、国际武术赛事中取得过近百项的奖项，为金斗洋村文化走出地域范畴奠定了基础。例如，2009年夏天，在福安举办的中美畲族夏令营活动中，参与者有美国宾夕法尼亚州的陈中磊、史乐莉夫妇，他们在夏令营期间参加的活动之一便是学习金斗洋畲族拳。[①] 金斗洋村以畲族拳为媒介，已经型塑了独特的村落文化品牌，使之被推向国内乃至世界，村民的文化自觉已经被初步构建，新农村文化建设逐渐走向正轨。

（六）族群认同价值

族群可以被视为最小的社会，一般由5至80人组成，他们大多数或全部都是有血缘或婚姻关系的近亲组成的。事实上，从某种程度来看，一个族群就是一个大家庭或几个有亲缘关系的大家庭。[②] 事实上，就是这样的一个族群体，常常以共同的仪式在特定的时间操练，强化对族群的集体记忆，或者通过建立永久性的实质纪念物对集体记忆进行维持[③]，原生态村落体育仪式文化便是维持这种集体记忆的重要媒介。杜尔凯姆

---

① 参见缪仕晖、郭学松《"金斗洋"畲族武术研究》，《宁德师范学院学报》（自然科学版）2014年第1期。

② 参见［美］贾雷德·戴蒙德：《枪炮、病菌与钢铁——人类社会的命运》，谢延光译，上海译文出版社2000年版。

③ 参见王明珂《华夏边缘：历史记忆与族群认同》，浙江人民出版社2013年版。

(Durkheim）认为，仪式更多地充当一种手段，社会集团时常运用这种方式以实现定期地重新肯定自身，使参与者意识到他们是拥有一致利益和传统的团体，并将这一切转移到道德上面去。[1] 原生态村落体育在族群中的延承与发展，正是族群运用这种身体展演的形式，以及多样化的象征内涵，在特殊的时期内不断重新肯定自身，形成族群的凝聚力，逐渐重构或强化族群认同。如宋江阵活动的历史记忆有对乡土民间梁山好汉的形象记忆，同样也有对族群先辈们的历史记忆，族群除了以血缘凝聚其成员外，亦常有某种政治组织形态，借此以武力实现其群体目的（保护或扩张其领域资源）。在中国，"族"字之造字本义便是团结在一旗帜下的武力群体。[2] 其实，宋江阵活动能够得以较为广泛地延承在乡土社会中，其留给人们留下的历史记忆是多元化的，在与乡土宗教祭祀融合在一起的过程中，促使了造神运动在村落的兴起，支撑造神运动的基本单元便是人们的身体运动。在岁月的洗礼中，这种行为被不断地规范，建构了一种基本的模式，这种模式往往又是为了某一族群的团结，并形成群体凝聚力，最后实现资源与社会生存空间的竞争，服务于族群的延续。

在福建原生态村落体育文化体系中，以宗族或者族群为传承主体的项目比比皆是，宗族固然为这些民间传统体育提供了重要的传承载体，同时，这些项目也使得同一宗族或族群有了彼此交流互动的过程，是形成凝聚力和向心力的工具。在珪塘村的三公下水操活动的仪式中，其传承主体为该地域的叶氏族群，他们将自我先祖的"丰功伟绩"与国家的命运牵挂到一起，使得族群从先祖那里得到一些荣誉，而这些看似微不足道的荣誉使得族群后人倍加珍惜，以此来形成族群凝聚，通过身体模拟展演的形式型塑族群认同。又因珪塘村叶氏族群为外地迁徙而居，这种新的生存环境，使得他们形成族群集体力量，以争取在社会资源争夺过程中获得优势，于是，被建构的三公下水操活动便成为族群认同的工具。[3] 以族群为单位的宋江阵活动、三公下水操活动或多或少地都被族群

---

[1] 参见［英］布林·莫里斯《宗教人类学》，周国黎译，今日中国出版社1992年版。
[2] 参见王明珂《反思史学与史学反思：文本与表征分析》，台北：允晨文化2015年版。
[3] 参见郭学松等《作为象征载体的身体运动：乡土社会仪式中的历史记忆与认同》，《上海体育学院学报》2016年第6期。

作为用以实现生活或生存的需要,而这些项目同样也得到族群的推动,使其不断延承下去。闽西客家民间传统体育,闽东畲族民间传统体育,闽南高山族民间传统体育,如此等等,以不同族群为传承单位的原生态村落体育事项,或多或少地都与族群的发展相互关联,因它们所凝聚的族群象征文化,使得它们无形中成为族群认同的工具。

(七) 社会教育价值

福建原生态村落体育有着丰富的历史文化和象征文化内涵,在儿童启蒙、传统教育、道德修养和审美情趣的培养等方面都发挥着不可替代的作用。[①] 在福建原生态村落体育文化展演的过程中,身体运动所型塑的模仿运动,让他们重温过去,感受传统记忆,以自己所表现的统一性和一致性,实现对个体行为的约束与规范,形成普遍的社会秩序。[②] 如在宋江阵活动的身体运动场域中,越是不厌其烦地刻画在身体上琐碎到不能再琐碎的姿势细节,越能显现现代启蒙的灵魂改造时刻不离身体的规训。[③] 福建原生态村落体育文化所延承的村落环境具有中国最普遍的村落构建格局和宗族延续方式,传承了中国乡土社会一贯的习俗、民风和"村规"。我国乡土社会最典型的一个社会特征便是"熟人社会",在这种社会体系中,"礼"被视为一种公认的行为规范并经过世代教化,成为村庄共同体成员主动服膺的传统习惯,维系着整个乡土社会的秩序,回应着人们对公正的诉求。[④] "礼"与"俗"相互结合而衍生出的礼治社会传统是我国乡土社会治理的重要方式,即使在法律下乡的数十年过程中,"礼治"依旧在当下乡土社会治理中占据重要位置。毕竟,这种"礼治"习俗在中国乡土社会沿用了数千年,其中也必定存在合理的部分,如在涵养民众道德观念、价值理念与文化逻辑的同时,还经常以"在野之礼"

[①] 参见赵炳南《"人文"释义和我国民族传统体育的人文价值》,《体育学刊》2007年第4期。

[②] 参见韦晓康、蒋萍《民俗体育文化在社会治理中的作用研究》,《中国体育科技》2016年第4期。

[③] 参见 Foucauit, M., *Discipline &Punish: The Birth of the Prison*, translated by Alan Sheridan, New York: Random House, 1979。

[④] 参见王露璐《伦理视角下中国乡村社会变迁中的"礼"与"法"》,《中国社会科学》2015年第7期。

的角色努力助益国家政治。① 这种身体的规训和行为教育是福建原生态村落体育文化价值内涵的一种实践性彰显，乡土民间传统体育是这种社会教化成为可能和现实的工具。

沙江的曳石活动、闽东的赛海马活动、枫亭的游灯活动、宋江阵活动、蛇脱壳阵法等民间传统体育事项，由戚继光抗倭衍化或者直接参与到抗倭斗争之中，通过后人的建构使得这种项目被赋予了民族精神，并体现在身体运动之中。人们参与这些运动，可以从中学习这些历史，而参与这项活动之中，又可以感受历史记忆所带来的场域重塑，以及由此感触到的民族抗争精神。建瓯的挑幡活动、抓鸭活动等是郑成功驱逐荷兰殖民者的民族战争中所延续下来的项目，同样具有积极的民族精神价值内涵。珪塘村的三公下水操活动是模仿崖山海战中，陆秀夫背帝跳海后与元军搏斗的场景，其中折射了陆秀夫不甘为俘、勇于抗争的民族精神。通过这些历史文化的教化，以及身体运动的模仿性展演，人们时刻牢记历史的教训，勿忘历史，才能开创未来，方可避免历史再一次重演。通过在身体运动场域中学习历史和感触历史场景，可以达到对身心的教化，特别是这些内含民族精神的乡土民间体育文化，对于培植民族情感，以及爱国主义教育具有重要的现实意义。

(八) 形成区域社会治理

区域社会的和谐发展已经成为社会治理的重要要旨，直接影响到文明社会的进展，特别是对社区、村落社会进行合理有效的治理。社会治理是一个过程，同时又是一种方式与手段，其借助一定的媒体工具实现对经济、社会发展的管理。社会治理在任何社会体制下都是存在的，表现形式也不尽相同。如在乡土社会中，传统历史时期更加注重村落社会的自主治理，突显以村落宗族制度、村规民约、习俗传统为辅助手段来统辖村落社会管理。在当前村落社会中，社会治理突出的是法治与礼治共同治理格局的建构，体现了政府部门、村民等群体共同参与，用多重方式对村落社会进行治理。在这种村落治理体系中，更加强调群众为主

---

① 参见张闪士《民间武术的"礼治"传统及神圣运作——冀南广宗乡村地区梅花拳文场考察》，《民俗研究》2015 年第 6 期。

体的参与式治理模式,将群众主体性更好地体现出来。

福建原生态村落体育文化是否能够参与到区域社会的治理之中,要根据这些民间体育事项在社会发展中所扮演的角色,其中包括礼仪规训、组织运行、个体行为等因素。因为"治理"不仅是单一主体自上而下的管理,而且具体到"民间组织"及"民众",通过民俗文化、民俗体育文化等发挥文化的有效治理作用。[①] 福建原生态村落体育文化是一种遗存文化,这种传统文化历经百年甚至是千余年的岁月积淀而成,其中融合了宗族、宗教、习俗等相关的仪式礼仪,同时也具有自我源起和存续的象征文化内涵,正是由于这样的共生文化内涵的存在,才使得这些乡土民间传统体育文化一直保持着强劲的生命力。如以武术文化为根基的宋江阵、蛇脱壳阵等事项,不仅是抗倭斗争的历史产物,凝聚了积极的民族精神,同时也是中华武术武德思想的传承媒介。这些正能量的存在,将对参与者的思想和行为产生一定的影响,成为型塑个体修养的媒介。

福建原生态村落体育文化多数都是依托宗族为传承单位的,在发展的过程中,族群长老和贤达将一些族规祖训作为管理这些项目的依托,形成对参与者或者村民的一种身心教化。我们在福建一带的实地考察中发现,许多集体性项目在开展的过程中,都要进行祭拜先祖仪式,教化民众不可忘祖,要传承先辈的优良传统。其实,在这个过程中,村落的祠堂、祖庙等场域成为广大民众寻根的基础,同时也成为一种思想养成和行为塑造的依托。在一些村落中,不仅要在活动中祭祀先祖,还要对村落供奉的乡土神灵进行祭拜,这是一个村落信仰的标志。正因为村民们对这种信仰的虔诚,他们认为和谐社会、幸福生活、美好家园都是可以被创造的,可见,无论是来自先祖的尊崇,还是来自地方乡土宗教的信仰,弘扬村落体育文化对广大民众的身心教化都具有积极影响,而这种影响的产生却发生在这些原生态村落体育开展的过程中。可以看出,民间传统体育的展演场域成为社会治理的场域,民间传统体育文化自然成为参与区域社会治理的工具。

---

① 参见韦晓康、蒋萍《民俗体育文化在社会治理中的作用研究》,《中国体育科技》2016年第4期。

（九）娱乐观赏价值

娱乐性和观赏性是民族传统体育得以传承的重要因素之一，民族传统体育的娱乐性又可分为自娱与娱人两个方面。[①] 福建原生态村落体育文化多源自乡土社会，且历史较为悠久。在早期传统社会中，通信技术并不是很发达，村民的娱乐休闲方式十分有限，一些传统的节日，或固定的盛大庆典，便是乡土社会中最隆重的娱乐休闲方式与场域，而原生态村落体育往往又寄生在这些场域之中，成为广大民众自娱自乐、娱人娱神的身体工具。福建原生态村落体育文化的娱乐观赏价值源自其自身的特质和象征内涵，以及由身体展演所带来的模仿性，并在不同仪式场域中被呈现。像莆田涵江的打铁球活动是为了庆祝戚继光抗倭胜利而开展起来的，用以表达广大民众对抗倭胜利的喜悦之情。因此，这个项目的展演设计上就有表达喜庆之象征意义，但是该项目后期又与乡土宗教祭祀相互融合，增添了娱神的功能，每年的农历正月二十四，有上万的观众参与其中，多彩的仪式展演突显了其具有的极高的观赏性。

在漳州的三公下水操活动的实地考察中发现，其实很多观众参与者并不知道这项运动是为了纪念陆秀夫，以及水中犁神现场和火把巡游是为了重现当年陆秀夫背帝跳海，在水中与元军搏斗的场景，也不知晓火把巡游是为了寻找陆秀夫及赵昺的尸体，甚至一些叶氏族人们也并不是很清楚这段历史，但是，他们依旧年复一年地参与到这个项目之中。水中犁神场景是在正月十七的冬季进行，但参与者并未受气候的影响，而是忘情地展演，场面十分震撼，全场观众更是摇身呐喊。举火把的场景也是人声轰动，鞭炮声、呐喊声、锣鼓乐器声更是回荡在夜空，其气氛远胜过年过节的场景。在厦门的送王船活动现场，人们跟随王船巡游，王船一波一波地冲刺更是点燃了数万名参与者的激情，在人群之中，每个人不得不选择奔跑，因为，参与者手持香火，随时都有可能因为你的驻足，发生危险。一些寄生于王船巡游中的宋江阵活动、舞龙舞狮活动、大鼓凉伞活动、车鼓弄活动、蜈蚣阁活动等精彩纷呈的展演也是令人目不暇接。在这些身体运动的现实场域中，人们往往并不会刻意地去想这些项目所具有的文化内涵，而是更加

[①] 参见郭学松等《三公下水操的体育价值研究》，《体育文化导刊》2015年第2期。

陶醉于现实展演的场域，因为，在这些场域中，他们获得了乐趣，或者获得了观赏情趣，其娱乐观赏价值可见一斑。

（十）健身健心价值

福建原生态村落体育文化是以身体运动为建构核心的，在不同强度的身体运动中，参与者的身心都会得到一定程度的锻炼。这些民间传统体育在身体锻炼方面发挥的效果，存在很大的差异性。如一些祭祀仪式中的身体运动、民俗节庆中的身体运动等，都具有活动时间固定的特点，多数都是在每年固定的时间内举行，或几年举行一次，且次数多为一次，当然，在不同场域中，可能就存在数次的表演。如厦门的送王船活动，吕厝村为四年一次，钟山村、石塘村、钟宅村为三年一次，每次身体展演时间只有一天，那么，到底有没有锻炼身体的价值，到底锻炼价值有多大，这是一个很值得商榷的问题。但是，如果参与这项身体运动，会感受到该活动是在负重情况下进行的身体运动，对肌肉、力量、协调性等都有短期的锻炼效果。如宋江阵之类的武术阵头却与这些民间传统仪式中的身体运动有很大的差异，因为宋江阵是武术阵头，需要村民们时常进行训练，才能满足身体展演，以及格斗展示，所以，村民们经常会在农闲时刻，练一练拳脚功夫，长期以来便形成了一种长期性的身体运动，即便一年只有几次的展演机会，但是平时不间断地练习，其中包括徒手套路、器械套路、对练等身体运动，也足以达到一定的锻炼负荷，形成身体锻炼效果。

福建原生态村落体育项目在一定负荷的身体运动中，或多或少地都存在身体锻炼的价值，但对心理的锻炼价值也是不可忽视的。首先表现在身体运动本身对心理的锻炼。诸如宋江阵之类的武术文化，在这些日常和表演场域中，不仅要求参与者展示力量、速度、灵敏、协调等方面的身体素质，同时在一定的负荷演练中，也使得心率等指标获得改善，从而形成对心血管系统的锻炼。在罗源八井村的畲族八井拳的考察中，正如我们实践中所看到的一样，五六十岁的武术传承人在套路演练和对练中完全不会输给年轻人，这要得益于他们持之以恒的多年锻炼，使得心血管机能得到一种适应性。即使是一些时间较为固定的仪式性体育或民俗体育活动，身体运动的节奏，也会对农闲时期心血管功能产生一种调试,使其保持一定的负荷,来实现对身心的调节与锻炼。

(十一)情感表达与心理慰藉

福建原生态村落体育文化是乡土宗教、宗族祭祀、节庆习俗、军事战争等文化的综合作用的结果,在这些文化的滋养中,这些民间传统体育事项都有自我存续的根基,或者其背后皆隐藏了一段故事与神话。这些被建构起来的历史,往往又被称为他们的信仰,以此满足心灵的追求。信仰是一种精神,同时也是一种力量,在不同的社会环境中,担负着重要的使命。在乡土社会,人们编织神话、鬼魂世界的原初动机就是满足自身的精神需求。[①] 好比福建多村所组织开展的送王船活动,便是以王爷信仰为建构基础,来实现村落的造神运动的,于是替天行道、代天巡狩、降妖除魔的王爷便降临乡土社会,成为村落的保护神,以满足广大乡土民众的心理需求。

在畲族的打黑狮活动、狩猎舞等项目的实地考察中,畲族民众将这些项目的源起与先祖的英勇事迹嫁接在一起,以狮子的勇猛来突显我族先祖的英勇神武,以此来建构英雄先祖的伟大形象,使其在族群的延续中保持凝聚力。在这些项目的延承过程中,畲族后裔又假借这种英雄先祖的形象来型塑本民族之优越感,在满足自豪感的同时,又提升族群的认同效应,以此形成凝聚焦点,并在资源竞争中获取优势。畲族作为华夏边缘的族群,有时还将自己的祖先盘瓠与古时候的皇族相互关联,其目的也是突显本民族之优越性,以此来实现其他族群对本民族形象的改观,来获得其他族群的认可,最终也是为了生存和生活。

在对厦门翔安的拍胸舞的实地考察中,传承人告知,该项目主要是农闲时期的一种休闲娱乐活动,主要是为了实现人们在闲暇时间的精神寄托,同时也是对劳作的一种犒赏,以此激励生产,创造幸福生活。沙江的曳石活动是在戚继光抗倭斗争中产生的,当时是为了抵御倭寇,拯救全城百姓,而使用的一种"空城计",最终使得全城生命和财产得以保

---

① 参见余涛等《村落语境中传统体育的文化功能——以芜湖县崔墩穿马灯活动为例》,《中国体育科技》2011年第5期。

全。于是，人们为了纪念这种身体运动在当时社会所产生的影响，以及对当前该地域文化延续的作用，他们便自发自愿地将这个活动开展了几百年，以此来表达族群后人对已逝先人的怀念和对这段历史的深刻记忆。在珪塘村的三公下水操活动的展演场域中，叶氏族人在寒冬腊月，以赤膊的形式在水中尽情展演，同样是为了突显对崖山海战这段历史的记忆，以及对先祖们的民族气节的赞扬。场域中的身体展演，也是对这份情感的宣泄和展示，以此来表达本民族之光荣形象的心境。

（十二）当代体育的有益补充价值

自近代以来，西方体育项目大量涌入我国，对我国传统体育的发展产生了重大影响，到底我国的体育是姓"洋"还是姓"中"，曾引起了激烈的讨论，一时间，"土洋体育之争"影响着我国体育事业的未来发展。在历经百余年的争讨、尝试、发展之后，许多研究者认为，"土洋体育之争"以后，中国的"土体育"既没有全盘西化，也没有回归传统，而是走上了一个归属性的融合发展之路。① 现代体育多受西方价值观的主导，在这种氛围中，中国乡土体育文化的发展也受到了极大考验，同时也走过一些崎岖之路。面对西方体育的强势侵入，如何重新建构具有民族特色的乡土体育成为文化复兴的核心要义。要想使民族传统体育重新焕发光芒，需要恢复对这些传统身体文化的价值识别与判断，从"否定之否定"中唤醒中国传统身体文化的人文精神，使其重生。② 那么，在实际生活中，这些西方体育的引入，是否能够推动民间传统体育的社会转型，而使之与其相互融合，从而带动民间传统体育的发展呢？

在福建原生态村落体育文化的实地考察中，我们发现，几乎所有被调查的村落都有相关的西方体育运动场所、器材设备，比如篮球场就是一种常见的标志性的场地设施。但是，在实地考察中，我们发现这些西方体育进入村落的开展现况并不是都非常理想，许多篮球场地修整得很平整，也因此成为广大村民晒谷子的场所，也有一些场地已经闲置许久。据调查所得，这些场地建成之后，很少被真正地使用，只有在村落外出

---

① 参见李义君、易碧昌《"土洋体育之争"的回顾与启示》，《体育学刊》2015年第5期。
② 参见马廉祯《论现实视角下的近代"土洋体育之争"》，《体育科学》2011年第2期。

上学的孩子们放假回家时，才可能偶尔会去运动一下，这样的情况也并不是很经常。应该说，诸如此类的西方体育，进入农村社会还并未得到普及性的推广和认可，当然，还有其他一些因素影响所致。总之，西方体育在一些乡村中被推行，与全民健身思想和路径的推广并非同步，并未达到预期的效果，特别是在一些经济比较落后的村落，情况更加糟糕，改善这种现状，可能需要一段较长的路要走。那么，西方体育在乡土村落的开展并不是很理想的情况下，这些土生土长的原生态村落体育项目，诸如一些民间体育舞蹈、传统武术等，则可以为全民健身战略的推行，增添一些助力，调节西方体育在村落开展中存在的不足。

二　福建原生态村落体育文化的价值成因

福建原生态村落体育事项是该地域民间传统文化的重要组成部分，汇集福建宗教、宗族、习俗、地理、人文、自然、军事、农耕等综合性文化于一体，以项目众多、独具特色、价值斐然等，享誉国内外相关领域。在中华文化复兴的指引下，以党的十九大"坚定文化自信，推动社会主义文化繁荣兴盛"为根本，福建原生态村落体育文化似乎迎来了良好的发展契机。作为一种民间传统文化，福建原生态村落体育文化之所以能够看到黎明的曙光，不仅源于国家政策的导引，更重要的是这些项目自身的社会价值使然。虽然，在福建原生态村落体育文化的价值阐释中，已挖掘了十多种存在于集体或个别项目中的价值，但这些项目的内隐性价值不止如此。当然，这些价值的形成并不是一蹴而就的，而是岁月积淀的结晶，其中又涉及不同的因素，探讨形成这些价值的因素，不仅使我们能够正确地认识这些项目，以及其背后鲜为人知的历史，更能够帮助人们在开展这些项目的过程中，发现、认知、发挥这些价值的最大效益，为加快推动社会文化建设服务。为此，根据所挖掘的项目价值，结合实践调查所得，从政策、社会、文化、经济、村落等方面阐述价值呈现的因素。

（一）政策导向因素

我国对于民间传统体育的政策性导向，早在中华人民共和国成立之前就已经存在。中华民国时期，民间传统武术就已经在相关政策中推行，在中小学课堂中传授，这也是中华民国时期民间传统武术在教育领域得以发展的重要依据。在中华人民共和国成立以后，民间传统体育同样得到相关部门的重视，并制定与推行了一系列的措施来发展这些体育事项。1952年11月15日，在政府部门的主导下成立了"中央人民政府体育运动委员会"，其中还设置了"民族传统体育研究会"，主要从事对武术之类的民族体育进行挖掘、整理与保护工作。1955年，国家体委运动司之下专门设置了武术科，统筹负责武术工作。随后，又将武术科正式升格为武术处，负责对武术方针、政策的贯彻执行和武术的普及推广、组织竞赛等工作的开展。[①] 这种国家层面的政策性导向有效地推动了传统武术工作的开展，促进了民族传统体育的保护、传承与弘扬。中华人民共和国成立至今，民间传统体育文化正在不断受到前所未有的重视，如一系列非物质文化遗产保护政策的推行，相关体育旅游政策的实施等都将极大推动民间传统体育文化的发展，为民间传统体育的发展提供了重要的保障。相关部门的一系列政策、指令、号召等不断推行，民间传统体育文化确确实实获得了发展的空间、契机与助力，同时也使得这些民间传统体育文化具有了一定的政策导向性，特别是福建原生态村落体育文化。

（二）社会发展因素

社会发展是一个过程，在这个过程中它总是体现出一种自我发展模式，而这种发展模式的理想程度，总是潜移默化地影响着社会发展的速度，并最终决定着社会发展的方向。社会模式包括一个社会的经济制度、政治制度、文化习俗，而文化习俗却源自于历史，因为传承文化的载体就是历史，其对现实的价值观影响也是作为历史过程而发生的。[②] 福建原生态村落体育文化是一种历史的遗留物，是早期历史文化在当代的呈现，是社会发展的一部分，伴随着社会的变迁，这种文化也在调试自我以适应社会变迁。社会变迁主要侧重于社会环境诸要素的变化，如社会关系、社会群体及社会生活演变等[③]，但是，文化存在于社会之中，文化的发展

[①] 参见国家体委武术研究院《中国武术史》，人民体育出版社1997年版。

[②] 参见赵文洪《历史学与社会发展》，《天津师范大学学报》（社会科学版）2014年第6期。

[③] 参见司马云杰《文化社会学》，中国社会科学出版社2001年版。

推动社会的变革,社会变迁为文化的变迁提供了"温床"①。在研究过程中发现,福建原生态村落体育文化的变迁始终是在一定的社会环境中发生的,并根据社会发展需求,来调试自我,使其最终服务于社会的变迁,诚如"价格"随着"价值"上下波动的变迁规律形式一样,即这种文化随着社会环境的变迁而呈现出上下波动的基本规律。② 由此看来,原生态村落体育文化在不同社会时期所经历的社会洗礼也赋予其社会存在性,其所要展示的社会价值也有所差异。

在对罗源八井畲族村进行调查时发现,该村八井拳的发展历程大约经历了6个主要阶段,在畲族民众迁徙八井村定居开垦时期,八井拳主要用以满足强身健体、抵御匪患、防止野兽攻击、与周边其他族群争夺社会资源等需求;在清朝,八井拳主要用以抵御匪患、抗击暴政,展示武术的技击或军事价值;在近代战争频仍的时代,八井拳主要突显武术技击功能,保家护院为第一要义;在中华人民共和国成立之后,匪患未被完全消除之际,八井拳仍具有保家护院的社会功用,但其身体展演中的休闲娱乐功能逐渐被认知;在"文化大革命"期间,八井拳被迫停止练习;改革开放后,社会环境逐渐改善,八井拳的主要攻击特质有所减弱,逐渐向健身健心、休闲娱乐、舞台展演、文化传承、宗族认同、社会教化、村落文化建设等方向转换。在本研究所调查的许多福建原生态村落体育事项中,大多数项目都存在这种现象。总体看来,在不同社会背景下,福建原生态村落体育文化所展示的社会功能始终围绕社会环境的变迁,以及为了满足社会的需求而在不断调试自身,使其与社会发展保持一致。

(三) 文化传承因素

福建原生态村落体育文化是民族传统文化的一部分,延续数百年经久不衰,凝聚地域文化、风俗文化、宗教文化、宗族文化、军事文化等于一体,形成了一种复合型的文化样本,其中所折射的尚武精神、爱国

---

① 参见郭学松等《民俗体育"搬铁枝"活动的变迁研究》,《宁德师范学院学报》(自然科学版) 2015 年第 2 期。

② 参见郭学松、方千华《乡土村落武术的变迁规律:畲族八井拳的格言研究》,《体育成人教育学刊》2016 年第 4 期。

主义精神、自强不息精神、奋勇拼搏精神、吃苦耐劳精神、勤劳朴实精神等都是当代社会发展所迫切需要的，这些精神内涵也成为中华民族伟大复兴的精神支撑与引领。正如习近平总书记所指出的，"增强文化自信和价值观自信"①，是中华民族的突出优势，是我们最深厚的文化软实力。

福建原生态村落体育文化历经数百年的大浪淘沙，已经形成具有地域特质的文化体系。像以戚继光抗倭斗争为核心所形成的沙江的曳石活动、涵江的打铁球活动、枫亭的游灯活动、闽东的赛海马活动、闽南的宋江阵活动等，这些项目凝聚了重要的尚武精神、民族精神、爱国主义精神等，这些精神力量赋予它们社会教育价值，在社会教育过程中，使人们获得一种国家层面的认知，从而形成一种自我意识，对于民众的思想有积极的影响。通过这种身心的教化，从而形成一种自我约束力，形成自治，并参与到社会治理之中。

宗族或族群传承是福建原生态村落体育文化发展的重要形式，像福建的打黑狮活动、八井拳、畲族拳、红龙缠柱、宋江阵、刣狮、拉手舞等项目，都是以一个宗族或者族群为传承单位的，这些项目也凝聚了族群文化的内涵，是一个宗族或族群发展的结晶，更是族群文化认同的工具。这些群体通过身体运动项目的传承，更多是为了彰显一个族群的文化特色，族群文化认同的传递、重新认识或型塑往往需要假借这些媒介来达成，特别是这种身体的记忆尤为关键。这些民间传统体育文化往往又是一个村落的特色文化，是新农村文化建设的重要组成部分，因其具有某种象征性和特殊性，它们在展演过程中也别具一格，同时也能带给观者娱乐和欣赏价值。当然，为了文化传承，这些项目需要与社会的发展相适应，所以，这些原生态村落体育文化所展示出的价值是多样化的，但在传承过程中，更需要保持其文化底蕴及象征意义，也需要保持其特色或原真性。

（四）经济驱动因素

福建原生态村落体育文化是一种传统文化的延续，其最直接的价值

---

① 中共中央宣传部编：《习近平总书记系列重要讲话读本》，人民出版社 学习出版社2014年版，第100页。

体现在文化传承方面,而许多社会价值都是隐性的,很多层面都不能直观地被发现,其更多的是作为一个工具媒介的性质而存在,如,这些民间传统体育所形成的经济价值。在早期的乡土社会,村落经济多以农耕、狩猎、捕捞为主体,村民们过着自给自足的田园式生活,这些源自村落的民间传统体育文化,几乎不能带给他们什么直接的经济价值,更多的是精神上的、心灵上的价值。如一些与宗教、宗族祭祀、节庆祭祀相融合的项目,在开展的过程中,村民们往往会将一些心灵祈愿寄托在仪式之中,并期待通过这种身体展演与所信仰的村落神进行沟通,以满足自我心愿的达成。在当时的社会环境中,村民们更加关注的是生存、生活问题,他们往往会借助这种活动,期望获得农耕的风调雨顺、五谷丰登,如果可以通过某种形式获得神灵的应允,将极大地促进他们发展生产的动力,在潜移默化中推动经济生产。

随着信息社会的发展,原生态村落体育中所蕴藏的一些社会经济价值被不断挖掘,逐渐形成了一种多样化和常态化的趋势。早期固守在村落中的民间传统体育,在社会发展大潮的影响下,开始走出村落,不断创造经济价值。第一,体现在赛事方面。当下,村落民族传统体育不再蜗居在村落社会之中,而是通过一些赛事来展示自我,并获取一些社会利益。如闽东的畲族拳,传承人雷盛荣、钟团玉在国际、国内赛事斩获的奖项就近百项,这些奖项也会带来一定的奖金收入。如一些舞龙舞狮活动、划龙舟活动等也参与不同级别的赛事,从中也可以获取一些奖励。但是,这种通过赛事所获得的奖励是十分有限的,去除相关的费用消耗,基本上也是所剩无几。第二,参与庆典展演。参与不同场域的展演也是这些民间传统体育创造收入的一种渠道。如闽南的宋江阵会在一些大型的盛会中被邀请,以身体展演获取一些生活补贴;建瓯的挑幡活动、霍童的线狮活动等都有在国际、国内的不同盛大庆典场域中出演。虽然,这种场域中的展演可以获得一些收入,但是,因展演场次有限,去除一些费用耗损,经济生活改观非常有限。第三,促进区域旅游产业发展。原生态村落体育的展演都与相关的习俗活动相伴发展,因这些项目独具特色,所以被各种媒体争相报道,吸引了大量的游客、媒体工作者、学术研究人员等前来观瞻、调研,不仅形成村落品牌,而且也将带动区域旅游产业发展，并形成一系列的经济网络体系，成为村落社会经济新增点。如厦门吕厝的送王船活动，每届的参与者多达十万人，这么庞大的群体必然会带动相关消费，进而带动区域社会经济发展。第四，形成招商引资平台。以这些原生态村落体育的展演、夏令营等活动为平台，将吸引一些衣锦还乡之人士，他们往往也会带着怀乡之情，参与到乡村的投资建设之中。闽南一带的侨胞较多，许多具有宗族性质的民间传承体育事项的活动展演，也会引起他们的关注，并参与到宗族的仪式之中，以此获取一些招商契机，促进区域社会建设。

（五）村落建设因素

福建原生态村落体育文化是在特殊的社会情境中生成的，在不断发展过程中，与村落信仰体系、传统习俗文化、经济社会诉求、乡土社会教育、村落社会治理等多个方面的内涵相互交织，在不同层面对当前新农村建设形成影响。民间传统体育文化在生产或发展过程中，与乡土宗教文化、宗族文化紧密地结合在一起，逐渐成为村民们信仰的一种寄托与表达形式，如以乡土宗教为支撑的厦门的送王船活动、以临水夫人信仰为基础的斩白蛇活动、以盘古王信仰而发起的盘古王戏水活动、以保生大帝为信仰的蜈蚣阁活动、以关公为信仰的闹春田活动，等等；以先祖信仰为本体，如畲族的狩猎舞、郭山村的宋江阵活动、珪塘村的三公下水操活动等。这些民间传统体育事项寄托了村民们的信仰诉求，成为他们日常生活中不可或缺的一部分，开展这些项目活动，将对村民们信仰的保持或重塑具有重要的意义。在这些项目的仪式过程中，又融合了村落的一些习俗与规训，这些乡规民约以民间群体约定的方式规范"同约之人"，突出乡民的自我教育、自我劝诫和自我约束，利用乡里公众舆论评价的力量，实施道德伦理教化。[①] 村民自治的形成将对村落社会治理、村落社会发展、文化自觉养成等产生推动作用，从而为新农村建设的践行提供土壤和载体。

（六）活动主体因素

体育是以身体运动为主要特征的，没有身体运动表象的文化便无法

[①] 参见陈振亮《乡规民约与新农村伦理道德建设》，《科学社会主义》2013年第1期。

呈现体育的特质，而这些身体运动是由人来完成的，说明了体育运动的人本特性。原生态村落体育是体育的一种存续方式，或者至少可以理解为一种身体运动的形式，源自于广大民众对生活的认知、理解、接受与展示。无论原生态村落体育呈现多么复杂的特征，以及展示出多少具有时代效益的价值，不可否认的是，这些原生态村落体育项目所呈现出来的文化特质及社会价值，都是通过作为活动主体的人所展示的，并通过人这一媒介发挥效益。那么，福建原生态村落体育文化所呈现出来的社会价值，其实就是以人为中介，在特定的社会环境中，以满足人的需求，最终服务于社会，这一切取决于参与者的价值取向。参与者的价值取向为原生态村落体育文化在村落延承中面临的诸多难题找到了路径，同时，不同社会阶层的参与者的多样价值取向既保证了原生态村落体育文化的本质特性，又拓展了其价值内涵，并使其保持与时俱进的特质。[①]

在三公下水操活动的实地考察中，受访者一再强调该运动与其先祖之间的关联，其实就是在向人们传递族群先祖在历史上作出的社会贡献，以此来突显本民族之优越性，目的是让族人获得更多的来自先祖的荣誉，以此强化族群意识，从而实现族群认同。如沙坂村的宋江阵活动与开漳圣王陈元光相关联、郭山村的宋江阵活动及西湖塘的宋江阵活动与王审知有关系，其实都是通过这种身体运动中所蕴含的象征意义，来强化族人的历史心性，以保持或重新建构族群认同。在这些项目的传承过程中，其不断与乡土宗教祭祀仪式、宗族仪式等结合在一起，成为一种精神信仰的寄托。这些项目本身所具有的抗争精神，不仅映照了族群的尚武精神，同时也是一种爱国主义精神的呈现，人们往往又将这种与民族相互关联的精神，用以教化广大村民，使他们牢记历史的教训，养成一种责任和精神。在当前社会快速发展的背景下，这些项目所呈现的价值不仅是精神层面的，而且也表现出村民对身心健康、娱乐休闲等的追求，这也是乡土传统体育当前及将来的一种价值取向，特别是民间传统武术。总之，福建原生态村落体育文化所呈现的社会价值，都是通过作为传承

[①] 参见吴祖会等《城镇化进程中原生态村落体育参与者的价值取向研究》，《南京体育学院学报》（自然科学版）2016年第4期。

主体的人的价值追求而呈现出来的，并通过人的作用而服务于社会。

(七) 项目自身因素

原生态村落体育是以身体运动为基础建构的，而身体运动都是以作为参与主体的人为媒介而使其价值得以呈现的，这些价值也是围绕人的诉求而被型塑的，但这些价值的来源，或者构建基础始终脱离不了项目自身所凝聚的文化内涵。论及福建原生态村落体育文化多元化价值的产生，需要审视项目自身的因素，也就是要从源头寻找。沙江的曳石、宋江阵、蛇脱壳阵等民间传统体育事项，源于戚继光的抗倭斗争，这些项目自然被赋予了抗争精神，或民族精神，或爱国主义精神，很显然，开展这些项目具有一种社会教育的作用。由郑成功驱逐荷兰殖民者斗争而衍化的抓鸭活动、挑幡活动，同样蕴含了这些文化精髓。

姑田的游大龙、大田的板凳龙、永泰的椽板龙、营上村的稻草龙等民间传统体育事项，皆与中国龙图腾象征文化相互关联，这些道具文化本身就具备了吉祥的象征内涵。因龙为中华圣物，自古以来就是一种吉兆的象征，被乡土社会广大民众视为保佑风调雨顺的重要思想寄托。所以，开展此类项目，主要是根据项目自身的象征文化，而被广大民众解构，用以表达对祈福夙愿、精神慰藉、心灵寄托的诠释。送王船活动源于"代天巡狩"的王爷的传说，"代天巡狩"的王爷来村落医治疾病、消除灾难、保佑平安，所以这种运动项目的开展，诠释了乡土社会广大民众的一种信仰及对早期社会的一种记忆，同时也寄予了当下人们对和谐社会的珍视，以及对某种心愿的传递。每个原生态村落体育项目的产生，都有其"故事""神话"或"传说"源头，也反映了不同历史时期广大民众的历史心性，使其具有某种象征文化内涵，产生特定的社会价值。

福建原生态村落体育文化是建立在某种特殊象征文化的基础上而产生的，本体上具有某种特定的社会价值，但是，在数百年的岁月更迭中，其特定的社会核心价值被保留下来。当一些项目需要为国家政治服务时，其就具备了一种政治导向功能，如厦门的送王船活动、宋江阵活动；当一些项目为了满足人们身心健康需求时，如民间传统武术之类的技击功能便开始被弱化；当一些项目为了满足人们的视觉盛宴时，这些项目就可能出现创新，如挑幡活动、线狮活动；当一些项目被视为族群的遗留产物时，便成为族群认同的工具。如此等等，似乎都在传递一个信息，福建原生态村落体育文化事项的价值是社会变迁的产物，是从一元或多元向多元发展的过程，是伴随社会的变迁，通过作为传承主体的人的价值需求而表现出的与时俱进的特质。

本章小结

福建原生态村落体育文化是一种地域文化的展示，在传承过程中，逐渐与乡土宗教、宗族、习俗等地域文化相互融合，形成了一种多元文化构建而成的共生文化，正是这种多元文化的汇集成果，使得这些民间传统体育文化表现出多元特征和价值。以体现福建地域自然、人文文化为主要特质的地域性特质；保持原生态特质的原真性特征；以延续千余年的岁月留痕而展示出强劲的延展性特征；以闪耀视觉为突破的艺术性、观赏性特征；以宗教祭祀、宗族祭祀、节庆仪式等为展演平台的依附性特征。如此等等，皆在突显福建原生态村落体育文化特征的多元化和象征性。这种多元文化共生体的源起往往又是依托一种"传说""神话"或"故事"，被传承主体——人建构而成，展示了广大乡土民众在特殊历史时期的一种心性。在不同社会背景下，作为传承主体的人对这种身体运动的认知也存在一定的差异性，逐渐形成了福建原生态村落体育文化多样化的社会价值。因特殊的地域区位关系，一些海内外共有之项目被不同程度地赋予了政治文化导向的功能；这些项目的身体展演，使得直接和间接的经济价值在场域中生成；作为一种宗族文化象征，族群往往又会假借这种身体运动来维持或重新建构族群认同；在活动实施过程中，其具有了强身健体的价值；因其所展示的技艺性特征，娱乐观赏价值便展示出来；一些项目因为与民族抗争相关事件相互关联，被视为一种爱国主义教育的实践教材；当然，作为一种传统文化，福建原生态村落体育文化所突显的还是文化方面的价值，如文化认同、文化传承、新农村文化建设，等等。正因为福建原生态村落体育文化具有如此多样化的社会价值，所以，保护这种文化的延承，使之成为社会发展的一种助推器，已显得意义重大，且不容忽视。从福建原生态村落体育文化价值从一元或多元向多元转变的过程中，似乎也可以洞悉，这种地域文化所呈现的价值，始终围绕社会的变迁，通过作为传承主体的人的需求，在不断调试自身，使其更好地服务于社会发展，也服务于自身的延续，以此我们也可以发现福建原生态村落体育文化发展的些许规律。

第四章

福建原生态村落体育非物质
文化遗产的保护机制

  福建原生态村落体育非物质文化遗产以村落为建构单位，以军事战争、乡土神灵信仰、农耕文化、狩猎活动、族群械斗等为主要源起成因，以宗族祭祀、乡土宗教祭祀、节日习俗活动等为展演场域，在数百年的发展历程中，已经自成体系，具有显著的族群性、宗教性、地域性、原生性、军事性等特质，而且这些项目分别属于不同的地市，每个地市文化又各具特色，如宁德以畲族原生态村落体育文化最具特色，三明和龙岩以客家原生态村落体育为地域文化代表，福建东部沿海一带不仅与海洋文化有关，同时又体现出许多战争遗迹。正因为如此，福建原生态村落体育文化呈现出形式多样、内容丰富、底蕴深厚、象征多元等特质，并成为福建非物质文化遗产保护的重要对象。据统计，福建省与原生态村落体育相关的非物质文化遗产项目被国家非物质文化遗产名录收录的就有20多项，充分体现了国家层面对福建原生态村落体育非物质文化遗产的认可程度。福建省对原生态村落体育非物质文化遗产的保护、传承、发展与弘扬的工作非常重视，从科研、申请非物质文化遗产、场馆建设等方面都投入了大量的人力、物力与财力，取得了许多可喜的成果。

  正因为福建原生态村落体育非物质文化遗产丰富多样，及其地域性较强，在非物质文化遗产的保护过程中，也遭遇了许多困难，例如经费的到位及使用、法律保护的落实情况、研究成果可推行性、保护机制的健全方面、监督体系的形成、资源如何合理利用，等等。出现这些问题的原因是多样的，同时也是日积月累形成的，例如思想认识方面的原因、法规政策设置方面的原因、政策法规实施方面的原因、政策法规推行中监督管理方面的原因、城镇化快速发展、人口大量流动、生态环境变迁、传承人老龄化、经济社会压力，等等。所以，本章节在对福建原生态村落体育非物质文化遗产深入调查的基础上，根据目前福建省关于原生态村落体育非物质文化遗产保护过程中存在的问题，尝试从完善政策法规、营造政策法规推行的社会环境、明确政策法规推行主体、培养保护主体与传承主体的保护意识、落实非物质文化遗产的保护监督机制、正确运用政策法规效力等几个方面，有针对性地建构福建原生态村落体育非物质文化遗产的保护机制。

第一节　福建原生态村落体育非物质文化遗产的保护现状

非物质文化遗产是人类共同创造和共同享有的社会资源，其中所蕴含的历史记忆见证了人类发展的历史足迹，成为人类社会不断前进的动力。非物质文化遗产存续在人们的日常生活之中，历经数百年或数千年的岁月洗涤，以独特的象征文化内涵彰显了与众不同的特征。虽然，20世纪末期，相关学者在"非物质性、原作者、地域性、民族性及生命力"[1]等方面提出了非物质文化遗产的特征，但是，关于非物质文化遗产范畴的提出，或者相关概念的系统阐述却是在21世纪初才正式出现的。2003年，联合国教科文组织所颁布的《保护非物质文化遗产公约》明确将非物质文化遗产界定为，"被各社区、群体，有时是个人，视为其文化遗产组成部分的各种社会实践、观念表述、表现形式、知识、技能及相关的工具、实物、手工艺品和文化场所"[2]。这里所指出的非物质文化遗产范畴包括五大类别，分别为"口头传统和表现形式""表演艺术""社会实践、仪式、节庆活动""有关自然界及宇宙的知识和实践""传统手

---

[1] 詹正发：《非物质文化遗产的法律保护》，《武当学刊》（哲学社会科学版）1997年第4期。

[2] 联合国教科文组织：《保护非物质文化遗产公约》，2003年10月17日。

工艺"。① 我国相关部门对非物质文化遗产范畴的理解与此相似,却有不同之处,如2005年的《国务院办公厅关于加强我国非物质文化遗产保护工作的意见》中指出,"非物质文化遗产是指各族人民世代相承的、与群众生活密切相关的各种传统文化表现形式和文化空间"②。而2011年颁布的《中华人民共和国非物质文化遗产法》中界定为"非物质文化遗产是指各族人民世代相传并视为其文化遗产组成部分的各种传统文化表现形式,以及与传统文化表现形式相关的实物和场所"。其范畴包括"传统口头文学及作为其载体的语言;传统美术、书法、音乐、舞蹈、戏剧、曲艺和杂技;传统技艺、医药和历法;传统礼仪、节庆等民俗;传统体育和游艺;其他非物质文化遗产"③ 六个类别,而最新的划分将杂技与传统体育、游艺列为同一类别。

在国际和国内分别对非物质文化遗产概念及范畴进行阐述的基础上,国内研究者根据体育在非物质文化遗产中的属性,提出了"体育非物质文化遗产"的范畴。"体育非物质文化遗产"是指各种以非物质形态存在的与群众生活密切相关、世代相承的传统体育文化表现形式及文化空间。④ 这里所指的"体育非物质文化遗产"突出强调此类体育文化的原始性、传承性特点。这些传统体育虽然在社会发展中不断进行衍化,但始终保持着最为原始的特质,即原生态性(参见第一章内容)。在福建地域,这种传统体育文化以原生态村落体育为主体,并以项目所蕴含的军事性、地域性、宗教性、宗族性等为特征,呈现了一些相似性和差异性,这些项目之间存在的区别与联系也促进了项目在保护、传承、发展、弘扬等过程中存在的种种问题的产生。为了适宜解决这些问题,需要对目前福建原生态村落体育非物质文化遗产保护的境况进行系统研究,以有针对性地提出并修订相关保护机制与措施。

---

① 联合国教科文组织:《保护非物质文化遗产公约》,2003年10月17日。
② 国务院办公厅:《国务院办公厅关于加强我国非物质文化遗产保护工作的意见》,2005年3月26日。
③ 《中华人民共和国非物质文化遗产法》,2011年2月25日。
④ 参见刘洋《体育非物质文化遗产保护的路径研究——以"达瓦孜"为个案》,博士学位论文,北京体育大学,2015年。

一 福建原生态村落体育非物质文化遗产的项目概述

为了对我国非物质文化遗产进行保护，国家和地方层面共设立了四个层次的非物质文化遗产名录，分别为国家级、省级、市级和县级。相关部门设置非物质文化遗产名录，对相关非物质文化遗产进行收录，其目的就是贯彻"保护为主、抢救第一、合理利用、传承发展"的工作方针，切实做好非物质文化遗产的保护、管理和合理利用工作。截至2017年，中华人民共和国国务院分别于2006年（共收录518项）、2008年（共收录510项）、2011年（共收录191项）、2014年（共收录153项）启动了四批国家级非物质文化遗产名录收录保护工作。在这四批国家非物质文化遗产项目名录中，福建省共有124个非物质文化遗产项目被收录其中，涉及原生态村落体育文化项目的有21项，占被收录的16.94%。说明福建原生态村落体育文化在福建地域传统文化中具有一定的地位，当然，这其中还未将一些被收录习俗中所涉及的原生态村落体育项目列入其中。

福建省非物质文化遗产保护机构是国家非物质文化遗产统筹下的地域性组织，重点遴选福建省具有代表性的传统文化项目，收入福建省非物质文化遗产名录。截至2017年，福建省人民政府先后共进行了五批次的省级非物质文化遗产名录遴选工作。2005年福建省第一批省级非物质文化遗产119项，其中与原生态村落体育文化相关的项目20项；2007年福建省第二批省级非物质文化遗产106项，其中与原生态村落体育文化相关的项目29项；2009年福建省第三批省级非物质文化遗产87项，其中与原生态村落体育文化相关的项目13项；2011年福建省第四批省级非物质文化遗产52项，其中与原生态村落体育文化相关的项目6项；2017年福建省第五批省级非物质文化遗产57项，其中与原生态村落体育文化相关的项目9项。自2005年以来，福建省省级非物质文化遗产共入选411项，其中与福建原生态村落体育文化相关的77项，收录率为18.73%。

这些被非物质文化遗产名录收录的项目，在福建省的分布情况体现为：宁德地区入选国家非物质文化遗产名录且与原生态村落体育文化相关联的项目有3项，省非物质文化遗产项目有10项，市级有11项，目前还没有进入非物质文化遗产名录的有3项。福州地区的原生态村落体育项目中国家非物质文化遗产项目2项，省级非物质文化遗产18项。莆田地域国家非物质文化遗产项目3项，省非物质文化遗产项目6项，其他情况3项。泉州的原生态村落体育事项中，国家非物质文化遗产项目有5项，省级有9项，正在申报入选非物质文化遗产目录的有6项。厦门地区与原生态村落体育文化相关的项目，被国家非物质文化遗产名录收录的有3项，被福建省非物质文化遗产名录收录的有8项。漳州地区国家非物质文化遗产名录收录的有2项，省非物质文化遗产名录收录的有7项，未列入非物质文化遗产目录的有5项。龙岩地区与原生态村落体育文化相关的体育事项被国家非物质文化遗产名录收录的项目有3项，被福建省非物质文化遗产名录收录的有7项，未列入非物质文化遗产目录的4项。三明地区仅有1项被国家非物质文化遗产名录收录，有8项被福建省非物质文化遗产名录收录，未列入非物质文化遗产目录的7项。南平地区被国家非物质文化遗产名录收录的项目有2项，被福建省非物质文化遗产名录收录的项目有7项，多数项目都已经入选市级非物质文化遗产名录。

从目前挖掘整理的情况来看，福建原生态村落体育事项被相关非物质文化遗产名录收录的情况良好，认可程度较高，展示了福建地域的原生态村落体育文化具有丰厚的文化底蕴，而且，仍有一部分具有特殊象征内涵的福建原生态村落体育事项正在积极地申报入选非物质文化遗产名录。我们知道，入选非物质文化遗产是一种被认可的形式，但是，尚未被选录的也并非代表其社会价值就不被公认，如三明沙县夏茂镇和梨树乡的舞鱼活动、三明泰宁均口镇台田村的马灯舞、漳州长泰坂里乡正达村的盘古王戏水活动、漳州平和县国强乡高坑村的走水尪活动、泉州永春县达埔镇岩峰村的造火把活动、龙岩长汀城关河的高跷扑蝶活动、莆田市涵江区白塘镇镇前村的跳火活动等项目，在相关地域广大民众生活中仍有着重要的象征意义，甚至影响着他们的生活习性及社会生产。因此，我们不仅要重点关注这些已经被相关非物质文化遗产名录收录的福建原生态村落体育事项，同样也要更加关注那些目前没有被相关非物质文化遗产名录收录的,且在乡土民间具有重要影响力的福建原生态村落体育事项,这也是中华民族文化全面复兴的根本精神指导和基本要求,不仅体现了国家与民族发展的现实需要,同时也是与国际社会文明对话及人类社会可持续发展的必然要求。

二 福建原生态村落体育非物质文化遗产项目的保护现状

2003年联合国教科文组织颁布的《保护非物质文化遗产公约》(简称《公约》)中提出的"保护"是指确保非物质文化遗产生命力的各种措施,包括这种遗产各个方面的确认、立档、研究、保存、保护、宣传、弘扬、传承和振兴。[①] 从该《公约》中对非物质文化遗产保护所提出的观点来分析,非物质文化遗产的"保护"涉及许多方面的工作,同时也需要采取多样化的保护措施,在保护的过程中又涉及不同的参与对象,而其中最主要的两大群体分别为"非物质文化遗产传承主体"和"非物质文化遗产保护主体"。[②] 传承主体是直接在实践中传承非物质文化遗产的群体,该群体将直接决定了非物质文化遗产能否传承下去,而保护主体则决定了非物质文化遗产在什么样的情境下传承。但是,非物质文化遗产传承主体与保护主体并非两个独立的群体,就非物质文化遗产的传承保护而言,他们是通力合作、相互融合的共生体。福建原生态村落体育文化非物质文化遗产事项在历史发展过程中,汇聚了多种文化内涵于一体,形成了多样化的鲜明特征,同时又呈现了许多有益的社会价值,使得其充分展示了体育文化的精髓。[③] 正因为如此,对福建原生态村落体育文化的保护已成为国家和地方保护非物质文化遗产的重要依据,国家层面自2005年以来就持续出台了相关非物质文化遗产保护文件,而福建省在落实国家政策的同时,也从2005年1月1日起就开始颁布与推行《福建省民族民间文化保护条例》,充分说明福建省对非物质文化遗产保护的积极性及对这些非物质文化遗产的认可度。

---

① 参见联合国教科文组织《保护非物质文化遗产公约》,2003年10月17日。
② 参见苑利《非遗的去伪与鲁迅的担忧》,《人民日报》2010年6月25日第19版。
③ 参见陈永存、许晶《传统体育与竞技运动的比较与发展研究》,《辽宁师范大学学报》(自然科学版)2004年第9期。

在相关部门相互协作、共同奋斗的十多年非物质文化遗产保护工作的历程中，福建原生态村落体育非物质文化遗产保护取得了积极的成效，然而在诸多所取得的成果面前，同样面临着一些严峻的问题需要我们去反思。

(一) 非物质文化遗产保护取得的成效

对福建原生态村落体育事项保护成果的介绍，可依据"研究、保存、保护、宣传、弘扬、传承和振兴"来归纳分析。根据本研究调查整理统计，依托联合国教科文组织及我国非物质文化遗产相关条例对非物质文化遗产范畴的认定，福建符合原生态村落体育非物质文化遗产的项目多达百余项，这些项目分布在福建省的9个地级市及不同的乡村与社区之中。在本研究统计的福建省原生态村落体育非物质文化遗产项目中，多数项目都被市级以上的非物质文化遗产名录收录其中，这些名录所收录的项目，在申报者提供材料的基础上，通过地方非物质文化遗产部门进行实地考察落实，被统编成《某某市或某某区非物质文化遗产名录》。这些名录的刊印体现了各地非物质文化遗产部门对福建省非物质文化遗产原生态村落体育文化挖掘整理的重视程度，并以"归档"的形式进行保护，可以说这是地方非物质文化遗产保护的重要举措之一。

自21世纪以来，非物质文化遗产的保护逐渐被提上日程，受到社会各界的广泛关注，对非物质文化遗产的相关性研究也如雨后春笋般地涌现出来。通过中国知网数据库（文献检索截至2018年4月），以"非物质文化遗产"为篇名，可以检索到1700多条文献，最早的研究成果产生于1997年；以"非物质文化遗产"为主题词，共检索到38000多条文献；以"非物质文化遗产"为关键词，共检索到16000多条文献。以此可见相关研究人员对非物质文化遗产研究的关注力度及投入力度，并形成了大量的学术成果，成为非物质文化遗产保护推行的重要理论依据。福建省为原生态村落体育非物质文化遗产之大省，不少研究人员对这些体育事项进行了多样化研究，呈现了大量的研究成果，如对闽南宋江阵活动的研究、对福建南少林武术的研究、对福建畲族民间体育的研究、对福建祭祀仪式体育的研究，等等。本研究对福建省9个地级市的几十个原生态村落体育存续的村落和社区进行了实地考察，撰写了大量的田野报告，并在国内 CSSCI 收录的相关期刊及大学学报刊发学术论文 20 多篇，这些成果从挖掘整理伊始，逐渐上升到自我认同、族群认同、文化认同、国家认同的研究层面。这些成果的呈现，应该说，让更多的读者认知到福建原生态村落体育文化的概貌，为深入实践调研提供了导向依据，在学术研究方面体现了积极的保护态势。

本研究在实地调查中发现，一些原生态村落体育的发源地建立了相关的文物保护馆或展览室，以便为这些非物质文化遗产的相关古老文物的保护提供场所。如厦门莲塘村建设的"闽台宋江阵历史博物馆"，其中收集了与宋江阵相关的文献材料、宋江阵器物、宋江阵的展图等，同时还建设了宋江阵文化广场。莆田地区为了游灯民俗体育活动的保存，成立了游灯协会，对游灯文化进行保护与保存。泉州的南少林演武厅等设备也是为保护福建南少林武术文化而建立的。南平建瓯的挑幡和峡阳的战胜鼓、三明茶坪村的打黑狮、宁德霍童的线狮及金斗洋的畲族拳等福建原生态村落体育文化项目都建设了项目发展的场馆，促进了这些非物质文化遗产的保护。当然，一些原生态村落体育项目虽然没有自我文化馆舍，但它们往往会寄生在诸如闽南文化生态实验区、客家文化中心等场所中。总体而言，在福建原生态村落体育非物质文化遗产的保存、保护、宣传等方面，地域相关部门做了大量的建设性工作，也取得了显著成效。

在福建原生态村落体育非物质文化遗产的传承、弘扬和振兴方面，各地方保护主体与传承主体协调配合，致力于传承保护，推动了这些事项的开展。福建原生态村落体育非物质文化遗产的传承、弘扬等方面的举措主要体现在活动的开展、赛事的举办、活动的交流、教育传承、资源利用等方面。本研究所采集的近百项福建原生态村落体育事项多是目前都在开展的活动项目，有的是自己组织自发开展，有的是与地方机构协调开展。根据实际调查来看，虽然存在一些开展方面的问题，但是，总体还是较为兴盛和乐观的。像厦门 3 年或 4 年一度的送王船活动是地方保护主体与传承主体通力合作的结晶，特别是吕厝 4 年一度的送王船活动，有近 10 万人的参与规模，参与者遍及海内外；宁德霍童的线狮活动与地域旅游相互结合，在星期二至星期六都会在线狮馆进行展演；而厦门莲塘村举办的每年一届（自2015年开始）的宋江阵大赛更是保护主体与传承主体等相关单元共同合作的举措。如此等等，都推动了福建原生态村落体育非物质文化遗产的发展、传承、弘扬与振兴，取得了良好的社会效益。

（二）非物质文化遗产保护存在的问题

非物质文化遗产保护的提出与推行，已经历经十余载，虽然国家及地方相关部门的人员付出了艰辛的努力，在经费投入、挖掘整理、传承发展、科学研究、机制建设、法律推行、资源利用等方面都取得了显著的成效，但与此同时，在保护的过程中，因种种因素使然，也突显了一些问题需要面对和解决。这些突出的问题主要表现在经费的到位及使用、法律保护的落实情况、研究成果的可推行性、保护机制的健全方面、监督体系的形成、资源的合理利用等方面。

在倡导积极保护非物质文化遗产以来的十余年中，国家投入了数以亿计的保护经费，但是，这些经费是否得到了合理的运用呢？我们知道，在非物质文化遗产传承人的保护方面，国家及地方政府出台了许多文件，明确了给予非物质文化遗产代表性传承人一定数额的经费补贴。冯骥才曾说："可是这笔钱中央拨下去后，又有多少真正到了传承人手中呢？""这是当前非遗保护工作面临的最大问题。"[1] 在福建原生态村落体育非物质文化遗产代表性传承人资助过程中，似乎也存在相似的经费使用不当之情况。在泉州晋江踢球舞活动的实地考察中，据传承人讲述，该项目成功入选省级非物质文化遗产目录之时，甚是欢喜，相关部门纷纷前来调研，并给予了几千块钱的补助金，但是好景不长，这个时间点一过，便无人问津，更不要说补贴了，就连申请举办培训班、免费培训传承人都没有得到答复，经费到位的情形也可见一斑。

在宁德屏南乾源村的斩白蛇活动的实地考察中，也被负责人告知，早期的这项活动是村民自愿自发组织起来的，以陈靖姑信仰为依托，一直开展得较为顺利。在入选非物质文化遗产名录之后，相关部门开始介

---

[1] 冯骥才：《莫让非遗法成一纸空文》，《光明日报》2014年3月10日第11版。

入活动的组织等事宜。在经费的使用方面,给予参与人员一定的劳务补贴,这样一来却改变了村民的价值认知,到了第二年,在经费补贴没有增加的情形下,许多村民便不来参加了。本来是全体村民在一种信仰的前提下,自愿自发地参与其中,但是后来却是为了获得劳务补贴而参加。那么,我们是否要思考一下,如何使用经费才合适呢?这项活动的组织,都是一辈一辈传承下来的,是以所谓的村落长者为组织和领导核心的,但是在相关部门参与管理规划之后,改变了组织格局,而且他们许多人也未深入调研过该项目,在并不是十分熟悉掌握该项目的情形下,主导了该项目的发展,正如负责人所说"外行指导内行,路就走偏了"。以至于这个项目因为种种原因,而一度停止了举办。正如苑利所说,"在某些区域,我们的相关政府部门并没有更好地摆正自己的位置,而是越俎代庖,利用自己手中的权力,取代了传承人,从而致使非物质文化遗产因传承人的易主而变色、走味"①。为此,在一些地区呈现出"大保护大破坏,小保护小破坏,不保护不破坏"的非物质文化遗产保护境况也就不足为奇了。那么,保护主体以什么样的角色参与到项目的保护之中,才能使得项目在不受干扰的情形下,又能有利于其传承,这是一个非常值得思考的问题。

  为了更好地落实非物质文化遗产保护的责任,国家相关部门颁布了《中华人民共和国非物质文化遗产法》的政策法规性文件,并于2011年6月1日起开始正式推行。这部管理法则的出台与推行是我国非物质文化遗产保护过程中的里程碑,突显了对我国非物质文化遗产保护的重视程度。但是,利用公法保护原生态村落体育非物质文化遗产有其局限性,缺乏实质性的保护,不利于处理平等主体之间的利益纠纷。②所以,也就出现了"我国关于文化遗产保护的很多法律和规定,在一些地方,根本没有很好地落实,成了一纸空文"③的尴尬境况。或许一部法典的出台与推行总需要时间的检验与磨炼,并在不断的修订中得以完善,但没有人

---

  ① 苑利:《非遗的去伪与鲁迅的担忧》,《人民日报》2010年6月25日第19版。
  ② 参见王卓《公益诉讼:传统体育非物质文化遗产法律保护的新思路》,《上海体育学院学报》2013年第4期。
  ③ 冯骥才:《莫让非遗法成一纸空文》,《光明日报》2014年3月10日第11版。

去推行，没有人去监督，可能就存在一些问题了。所以说，在非物质文化遗产的相关政策法规推行过程中，以及资源合理利用时，要以保护传承为根本，发挥法律的效应，并做好监督职责，充分利用这些资源，为其传承保护和地方社会建设与发展服务。

自非物质文化遗产受到普遍关注以来，学术界也开始重点关注该方面的研究工作，无论是课题的立项，还是学术论文的发表、专著的出版，都取得了诸多研究成果，而且还形成了一股学术研究思潮。实际上而言，某一领域的研究在数量上过于庞大也许并不一定是积极的反映。很不幸，非物质文化遗产保护的研究恰恰就是这种情况。首先，许多成果缺乏实证研究，导致研究结论缺乏说服力；其次，非物质文化遗产涉及的知识体系庞大，可以切入的地方非常多，立足于不同学科的视角进行研究，致使相关研究成果很难在实践中发挥显著的积极作用，也致使很多研究彼此之间并不搭界。[①] 福建原生态村落体育文化是在综合性文化体系下形成的，因此，对福建原生态村落体育非物质文化遗产的研究，绝不能孤立地从体育学研究出发，要结合军事、历史、文化、宗教、宗族、民俗、民族等相关学科的知识体系，进行系统性和交叉性研究，并且要在扎实的实践调查基础上进行，切勿"崇尚高谈阔论、热心宏大叙事，不从实际体育活动中汲取素材，使书斋里拍脑袋式的体育研究缺乏现实基础"[②]。虽然，一次实践调查工作也许并不能在根本上解决所有问题，因为实践调查并不能成为问题解决的直接手段，但恰恰是来自这些实地的调查使我们更进一步看到了其中存在的问题，在此基础上，通过后续的研究、保护与传承，才能使实地调查的成果得以光耀。[③]

当然，我们在实地考察过程中，不仅发现保护体制、法律推行、经费使用等方面存在问题，场地的建设和使用方面也存在一些问题。如南平建瓯的挑幡活动，他们的训练是在一个狭小而又布满电线等杂物的巷子里进行的，存在诸多安全隐患。传承人告知，早期地方部门同意他们

[①] 参见杨明《非物质文化遗产的法律保护》，北京大学出版社2014年版，第11页。
[②] 胡小明：《体育人类学与学科建设》，《体育学刊》2013年第4期。
[③] 参见虞金星《非遗保护，积跬步至千里》，《人民日报》2011年12月8日第24版。

去体育场进行演练,但是却遭到了场馆管理方的拒绝,最后协调无果,而导致流产。像宁德沙埕的搬铁枝活动在格局不利的街巷中展演,同样面临诸多安全隐患。诸如此类的问题不胜枚举,所以,面对非物质文化遗产保护风尘仆仆的历程,张岳公先生担心会出现"开始时急风暴雨,收尾时草草收兵,结束后少人问津"①的局面与态势。

第二节 影响福建原生态村落体育非物质文化遗产保护的因素

在保护主体和传承主体的共同努力下,福建原生态村落体育文化活动正如火如荼地开展着,一些诸如送王船活动、三公下水操、菜头灯活动等项目保持着较为兴盛的发展势头。但是,从福建原生态村落体育文化项目的整体发展概况而言,呈现出几家欢喜几家愁的格局,就连一些当前发展较为兴盛的项目背后,仍然隐藏着一些发展隐患。为了使当前发展较为兴盛的项目保持可持续发展的态势,以及使一些处于边缘位置的项目得以恢复发展,我们需要对这些原生态村落体育文化时刻保持关注。为此,我们多次深入福建省9个地级市的几十个村落进行实地考察,聆听村落民众的声音,以探寻来自传承主体发自心里的诉求。基于大量实践调查的基础,本节从传承主体和保护主体的思想认识、法规政策设置、政策法规实施、政策法规推行中的监督管理、城镇化快速发展、人口流动、生态环境变迁、传承人老龄化等诸多方面,探寻对福建原生态村落体育文化非物质文化遗产保护、传承、发展及弘扬形成影响的因素,为有针对性地构建或完善相关保护机制,以及制定合理的可持续发展路径服务。

一 思想认识方面的原因

非物质文化遗产的保护、传承、弘扬及振兴与保护主体和传承主体关系密切,保护主体是外因,传承主体是内因,他们共同作用于被保护

---

① 虞金星:《非遗保护,积跬步至千里》,《人民日报》2011年12月8日第24版。

对象,然而,如何保护,如何传承,如何弘扬,以及如何振兴却取决于二者有什么样的思想认识和行为。我们知道无论是从政策法规文件,还是现实的非物质文化遗产名录工作,都毫无例外地突显了对非物质文化遗产的"保护"优先的工作指南。当然,保护非物质文化遗产,更多的是为了防止其走向衰亡,其根本目的还是要发挥这些非物质文化遗产的正能量,那么,合理利用并服务当下与未来才是非物质文化遗产存续之根本。因此,在非物质文化遗产的实际保护工作中,我们需要正确处理保护与利用的关系,坚持非物质文化遗产保护的真实性与整体性,在有效保护的前提下合理利用,防止对非物质文化遗产的误解、歪曲或滥用。① 从国家层面的指导思想可以看出保护、抢救、传承是首要工作,合理利用是基于此而开展的服务社会事宜,但是,有研究者指出,"一些地方政府忙于'开发'非物质文化遗产,目的就是希望从非物质文化遗产中'开发'出钱来,他们忘了非物质文化遗产最需要的是保护和传承,而非'开发'"②。应该说,盲目的"开发"不仅不符合国家层面的思想指导,同时也给非物质文化遗产带来了巨大损伤,不利于非物质文化遗产的保护。

我们在实地考察中聆听到,诸如斩白蛇、踢球舞等项目在传承过程中,来自保护主体和传承主体之间的矛盾造成了项目发展的瓶颈问题。在保护主体方面,过度干预,破坏了原来的原生态村落体育文化自发资源的发展规律,造成了"外行指导内行"的现状;然而,传承主体在相关利益不平衡的心态指引下,传承观念发生了转变,双重作用下最终导致了斩白蛇活动发展受阻。我们知道,在福建原生态村落体育文化发展的过程中,多以传承主体为导向呈现一种自发自愿的生存发展态势,然而,面对非物质文化遗产大力保护的社会环境,传承主体的思想却在潜移默化地发生改变,一些项目传承主体的声音却是"相关部门的重视不够,支持力度不强"等影响了项目的发展,虽然时代不同往昔,试想这些项目历经数百年的发展是如何走到今天的呢?所以说,传承主体如何

---

① 《国务院办公厅关于加强我国非物质文化遗产保护工作的意见》,2005年3月26日。
② 冯骥才:《莫让非遗法成一纸空文》,《光明日报》2014年3月10日第11版。

思考在这种大环境下，调整自己的思想认知，而保护主体以什么样的角色认知这些非物质文化遗产的发展，以及二者的关系如何协同，都将对福建原生态村落体育非物质文化遗产的保护、传承、弘扬等产生重要影响。

二　政策法规设置方面的原因

非物质文化遗产是提升中华文化软实力的重要指标之一，也是当下文化复兴的内在要求。为此，从国家到地方，都非常重视对非物质文化遗产的保护，并制定了相关政策与法规，在推动非物质文化遗产的保护、传承、发展及弘扬等方面起到了积极作用。如建立名录、资金投入、规范管理等，毫无疑问，非物质文化遗产的保护成为当下的一种文化战略性方针，但是，在十多年的保护过程中，也出现了许多问题。如随意滥用、过度开发；政策法规建设进程并不能很好地与非物质文化遗产保护工作的紧迫性相适应；一些地方重申报、重开发、轻保护、轻管理的现象还普遍存在；结合我国非物质文化遗产保护工作实际境况，整体性、有效性的工作机制尚未建立，在不少地区政府主导的有效性难以体现。[1] 虽然，这种问题分析出现在十年前，在近十年内，研究者所提出的一些问题得以很好地改进与修复，但是诸如此类的某些问题，依旧以不同形式存在着，同时对非物质文化遗产的保护形成影响。另外，本质上非物质文化遗产是历史的一部分，是活态的"历史"。既然如此，我们要保护非物质文化遗产，就需要在尊重这些"历史"的情境中进行，而并非对这些"历史"进行改编，最终将形成"把真遗产改成了伪遗产"的情形。这种"改编热"的出现足以说明我们在制度建设上出了问题。[2]

在我国，非物质文化遗产存续样态多种多样，虽然相关部门将这些非物质文化遗产统筹划分为六个类别，然而，在每个类别之中，也存在着很大的差异，这也给有针对性地制定相关保护策略带来了不少麻烦。

---

[1]　参见王文章《非遗保护，问题何在？》，《人民日报》2007年6月5日第8版。
[2]　参见苑利《刹住非遗改编热》，《人民日报》2012年4月20日第17版。

在国家制定的相关政策和法规文件中，多数以大的方针和整体性法规为主体，并未实现明确责任与义务的双重并举，也导致政策落实出现隐患。原生态村落体育文化是一个庞大的文化体系，国家相关文件及法规中，也并未单独提出具体的相关保护措施，致使保护实施具有模糊性。福建是非物质文化遗产的大省，拥有非常丰富的资源，仅原生态村落体育事项就多达百余项，且有十余项入选国家非物质文化遗产名录，然而，福建省目前尚未出台关于非物质文化遗产保护的相关法规性文件，并未能够很好地体现国家与地方的接轨，不利于因地制宜地贯彻推行国家非物质文化遗产保护的指导性思想，因此也导致了经费使用、过度开发、指向不明等问题的出现。

三　政策法规实施方面的原因

在大力保护非物质文化遗产的当下，国家及地方积极参与其中，出台了大量文件，并于2011年颁布和推行了《中华人民共和国非物质文化遗产法》，这一政策法规的颁布与推行对我国非物质文化遗产保护产生了重要影响。它使得我国非物质文化遗产保护实现了有法可依，并在某种程度上建立了一套保护机制，充分肯定了非物质文化遗产在社会主义现代化建设中的重要性。我们应该正视相关部门所作的重要贡献，但我们也应该审视在这些政策或法规推行过程中存在的一些问题。如何在实践的保护中推行？怎样顺利推行？谁来监督？如何监督？诸如此类的问题，仍是非物质文化遗产保护政策及法规落到实处需要思考的问题。

在《中华人民共和国非物质文化遗产法》中明确规定，"为了继承与弘扬中华民族优秀传统文化，促进社会主义精神文明建设，加强非物质文化遗产保护、保存工作"。从最根本意义来说，这部政策法规的出台，完全是为了更好地保护、传承非物质文化遗产，而并非用作其他用途的"开发"。这样一来就严重违反了"本法"的立法宗旨。面对一些地方"过度开发"非物质文化遗产的境况，冯骥才指出，在一些地方，我国关于文化遗产保护的很多法律与规定，其实根本没有得到很好的落实，甚至成了一纸空文。[①] 对于该法律文件中所指出的"提供必要的传承场所,提供必要的经费资助其开展授徒、传艺、交流等活动,开展传承活动,培养后继人才"等,对于非物质文化遗产传承的相关支持性政策,是否真正得以推行?实际调研过程中,诸如建瓯的挑幡活动中"传承、授徒"场所如何解决?在泉州晋江的踢球舞活动的传承中,传承人"培养后继人才"的心愿又当如何实现?也许这只是非物质文化遗产保护、传承中冰山一角的问题,但是值得我们去反思,非物质文化遗产的相关法律法规谁来执行?如何执行?如何追责?保护主体或传承主体了解这些法律法规吗?特别是传承主体,如何学习和运用这些法律法规?这些也必将给非物质文化遗产的保护工作带来重重困难,要想建立起一套合适的运行机制,并在非物质文化遗产保护主体和传承主体中得以更好地推行,恐怕需要经历一段艰难的探索之路。针对政策法规推行过程中,所面临的严重考验,以及存在的种种问题,冯骥才指出,在频频触发的各类非物质文化遗产遭到破坏的事宜中,《中华人民共和国非物质文化遗产法》很难被派上用场,"我真担心当年花了那么大成本、费了那么多心血制定的《中华人民共和国非物质文化遗产法》最后成了一纸空文。《中华人民共和国非物质文化遗产法》到底谁应用、谁执行?"[②] 这仍是非物质文化遗产保护过程中,需要面对并解决的问题。

四 政策法规推行中监督管理方面的原因

2006年,我国相关部门已经颁布及实施了《国家级非物质文化遗产保护与管理暂行办法》,以此实施对非物质文化遗产的管理与保护,这也充分体现了相关部门对非物质文化遗产管理方面的重视程度。但是,在这项管理办法实施的过程中,谁来监督?如何监督?如何追责?很显然,这些都是未知数。比如,被列入相关非物质文化遗产名录的项目,传承人可以获得相应的传承补贴,进入国家非物质文化遗产的项目可以获得每年每人1万元的补贴,而在执行的过程中,

---

[①] 参见冯骥才《莫让非遗法成一纸空文》,《光明日报》2014年3月10日第11版。
[②] 冯骥才:《为什么仍为非遗担忧》,《人民日报》2012年6月19日第24版。

事实上,正如冯骥才所说:"这笔钱中央拨下去后,又有多少真正到了传承人手中呢?"① 在《国家级非物质文化遗产保护与管理暂行办法》中明确指出,"贪污、挪用国家级非物质文化遗产项目保护经费的,对负有责任的主管人员和其他直接责任人员依法给予行政处分;构成犯罪的,依法追究刑事责任"。试问,这个规定谁来监督?谁来执行?其社会效应如何评估?虽然,诸如此类的问题显得较为尖锐,但也充分暴露了一些政策法规在执行过程中存在的问题,我们需要去面对、反思及修复。

五 其他方面的原因

在当前我国非物质文化遗产全面抢救、保护、传承、发展与弘扬的社会环境中,传承主体和保护主体的相关认知情形、相关政策法规文件的制定与推行、实施过程的监督等都将成为非物质文化遗产保护的重要举措。但是我们依旧不能避免诸如城镇化快速发展、人口大量流动、生态环境变迁、传承人老龄化、经济社会压力等一系列问题对非物质文化遗产传承所带来的冲击。

城镇化快速发展是我国当前社会格局发展变化的重要体现,同时也符合我国现代化发展的趋势所向,但是,在城镇化快速推行的过程中,也突显了一些问题,特别是对原生态村落体育发展带来的隐患。在当前异常迅猛的城镇化及新农村建设的大环境中,村落改造成为一种必然,原生态村落体育文化所赖以生存的生态环境正在迅速消亡。十多年以来,我国村落(自然村)正在以每年近 90000 个的速度消失,以村落为载体的原生态村落体育非物质文化遗产也可能随之灰飞烟灭。② 因为原生态村落体育扎根于乡土社会,是在一种特殊的环境中被孕育的,诸如龙岩长汀的闹春田活动在农田中开展,龙岩庙前村的红龙缠柱活动依托宗祠的建构格局而开展,漳州正达村的盘古王戏水活动在村边小溪中举行,如此等等,都在说明原生态村落体育文化与其所生存的生态环境之间的关

---

① 冯骥才:《莫让非遗法成一纸空文》,《光明日报》2014 年 3 月 10 日第 11 版。
② 参见冯骥才《为什么仍为非遗担忧》,《人民日报》2012 年 6 月 19 日第 24 版。

系。那么，试想这些土生土长的原生态村落体育项目一旦离开了生存及繁衍的土壤，该如何生存？又该何去何从？

非物质文化遗产保护从来就是面对传统社会、社区的现代变迁而提出来的，其中最重要的社会变迁就是城镇化。[①] 城镇化建设使得中国乡土村落不断走向解体，乡土村落的解体也促进了广大民众生活方式的转型。在村民们生活方式发生改变的过程中，宣布了早期"男耕女织"的生活方式的破产，村民们不得不寻求其他的生存和生活方式。在城镇化过程中，农村经济社会也发生了转变，对经济生活水平提升的要求，促使大批农民进城务工，留守家乡的便是老人和儿童，村落空巢化现象正在潜移默化中走向"繁华"。这些流动的人口往往都是村落社会建设和发展的主力军，同时也是原生态村落体育文化传承的主力军，进入繁华城市之后的生活方式及耳濡目染的城市文化，改变了他们传统固守的思想，甚至很可能致使他们放弃自己固有的生活文化乃至村落。文化的主人一旦放弃自己的文化，这是谁也没办法的。[②] 在一个畲族村落武术调研的过程中，就曾遇到这些问题，那些年轻的传承人基本上都在外面忙于生计，即使我们要去调研，也要提前预约，由此也可以想象，要想使他们保持一定的精力去传承这些文化有多么的困难。正如笔者的研究指出的"村落年轻人在面对诸多社会经济问题时，该选择如何生存，他们不得不'忍痛割爱'，背井离乡，另谋出路。在经济文化的冲击中，传统武术文化的'博大精深'显得不堪一击"[③]。

年轻人口的不稳定性，直接影响到一些原生态村落体育非物质文化遗产的传承，因为这些项目都是在"口传身授"及耳濡目染中成型于传承人的思想意识中，并通过肢体展演的形式进行传递。传承人的不稳定性导致许多项目出现后继乏人的传承困境，当这些现实中的传承人逐渐年老之际，这个问题便愈加严重。据冯骥才研究指出，当前国家级非物

---

① 参见高丙中、宋红娟《文化升天保护区建设与城镇化进程中的非遗保护：机制梳理与政策思考》，《西北民族研究》2016年第2期。
② 参见冯骥才《为什么仍为非遗担忧》，《人民日报》2012年6月19日第24版。
③ 郭学松等：《一个少数民族村落传统武术人口变迁的考察》，《武汉体育学院学报》2015年第12期。

质文化遗产代表性传承人的年龄多数在 70 岁以上，他们是农耕时代最后一代保持历史原真的非物质文化遗产传承者，但是他们多数处于孤老无助的状态，对非物质文化遗产来说体现为后继乏人；人亡歌息的现象时有出现也就不足为奇了。非物质文化遗产的本质是生命性的，即活态的；一旦失去活态，便不再是非物质文化遗产。① 无论原生态村落体育文化如何发展，始终都离不开作为主体的人的传承，失去了这一传承主体，其也将无法恢复。传承人是非物质文化遗产的重要承载者与传递者，对传承人的保护是非物质文化遗产工作的关键和基础环节。② 王文章的研究成果也指出，在非物质文化遗产保护中，保护传承人是最核心的。③ 为此，国家也制定了针对传承人的认定制度及保护措施，这一举措是启动整个非物质文化遗产传承人保护制度的基础。④ 尽管国家相关部门也在不懈地从事这项保护工作，在取得相应成果的前提下，我们的非物质文化遗产保护体系看似日趋完善，但其濒危与消亡的速度并未放缓⑤，这是最令我们感到担忧的，也是我们必须要反思的。

第三节　福建原生态村落体育非物质文化遗产保护机制的修复

"机制"一词更早应用于自然科学范畴，一般认为是指"机器的结构和操作原理"⑥，在社会学领域，机制主要是指"在正视事物各个部分存在的前提下，协调各个部分之间关系以更好地发挥作用的具体运行方式"，是"多个系统之间相互影响、相互作用、相互制约的要素集合，从非物质文化遗产角度来看，它是推动非物质文化遗产保护的重要

---

　① 参见冯骥才《为什么仍为非遗担忧》，《人民日报》2012 年 6 月 19 日第 24 版。
　② 参见林理《科学评审，规范操作——文化部非物质文化遗产司负责人答记者问》，《中国文化报》2009 年 4 月 26 日第 1 版。
　③ 参见秦佩华《"十二五"将加大对"非遗"传承人扶持力度》，《人民日报》2011 年 2 月 26 日第 2 版。
　④ 参见田艳《非物质文化遗产代表性传承人认定制度探究》，《政法论坛》2013 年第 4 期。
　⑤ 参见冯骥才《为什么仍为非遗担忧》，《人民日报》2012 年 6 月 19 日第 24 版。
　⑥ 崔援民：《现代管理学原理》，中国经济出版社 1989 年版，第 214 页。

基础和不可或缺的内容方式"。① 非物质文化遗产的保护机制是保护目标要求和现实体系功能决定的,并由"行为导向""内部协调"和"环境适应"三个要素构成的整体。② 究其本质,非物质文化遗产的保护就是要解决一个制度保障问题,从而明确谁能控制非物质文化遗产的开发利用、谁能够从中获得收益。③ 福建原生态村落体育文化是以村落为发起单位和生存环境,在村民自发、自愿的基础上开展起来,并得以传承的,早期的村落社会环境,以及村落宗族,或者与之相关的村落秩序等,都是福建原生态村落体育文化得以推行的重要因素,也是这些项目得以运行的外部保障。然而,随着社会环境的变迁,这些基础保障都在发生改变,国家及地方的大力支持,以及相关的政策法规为福建原生态村落体育文化的可持续发展提供了依据。在十多年的非物质文化遗产保护过程中,虽然取得显著效应,但同时也存在着一些问题需要解决。为此,本节从完善政策法规、推行政策法规、明确政策法规推行的主体、培训政策法规推行主体的知识体系、培养保护主体与传承主体的保护意识、落实非物质文化遗产保护监督机制等方面,提出对福建原生态村落体育非物质文化遗产保护机制的修复。

一 以政策法规的完善为根基

福建原生态村落体育文化是在村落社会环境中被传承下来的,多以村落社会秩序、村落公约、宗族规训等为保护机制,随着城镇化发展以及法律下乡的持续推行,福建原生态村落体育非物质文化遗产也正在习惯性地过渡到由政策法规进行保护的历史阶段,"礼"与"法"的交融已成为村落社会治理不断形成的现实及将来很长一段时间内的一种趋势。福建原生态村落体育非物质文化遗产早期完全依赖于"礼治"保护的机制也将逐渐被改变,在此过程中,关于这些原生态村落体育非物质文化遗产保护的针对性和适宜性的政策法规的制定及推行效果,都将直接影

---

① 李学栋等:《管理机制的概念及设计理论研究》,《工业工程》1999 年第 12 期。
② 参见叶鹏《基于文化与科技融合的我国非物质文化遗产保护机制及现实研究》,博士学位论文,武汉大学,2014 年。
③ 参见杨明《非物质文化遗产的法律保护》,北京大学出版社 2014 年版。

响福建原生态体育项目的可持续发展。很显然,如何制定这些政策法规,制定什么样的政策法规,都将成为最基础的环节。

关于非物质文化遗产的政策法规保护主要体现在公法保护和私法保护两个方面,公法保护主要涉及国家与公民群体或个体之间的关系,如对国家与普通公民、组织之间关系的调整,对国家机关及其组成人员之间关系的调整所形成的法律。《中华人民共和国宪法》第 22 条第 2 款规定:"国家保护名胜古迹、珍贵文物和其他重要历史文化遗产。"将保护非物质文化遗产写入《宪法》之中,为保护非物质文化遗产确定了宪法依据,使其成为相关非物质文化遗产公法保护制度的"母法"。[1] 虽然,非物质文化遗产看似有了相关法律法规的基础保障,但事实上,从这么多年非物质文化遗产保护公法推行的过程中所呈现的问题来看,其法律体系尚未完善,亟须以宪法为依据,建立和完善非物质文化遗产保护的法律体系。[2] 相对于公法而言,私法更加注重对普通公民、组织之间关系进行调节,是以私权利(主要指个人财产权、人身权)的存在为前提和以挑战平等主体之间的关系为基本使命的。[3] 利用私法,特别是知识产权法对原生态村落体育非物质文化遗产进行保护存在制度上的障碍。[4] 虽然,从 2011 年 6 月 1 日正式施行《中华人民共和国非物质文化遗产法》,但其中的实施细则仍需不断完善,甚至该法与其他相关法律协调配合的长效机制还不够健全。利用公法保护原生态村落体育非物质文化遗产有其局限性,缺乏实质性的保护,不利于处理平等主体之间的利益纠纷。[5] 管中窥豹,虽然"乌苏里船歌案""安顺文体局诉张艺谋等侵犯署名权案"只是涉及非物质文化遗产的单个案件,但它们已足以反映出我国在非物质文化遗产私法保护的制度建设方面还非常不完善。[6]

---

[1] 参见戴有山、周耀林《完善非物质文化遗产公法保护机制》,《中国社会科学报》2017 年 9 月 13 日第 5 版。

[2] 同上。

[3] 参见姜明安《论公法与政治文明》,《法商研究》2003 年第 3 期。

[4] 参见王卓《公益诉讼:传统体育非物质文化遗产法律保护的新思路》,《上海体育学院学报》2013 年第 4 期。

[5] 同上。

[6] 参见杨明《非物质文化遗产的法律保护》,北京大学出版社 2014 年版。

无论是公法还是私法，对于非物质文化遗产的保护都存在很多问题，也致使我国关于文化遗产保护的很多法律和规定，在实施推行过程中困难重重。这首先要从相关法律法规文件中寻找基础的突破口，有法可依是解决非物质文化遗产保护相关问题的基础，但面对我国极为丰富的非物质文化遗产资源和项目类别，显然很难用一次立法就能够解决所有问题，就像目前的《中华人民共和国非物质文化遗产法》没有解决权利主体问题；履行义务与享受权利如何协调，如何利用、如何分配利益[1]等都是这部法规需要思考的问题。正因如此，中国非物质文化遗产研究保护中心主任田青曾指出，"我国非物质文化遗产保护起步晚，速度快，成效大，问题多"，"非物质文化遗产保护的法律法规体系仍旧不够完善"[2]。就福建省而言，在2004年就制定了《福建省民族民间文化保护条例》，并于2005年1月1日起开始推行，虽然，该保护条例中也明确了非物质文化遗产传承人的权利和义务，以及设置了非物质文化遗产保护的保障措施等，但仍存在一些不足之处，或者不够详尽之处，对于实施和监督造成了很大麻烦，特别是对以身体为继承单位的福建原生态村落体育非物质文化遗产。

根据十多年来非物质文化遗产保护的经验，以及在保护过程中存在的问题，需要对相关法律法规进行针对性的修复。例如，对非物质文化遗产公法保护机制进行修复与完善，同时也要协调好公法与私法之间的体系建构问题。基于宏观层面的视角，戴有山等研究认为，对非物质文化遗产财产权体系的重构是其中的一部分，可以在民法典中予以体现；而在私法体系建构中，可以设立独立的物质文化遗产权，将财产权中规定的所有权理论运用于非物质文化遗产权。对于非物质遗产保护的私法进行修改，其目的主要是为了保护民族文化之多样性。

在微观方面，福建省相关部门，如体育局，对福建原生态村落体育非物质文化遗产的保护应该依托国家相关法律法规，结合地方相关

---

[1] 参见杨明《非物质文化遗产的法律保护》，北京大学出版社2014年版。
[2] 史一棋、管璇悦：《古老非遗，还需现代"淬火"》，《人民日报》2017年2月15日第12版。

政策法规、生态环境、经济社会、多民族布局、社会生产方式等，制定相应的地方性政策法规或保护条例。在相关政策法规的制定中，要协同民宗局、旅游局等相关部门，在以原生态村落体育事项为核心的基础上，综合进行考量。在制定相关政策法规的过程中，要以充分的田野调查为基础，充分掌握目前福建原生态村落体育文化保护、发展、传承、弘扬等方面存在的问题，以及将来的发展规划。统筹考量保护与发展的关系，依托福建原生态村落体育文化"口传身授"的特点，确实保障以传承人为核心的建构思路，方能为福建原生态村落体育非物质文化遗产保护提供基础保障。

二 营造政策法规推行的社会环境

每一项政策法规的制定都植根于特定的社会环境，并在这种环境中推行，要体现出针对性及与时俱进，才能使得这种法律效益得以更好地呈现。一项政策法规想要成功地执行，就必须与特定的社会环境达成平衡，只有与其所处的社会环境之间形成平衡，这项政策才能在执行中取得预期效果。[1] 因为社会环境因素是政治、文化、法律、教育、科技及技术等因素的总称。[2] 依照社会环境范围的大小可将其划分为宏观环境和微观环境；根据社会环境的形态又可分为物质环境和精神环境。福建原生态村落体育文化非物质文化遗产的相关政策法规需要在宏观环境中被推行，并通过微观环境起作用。这里所指出的宏观环境通常包括政治、经济、文化等方面，而微观环境涉及人们的心理活动、心理行为等。在福建原生态村落体育文化非物质文化遗产政策法规实施的过程中，宏观环境与微观环境相互协调起作用，是整体与局部之间的相互制约和相互促进的关系，特别是微观环境具有很强的隐蔽性和渗透性，很容易影响到

---

[1] 参见李成贵《政策执行：一个需要纳入学术视野的问题》，《国家行政学院学报》2000年第3期。

[2] 参见刘慧君《社会经济环境及其对科技政策的影响力分析》，《科技管理研究》2010年第17期。

人的行为，进而影响整个大的环境。①

早期福建原生态村落体育文化的生存和发展环境与当下的村落社会环境有很多的差异性。首先早期村落自给自足的生产和生活方式是福建原生态村落体育文化发展的重要社会环境，这些体育事项在相当长的一段历史时期内，都是以村民自愿、自发，并在村落族群的影响下，依托宗族秩序和村落社会秩序，而得以开展与延承的，几乎没有与国家相关政策法规相互关联。其次，在中华人民共和国成立之前，我国乡土社会基本上是"皇权不下县"的一个村落发展格局，更谈不上法律下乡了。国法不下乡，更主要的是乡村社会内部可以通过自生的规范加以调整，并与国家法律整合保持一致。② 在中国乡土社会之中，习俗、民风和"村规"是一贯的传统，我国乡土社会最典型的一个社会特征便是"熟人社会"，在这种社会体系中，"礼"被视为一种公认的行为规范并经过世代教化，成为村庄共同体成员主动服膺的传统习惯，维系着整个乡土社会的秩序、回应着人们对公正的诉求。③ "礼"与"俗"相互结合而衍生出的礼治社会传统是我国乡土社会治理的重要方式，即使在法律下乡的数十年过程中，"礼治"依旧在当下乡土社会治理中占据重要地位。毕竟，这种"礼治"习俗在中国乡土社会沿用了数千年，其中也必定存在其合理的部分，如其在涵养民众道德观念、价值理念与文化逻辑的同时，还经常以"在野之礼"的角色努力助益国家政治。④ 这种乡土社会中所传承的礼治现象，在今天的福建原生态村落体育文化非物质文化遗产存续的村落中依旧十分盛行，体现了"长老统治"或"贤人政治"的传统村落管理格局，而且在转型期的中国乡村社会，在福建的一些村落，这种

---

① 参见何红霞《浅析社会环境对党的民族团结政策实践的影响》，《党史博览》2013年第6期。

② 参见徐勇《法律下乡：乡土社会的双重法律制度整合》，《东南学术》2008年第3期。

③ 参见王露璐《伦理视角下中国乡村社会变迁中的"礼"与"法"》，《中国社会科学》2015年第7期。

④ 参见张闪士《民间武术的"礼治"传统及神圣运作——冀南广宗乡村地区梅花拳文场考察》，《民俗研究》2015年第6期。

"礼治"秩序仍有其存在的现实合理性和发挥作用的空间。①

在中华人民共和国成立之后,国家政权及政策法规开始逐渐向村落社会渗透,"政权下乡"与"法律下乡"开始持续得到推行。改革开放以后,国家开始实施向全体公民推行在五年之内普及法律常识,称之为"五年规范"。到了2006年,国家开始推行"五五"普法,每五年的普法教育内容都有所不同,但宗旨都一样,即让更多的人知法、懂法、用法和守法。②"法律下乡"的几十年,在我国乡土社会形成了积极影响。例如,在笔者家乡的村落社会中,村落斗殴事件在村民法律意识不断增强的过程中持续减少,村民们更多地慢慢懂得如何运用法律手段来维护自我权益。我们列举这个乡土村落较为普遍的社会事实,其目的是要说明,"法律下乡"对我国乡土社会的影响,以及对村民思想意识转变的影响。正是这种数十年如一日的不懈努力,为今日之非物质文化遗产相关法律在乡土社会的推行创造了良好的社会环境,从宏观和微观两个方面为其提供了可行性依据。但是,在福建原生态村落体育文化生存的乡土村落中,多以宗族式的村落为主体,遗存了非常浓郁的宗族秩序和村落族群秩序的"礼仪文化",根深蒂固地影响着原生态村落体育的发展,因为这些原生态村落体育是在这样的"礼治"村落社会环境中孕育和延承下来的。这种传统延续下来的"礼治"社会环境给相关政策法规的推行带来了一定的难度和挑战。

虽然过去几十年的"法律下乡"活动,为乡土社会的法制化建设创造了良好的社会环境,但是面对非物质文化遗产相关政策法规的推行,以及所涉及的原生态村落体育与村落宗族、乡土宗教等之间的紧密关联,一时之间,让村民去转换代代相传的习俗观念,要远比用法律手段来维护自我权益难得多。为此,在这种村落社会环境中,首先要做好宣传工作。要在村落社会中宣传相关非物质文化遗产保护政策法规的作用,以及对村落原生态体育文化保存、发展、传承及弘扬的积极影响,使村民

---

① 参见王露璐《伦理视角下中国乡村社会变迁中的"礼"与"法"》,《中国社会科学》2015年第7期。

② 参见徐勇《法律下乡:乡土社会的双重法律制度整合》,《东南学术》2008年第3期。

认识到这项工作的现实意义。具体可采取集中制的普法讲座、村落公告栏张贴相关图文并茂的宣传材料,以及印刷相关材料分发给村民学习。

其次,处理好"礼"与"法"的交融,"礼治"与"法治"将在相当长时期内呈现出既共生又紧张的关系。① 在福建原生态村落体育非物质文化遗产存续的村落社会环境中推行相关政策法规,不可操之过急,要结合当前的村落社会环境按部就班地实施,既要充分尊重和肯定村落"礼治"在当下的社会作用,也要突显国家及地方政策法规的效益。在福建原生态村落体育非物质文化遗产政策法规的推行过程中,要充分发挥宗族和村委会的作用,使村落"能人"、传承人或宗族长者能够与村委会相关人员形成一个共生体,营造一种和谐共生的氛围,使"礼"(宗族长者往往是"礼治"代言人)与"法"(村落管理者往往是"法治"的代表)能够相得益彰。这样,"礼治"与"法治"将会产生互动影响,使彼此之间的思想意识形成交融,为原生态村落体育非物质文化遗产相关政策法规的推行创造良好的村落社会环境,有利于从宏观和微观两个层面提供保障。

三 明确政策法规的推行主体

"有法可依"突显了原生态村落体育非物质文化遗产相关政策法规制定与修复的重大意义,村落社会环境的营造为这种政策法规推行提供了基础保障,那么最终的推行还是要落脚于推行主体这一范畴上,因为原生态村落体育的主体是人。什么样的人是非物质文化遗产政策法规推行的主体?什么样的主体适合承担这一角色?这一主体该如何选定?其指标又是什么?以上问题都将影响相关政策法规的推行,以及实际效能的达成。王文章曾指出,在非物质文化遗产保护中,保护传承人是最核心的。保护传承人是非物质文化遗产保护的核心。② 那么,是不是就说明传承人是推行政策法规的主体?显然,问题并没有那么简单。

---

① 参见王露璐《伦理视角下中国乡村社会变迁中的"礼"与"法"》,《中国社会科学》2015年第7期。

② 参见秦佩华《"十二五"将加大对"非遗"传承人扶持力度》,《人民日报》2011年2月26日第2版。

在福建原生态村落体育文化的实践调查中，我们发现传承人的情况存在很大的差异，比如年龄、知识体系、认知观念等，这也使他们对待政策法规的态度不一致。首先，出现老龄化问题而导致后继乏人是福建原生态村落体育非物质文化遗产保护无法逾越的现实鸿沟。在 2016 年，相关部门关于《各地贯彻落实〈中华人民共和国非物质文化遗产法〉情况评估报告》曾指出，非物质文化遗产传承人队伍老龄化问题比较突出，在世的国家级代表性传承人中 50% 以上超过 70 周岁。[①] 对此，非物质文化遗产司相关负责人建议："提高非物质文化遗产保护人员的专业水平，增强人员稳定性，才能为非物质文化遗产保护事业提供坚实的队伍保证。"[②] 如在 2011 年年底，湖南太湖皮影戏的传承人唐升习过世，太湖皮影戏也随之失传。[③] 由此也反映出，非物质文化遗产传承人的保护工作依旧面临着巨大压力，从而对非物质文化遗产的可持续发展提出了极大挑战。在对福建原生态村落体育文化的考察过程中，泉州安溪芳亭村的宋江阵传承人陈水圳，厦门郭山村的宋江阵传承人郭冰水和郭品，厦门赵岗村的宋江阵传承人王文艺和王文默等，泉州卢远练和卢文献等，漳州长泰正达村盘古王戏水传承人邓发明，莆田黄石沟边自然村九鲤灯舞传承人陈金文，厦门同安前乡村车鼓弄传承人卓来治，泉州晋江踢球舞传承人何敬智，等等，年龄均在 60 岁以上，依旧亲力亲为地主持这些项目的开展及传承事宜。随着年龄的增高，有些传承人表现出力不从心的状态，这不得不使我们对一些项目原真性的保存与发展感到担忧。

我们突出这些传承人保护对非物质文化遗产保护的重要意义，首要的是对他们进行政策法规思想培育，确立以传承人为主体的推行者，但又不可避免地要考虑到年龄问题，同时也要考虑到他们的知识体系和认知观念等影响因素。福建原生态村落体育文化传承人年岁在 60 岁以上的人士，排除一些自学专研类，多数传承人知识体系不够健全，不容易掌握这些政策法规知识，同时更难运用这些政策来对他们的项目实施保

---

① 参见中国非物质文化遗产保护中心《各地贯彻落实〈中华人民共和国非物质文化遗产法〉情况评估报告》，2016 年 12 月 28 日。
② 史一棋：《非遗传承，与时间赛跑》，《人民日报》2017 年 9 月 21 日第 19 版。
③ 参见罗旭《非遗为何难解传承人之困》，《光明日报》2012 年 12 月 26 日第 15 版。

护和传承。另外，多数年长的传承人也会受到遗存的思想认知观念影响，他们一直认为这些身体运动是一代代自发自愿传承下来的，是遵循宗族观念的传承，在某些程度上与政策法规有不融合之处。正因为多样化因素影响，将他们确立为政策法规推行的主体仍存在一些问题。那么，是不是就要忽略他们在推行政策法规中的重要作用呢？很显然，事实并非如此。

虽然，当前福建原生态村落体育非物质文化遗产传承人存在着年龄、知识体系及认知观方面的一些问题，但并不意味着全部都是这样，很多项目都已经确立了下一代传承人，且这些传承人在年龄、知识体系及认知观念上都较上一代具有优势性，如金斗洋畲族拳省级传承人钟团玉，主要在宁德民族中学、金斗洋村等场域传承该项目，在口述史过程中，我们发现她对非物质文化遗产保护意识非常强烈，并且认知观念较高，比较容易接受新思想，完全可以考虑将这一代及下一代传承人作为主要的政策法规的推行主体。因为这一代人在知识体系、年龄、认知观念等方面都较上一代有着巨大优势，他们受教育程度高，接触信息渠道广，有着积极的拼搏进取精神。将他们作为非物质文化遗产政策法规推行的主体，可以使他们更加认可自我在非物质文化遗产保护和传承中的重要性，激发他们的保护激情，形成他们的文化自觉意识。另外，通过这些群体的确立，也可称他们为一种媒介力量，上可对老一代传承人在传承关系上形成影响，将这些保护政策法规传授于前任传承人；同时，他们也可以在这些项目的传习过程中，将这些政策法规传教于项目传承人的培养对象，以及其他参与该项目的人士，也可激发大家共同保护和传承项目的思绪。总体而言，原生态村落体育是以人为传承核心的，特别是传承人，在项目的传承过程中起到了举足轻重的作用，在确立非物质文化遗产的相关政策法规推行主体时，理应将他们作为主要对象，以此培养他们的文化自觉意识。

当然，我们突显福建原生态村落体育文化传承人在项目传承过程中的重要性，是根据这些身体运动事项的特质来解构的，但也不能否定村落其他群体的存在价值，如村落老人协会、项目理事会、村落行政机构等。在漳州珪塘村的三公下水操活动、厦门吕厝的送王船活动、漳州正达村的盘古王戏水活动、龙岩庙前村的红龙缠柱活动、莆田枫亭的游灯活动等项目的实践调查中获悉,这些项目的开展一直依托于一些项目发展的协会或理事会。厦门郭山村的宋江阵、宁德福安金斗洋的畲族拳、宁德福鼎沙埕的搬铁枝、厦门钟山村的送王船等项目活动的开展,或多或少都与村落行政机构紧密关联,并得到诸如村委会等的大力支持。在确定福建原生态村落体育非物质文化遗产相关政策法规主体的过程中,也应该将这些群体确定为推行主体,特别是一些村委会群体,他们是国家政策法规在村落的代言人,同时又是国家政策法规在村落推广普及的主要中坚力量,在知识体系、认知观念等方面,他们显然是村落中最优秀者。当然,他们之中也有一些是非物质文化遗产传承人,在原生态村落体育非物质文化遗产保护与传承过程中,兼具双重身份,对推动福建原生态村落体育非物质文化遗产的保护及传承有着重要意义。

四 培养保护主体与传承主体的保护意识

法律作为一种社会行为规范,只有当法律对象了解和理解之时才能实际发挥其制度整合的功能。[①] 无论我们的非物质文化遗产相关政策法律如何制定,以及如何修订完善,如果没有保护主体和传承主体的主动参与,以及由此而形成的保护意识作为前提,可以说一切都是"一厢情愿"式的自娱自乐。当我们已经能够明确非物质文化遗产相关政策法规推行主体之时,势必要通过一些方式来培养这些主体正确运用政策法规来保护这些非物质文化遗产,当然,我们上文所说的推行主体其实就涵盖了传承主体和保护主体两大范畴。

在福建原生态村落体育非物质文化遗产保护、发展、传承的过程中,作为传承主体的直接参与是最为核心的要素。为此,我国在非物质文化遗产保护及传承过程中,根据我国非物质文化遗产的特征,依据我国乡土社会发展境况,以项目传承人为建构核心,强调以可持续传承为前提理念,突显以保护非物质文化的多样性为形式,从而实现促进各民族、地区、群体及个人之间相互理解、相互尊重及可持续发展的主旨。开展

[①] 参见徐勇《法律下乡:乡土社会的双重法律制度整合》,《东南学术》2008年第3期。

以相关政府部门为主导，以民众参与的方式扎实推进传承保护的活动，并建立从国家到地方的四级非物质文化遗产名录，建设国家级文化生态保护实验区，逐渐探索出一套我国非物质文化遗产保护的路径，形成了非物质文化遗产保护的"中国经验"。[1] 但是，在数十年的探索所形成的经验之中，仍然存在着一些不足之处，例如传承主体和保护主体的思想意识问题。

我们突出传承主体和保护主体在我国非物质文化遗产保护中的重要性，首先就传承主体来说，非物质文化遗产的可持续发展需要而且必须依靠这一主体进行。这里所指的非物质文化遗产传承主体即我们通常所熟知的非物质文化遗产传承人，其中包括代表性传承人和参与性质的传承人。在国家非物质文化遗产的传承中，不管是民间文学、表演艺术的传承，还是民间技艺、传统仪式的传承，主要都是通过这些传承人进行的。[2] 截至2017年年底，中华人民共和国文化部共组织评选了五批国家级非物质文化遗产项目代表性传承人，充分展示了国家层面对非物质文化遗产传承人在传承事项中的认可程度。对非物质文化遗产传承人社会角色的认定工作是实现保护和传承的重要前提，有利于肯定这些传承人的自我社会价值，从而激发他们在开展保护和传承工作上的热情。但是，仅仅认定还是远远不够的，如何培养他们的保护意识，或者使之形成正确的传承理念，关系到项目的可持续发展。在福建原生态村落体育文化的实地调查过程中，依旧存在传承人思想守旧、价值观念不正确等问题，进而对项目的传承发展带来不利的影响。要改变传承人的思想状态，对传承人进行培训显得尤为重要。因为，这些传承人是项目的直接保护者和传承者，也是政策法规的执行者。可以对其进行定期或不定期的集中式、分类别的培训。例如可以对全部或一个片区的国家级非物质文化遗产传承人集中培训，也可以对一个地区的不同类别的非物质文化遗产传承人集中培训，使他们正确认识到作为非物质文化遗产传承人的责任、义务与权利，保证他们认识到在获得相关荣誉或权

---

[1] 参见王福州《面向未来的非遗保护》，《人民日报》2014年5月6日第14版。
[2] 参见苑利《非遗的去伪与鲁迅的担忧》，《人民日报》2010年6月25日第19版。

利的同时,需要履行哪些义务。

其次,端正传承人的经济价值观念。采用开展知识讲座的形式,使传承人正确认知国家、地方补贴与鼓励保护及传承的关系,不能完全依赖国家和地方相关部门的补贴。要让他们充分认识到项目自身存续的社会意义,这是激发他们保护与传承的基础动力,也只有传承人形成"文化认知→文化认同→文化自信→文化自觉"①的思想链条,才能使他们真正自愿、自发地参与到项目的传承之中,而非将这些原生态村落体育视为博取某种利益的工具。文化自觉是以文化多样性及福建原生态村落体育非物质文化遗产保护意识的觉醒为前提的,是提高中华民族文化软实力及实现中华民族优秀传统文化复兴的重要前提。如果传承人缺乏真正的文化自觉,那么对原生态村落体育非物质文化遗产保护与传承所做的努力就只能付诸东流。因为,这种文化自觉并非日本、韩国那样经历了切肤之痛后的"幡然醒悟",而是在改革开放取得巨大成功之后,在现代化、城市化、国际化进程中的一种自我反思和自我调整。②所以,对于我们民族的体育文化,需要我们充分认知其发展的规律,根据这一规律进行合理的保护,同时又要重视形成全社会参与保护的"文化自觉"。③

在强调培育福建原生态村落体育非物质文化传承人"文化自觉"意识的重要性的同时,也应该非常关注参与这些事项保护主体的思想,因为非物质文化遗产的"保护主体"涉及那些处于传承圈之外,但却又对非物质文化遗产传承起着重要推动作用的外部力量。④我们为什么在上面一些篇幅强调将传承主体作为政策法规推行主体来对待,其实就是想分担作为保护主体的一些负担,同时也是一种监督方式,因为,就目前来说,非物质文化遗产的相关政策法规的执行权和解释权,几乎都来自这

---

① 参见郭学松等《一个少数民族村落传统武术人口变迁的考察》,《武汉体育学院学报》2015 年第 12 期。

② 参见中国非物质文化遗产保护中心副主任《保护"非遗","文化自觉"的表征》,《人民日报》2010 年 12 月 7 日第 22 版。

③ 参见王文章《非遗保护走向文化自觉》,《人民日报》2008 年 10 月 31 日第 16 版。

④ 参见苑利《非遗的去伪与鲁迅的担忧》,《人民日报》2010 年 6 月 25 日第 19 版。

些保护主体。这些保护主体主要来自政府部门、学术、商界、新闻媒体等机构或群体。苑利的研究认为，在我国非物质文化遗产保护的过程中，一些保护主体并未摆正自己参与其中的位置，在参与过程中，将自我保护主体与传承主体的角色混淆，以至于使非物质文化遗产因传承人的易主而变色、走味。① 这种状况也导致了"大保护大破坏，小保护小破坏，不保护不破坏"的尴尬现象。作为非物质文化遗产的保护主体，在非物质文化遗产保护过程中，具有不可替代的作用，同时也承担了重要职责。相关部门应该慎重考虑如何直接参与到非物质文化遗产传承工作中来，不然，非物质文化遗产保护工作就会因为制度安排的缺陷，而给非物质文化遗产传承带来灾难性的破坏。②

本研究在福建原生态村落体育文化实地调查过程中发现，苑利所说的这种政府直接参与非物质文化遗产传承，甚至严重影响非物质文化遗产保护及传承的现象已大为改观，政府更多地提供了一种服务性的工作。例如在漳州珪塘村的三公下水操活动及厦门石塘村的送王船活动等项目的开展过程中，作为地方政府部门，出动了交通警察等相关人员，更多地承担了为项目顺利开展提供保驾护航的工作，而并非直接参与项目开展的筹划等工作事宜。相对于新闻媒体来说，为了福建原生态村落体育非物质文化遗产的传承保护，他们深入实地调研，梳理了许多"口传身授"却少有文字记载的项目，并配以活动照片，在互联网等平台进行宣传，使更多的人群探寻到这些项目的文化印迹。作为一些学术研究者，他们也在持续的田野实践中获得了大量的研究素材，将这些乡土民间文化整理成文献，起到了静态保护的作用。作为商业部门，他们也在某种程度上为项目的传承保护提供了物质上的援助。应该说，目前福建原生态村落体育文化保护主体所做的事情，大多是有利于这些非物质文化遗产的保护与传承的。当然，我们也要直观地审视，基于一些与政绩挂钩、与学术成果相连、与媒体工作要求相关、与商业利益相融，而滋生的不尊重项目自身保护与传承的思想依旧存在。这些保护主体更应该深入学

---

① 参见苑利《非遗的去伪与鲁迅的担忧》，《人民日报》2010年6月25日第19版。
② 同上。

习相关非物质文化遗产的政策法规,形成正确的认知观和保护观,因为这些有形或无形的力量,将极大推动这些非物质文化遗产的保护与传承工作,否则会对这项工作造成毁灭性的影响。

五　落实非物质文化遗产的保护监督机制

在突显非物质文化遗产保护所形成的"中国经验"过程中,从国家到地方纷纷出台了许多政策法规条例,充分体现了对我国非物质文化遗产保护的用心与决心。在此过程中,我们似乎也能体会到这些政策法规所传递的诸多良好信息,仿佛给予了非物质文化传承主体和保护主体极大的支持与支撑,但在福建原生态村落体育文化的实地考察中,仍能感受到一些这样或是那样的问题存在,也许事实上,问题并没有想象的这么严峻,但是,也给我们以警示。为什么推行了这么多政策法规条例却没有发挥应有的作用呢?我们认为一定是有些方面出了问题,比如监督机制方面。当我们确定了政策法规的推行主体以后,谁来监督?如何监督?监督的权益如何体现?监督的保障如何实施?如此等等,都将影响监督的效力,如果没有很好地处理这些问题,即便设置了监督体系,可能最终也会流于形式。

我们深知,目前非物质文化遗产保护政策法规的执行者,往往是这些项目的保护主体,他们对这些政策法规的执行程度如何,就必须要依托相关监督主体来客观反映,也只有主体之外的监督力量参与其中,才能使监督形成整体合力。[①] 那么这个监督主体如何来确定呢?邓小平同志曾指出,"要有群众监督制度,让群众及党员监督干部……要制定各种条例,最重要的是要有专门的机构进行铁面无私的监督检查"[②]。习近平总书记强调:"群众的眼睛是雪亮的。党员、干部身上的问题,群众看得最清楚、最有发言权。"[③] 因为"党的根基在人民、血脉在人民、

[①] 参见李进宏、梁娜妮《群众监督的心理困境与长效机制建构》,《武汉理工大学学报》(社会科学版)2017年第5期。

[②] 《邓小平文选》,人民出版社1994年版,第332页。

[③] 《习近平谈治国理政》,外文出版社2014年版,第377—378页。

力量在人民"①。有学者借鉴历史上"官督民管"的经验,指出"应该建立一种民间督查机制,要比有关部门的自查制度,可能更有实效"②。很显然,在非物质文化遗产相关政策法规执行过程中,人民群众群体最适合作为监督主体,人民群众参与监督,是发挥自下而上的民主监督的重要举措。③

既然人民群众监督是一项非常可取的监督方式,那么人民群众该如何实施监督呢?群众监督是指人民群众通过批评、建议、检举、揭发、控告、申诉、弹劾、撤换、罢免等形式,进行观察、评判和督促,其核心是对公共权力的监督制约。④那么,转移到原生态村落体育非物质文化遗产保护的相关政策法规执行的监督,亦即对保护主体及传承主体的监督,就目前来说主要指对前者的监督。但是,在实地调研过程中,我们获悉,在福建原生态村落体育非物质文化遗产保护和传承经费使用的过程中就出现困难重重的格局,如在实地调研中,来自基础的声音表示,在国家投入的经费方面,审查过度严格,甚至产生了"多用多事,少用少事,不用无事"的境况;当然还有经费到位问题,如专项保护经费、非物质文化遗产代表性传承人补贴经费等,这也突显出我们的监督机制出现了问题。

基于政策法规在执行过程中存在的监督问题,一直有学者提出完善的方式方法,如杨湘海曾较早提出"上下监督相结合,内外监督相结合,组织监督与群众监督相结合,专门结构监督与广泛监督相结合等监督机制;同时还提出了如何发挥监督功能的措施,即体现监督的权威性、监督机构的相对独立性、监督的公开性、监督的客观性、监督的科学性、监督的严肃性、监督的相互制约性等"⑤。王周刚从"强化人民

---

① 《习近平谈治国理政》,外文出版社2014年版,第367页。
② 王卡:《对重要文化遗迹的保护应建立监督机制》,《中国宗教》2003年第2期。
③ 参见李进宏、梁娜妮《群众监督的心理困境与长效机制建构》,《武汉理工大学学报》(社会科学版)2017年第5期。
④ 同上。
⑤ 杨湘海等:《健全党内民主制度,完善党内监督机制》,《理论探索》1986年第6期。

监督、提高国家监督和社会监督的联动效能"①的构思出发，提出了完善监督体制的相关措施，如完善政党监督、促进社会组织及人民团体监督、启蒙公民监督、强化舆论监督。还有一些学者从不同的研究视角提出了许多完善监督体制的方式方法，并公开发表或出版，体现了这些观点的被认可性，同时也体现了国家对该方面学术研讨的重视程度。那么，既然有这么多人建言献策，为什么一些问题还是没有得以彻底地解决呢？想必问题的出现涉及许多复杂的因素，如广大群众自身问题。

从古至今，相关部门都在强调广大人民群众参与监督的重要性，同时也出台了相关政策，例如《中华人民共和国宪法》第四十一条中明确规定："中华人民共和国公民对于任何国家机关和国家工作人员的违法失职行为，有向有关国家机关提出申诉、控告或者检举的权利。任何人不得压制和打击报复。"可见，《中华人民共和国宪法》赋予了人民群众监督的权利，以及为监督主体提供法律保障措施。但是，不同历史时期所遗留的社会问题及广大人民群众的自我认知等问题致使人民群众参与监督的意识并非想象中那样乐观。究其主要原因有：与己无关的冷漠心态；不辨是非的"羡腐"心态；担心报复的自保心态。②可见，要想让广大人民群众真正承担起非物质文化遗产保护的监督任务，从目前的境况来看，依旧任重道远。为此，李进宏等人也从"加强正面宣传，提升人民群众参与监督的责任心；继续加大惩处力度，强化人民群众参与监督的信心；完善制度建设，优化群众监督的社会心理支持系统"③等方面，提出了人民群众参与监督的措施。

我国非物质文化遗产保护开展已经历经十余年的时间，从中我们可以洞悉相关部门之间协同合作所付出的努力，也能够感受到他们对这项工作持之以恒的做事态度，他们也做出了大量的工作成果，仅国家和地

---

① 王周刚：《优化国家监督体系的效能联动机制》，《中国社会科学报》2017年1月4日第7版。

② 参见李进宏、梁娜妮《群众监督的心理困境与长效机制建构》，《武汉理工大学学报》（社会科学版）2017年第5期。

③ 李进宏、梁娜妮《群众监督的心理困境与长效机制建构》，《武汉理工大学学报》（社会科学版）2017年第5期。

方层面的政策法规就设立了几十项。但是,在这些政策法规的执行过程中,依旧存在着许多问题,所以就出现了福建原生态村落体育非物质文化遗产在保护过程中的种种弊端。这必然与监督体系的设置与运行分不开,如何完善监督体系?监督体系如何有效运行和保障?以上问题都将成为福建原生态村落体育文化可持续发展的影响因素,这需要全体与这些遗产保护相关的人员行动起来,参与进来,方能逐渐实现。

六 充分发挥政策法规的效力

在大力倡导及推行非物质文化遗产保护的十几年中,国家相关部门颁布了诸多政策法规,如《国务院办公厅关于加强我国非物质文化遗产保护工作的意见》(2005年)、《国务院关于加强文化遗产保护的通知》(2005年)、《国家级非物质文化遗产保护与管理暂行办法》(2006年)、《中华人民共和国非物质文化遗产法》(2011年)等,在地方层面,诸如宁夏(2006年)、浙江(2007年)、新疆(2008年)、广东(2011年)、山西(2012年)、贵州(2012年)、重庆(2013年)、河南(2013年)、河北(2014年)、西藏(2014年)、江西(2015年)、甘肃(2015年)、广西(2016年)、上海(2016年)、吉林(2017年)、云南(2018年)等省、自治区直辖市,也逐渐颁布了相关省级类别的非物质文化遗产条例。[1] 毫无疑问,这些政策法规的颁布给非物质文化遗产保护提供了基础保障,使得"有法可依"成为可能。

从目前制定的这些政策法规来看,无论是国家层面还是地方机构,都为非物质文化遗产保护提供了充分支持,但是在"有法必依,执法必严,违法必究"等方面仍然存在很大难度,从而在一段时间内很难确保这些政策法规的效力。政策法规的效力指这些政策法规在实施过程中对社会生活产生的影响,是衡量政策法规有效性的根本标准。[2] 从相关政策法规制定开始到现在,已经有十多年的时间,应该说,在这十多年的推

---

[1] 参见白晋湘等《中国特色社会主义新时代体育非物质文化遗产保护论纲》,《上海体育学院学报》2018年第1期。

[2] 参见王春福《政策网络与公共政策效力的现实机制》,《管理世界》2006年第9期。

行和完善过程中，政策法规逐渐成熟起来，事实上，我们在福建原生态村落体育文化的实地调查过程中，发现"有法不依，执法不严，违法不究"已成为司空见惯的现象。那么，我们可能就要思考一番，国家与地方花费大量的精力，从事这些政策法规的制定与推行，并不是想让其成为"一纸空文"，而是要使其在实践中成为一种有用的得力"工具"。

为此，当我们对相关的政策法规进行修订之时，就要明确政策法规的推行主体，提升保护主体和传承主体执行政策法规的意识，构建体系的监督机制，确保监督主体和推行主体的权利和义务，以及权益保障机制，以使这些主体能够承担起政策法规赋予它们的使命。只有这样，也唯有这样，才能真正发挥这些政策法规的实际效力，确保其用于原生态村落体育非物质文化遗产保护与发展之中。当然，我们在这里呼吁可能会有一定的作用，但绝不能在根本上解决目前政策法规执行效力"不佳"的社会现实，虽然要行动起来也绝非易事，可能过程很漫长，就像我们党所推行的反腐败行动一样，不可能一蹴而就，但事实上，某些特殊事件总有敲山震虎之功效，使人们望而生畏。其实，就我们所调研的福建原生态村落体育文化而言，对政策法规的依赖程度并不是很强烈，因为这些项目多数以信仰为基础，以宗族为基本单位，以自发自愿为开展前提，已经形成了自我发展模式，在不同历史时期受到的政策影响并没有想象的那么大，即便没有显著强调非物质文化遗产保护的重要性，它们依旧会按照自我轨迹发展。但是，我们要突出的是，当这些项目处在这样的一个大环境时，总会希望受到重视，这也是传承主体和保护主体的期许，从而对福建原生态村落体育非物质文化遗产保护与传承形成影响。在这种新的社会环境中，福建原生态村落体育非物质文化遗产要想保持可持续发展的势头，养成传承主体的文化自觉，需要经历一个过程，即现行政策法规逐渐产生效力的过程，那么，就需要综合权衡政策法规、执行主体、监督体系与它们之间的关系，确保福建原生态村落体育非物质文化遗产保护机制制定合理，运行得当，形成助力。

第五章

福建原生态村落体育文化的可持续发展

  非物质文化遗产是我国传统文化的重要组成部分，对此类文化的保护、传承与弘扬有助于增强中华民族的文化认同、维护国家统一和民族团结及促进社会和谐和可持续发展。为此，近十年来国家一直强调我国非物质文化遗产保护的重要性，并努力推行这项工作，制定了多项政策法规文件，突显"保护为主、抢救第一、合理利用、传承发展"[1]的工作方针。2011年国家层面所颁布和推行的《中华人民共和国非物质文化遗产法》明确指出，"为了继承与弘扬中华民族优秀传统文化，促进社会主义精神文明建设，加强非物质文化遗产保护、保存工作"，为了使我国非物质文化遗产得到更好的保护，无论是国家层面还是地方相关部门，都付出了积极有效的努力，如建构了四级"非物质文化遗产代表作名录"，其目的就是"推动我国非物质文化遗产的抢救、保护与传承"[2]。当然，对我国非物质文化遗产的保护方面还有科研投入、实际建设投入、传承人保护投入等，将静态保护与动态保护合理有效地结合在一起，并取得了诸多显著成果。由十多年的非物质文化遗产保护所从事的工作可以看出，相关部门及相关人员的努力付出都是围绕这种文化的保护而展开的，正如《保护非物质文化遗产公约》中所指出的一

---

  [1] 参见国务院办公厅《国务院办公厅关于加强我国非物质文化遗产保护工作的意见》，2005年3月26日。

  [2] 同上。

样，突出在"确认、立档、研究、保存、保护、宣传、弘扬、传承和振兴"[①]等方面的措施，其主要目的是确保非物质文化遗产的生命力。很显然，本书所提出的"可持续发展"是"保护"工作的重中之重。

福建原生态村落体育文化是我国非物质文化遗产的构成部分，并以项目众多、特征明显、价值斐然、文化底蕴深厚等为国家和地方非物质文化遗产部门所认可。在国家非物质文化遗产名录、省级非物质文化遗产名录、市级非物质文化遗产名录中，被收录的与福建原生态村落体育文化相关的非物质文化遗产近百项，彰显了福建原生态村落体育文化的独特魅力，以及相关部门的重视程度。虽然，福建原生态村落体育文化有着许多有益于社会发展的特殊价值，并在保护与传承中获得极大关注，但是在实际发展过程中，依旧存在一些保护传承隐患亟待解决。为此，本章从福建原生态村落体育文化可持续发展的视角出发，在对目前福建原生态村落体育文化发展方式进行深度考察的基础上，探讨这些发展方式存在的困境，依托这些项目发展原则，从多个方面综合考量并提出福建原生态村落体育文化可持续发展的路径。

第一节　福建原生态村落体育文化可持续发展的研究意义

一　理论意义

（一）促进原生态村落体育文化的保护与传承

福建原生态村落体育文化是我国非物质文化遗产的重要组成部分，很多项目都保持着相对的原真性特征，成为国家非物质文化遗产和地方非物质文化遗产重点保护的对象，特别是具有地域族群特色的畲族原生态村落体育文化及客家原生态村落体育文化。因此，依据我国原生态村落体育非物质文化遗产在历史及当代社会中的价值，相关部门出台了大量政策法规文件，如《国务院办公厅关于加强我国非物质文化遗产保护

---

① 联合国教科文组织：《保护非物质文化遗产公约》，2003年10月17日。

工作的意见》《国务院关于加强文化遗产保护的通知》《国家级非物质文化遗产保护与管理暂行办法》《中华人民共和国非物质文化遗产法》《关于实施中华优秀传统文化传承发展工程的意见》，其目的都是保护和传承。无论是文件中对项目的保护及对传承人的保护，还是为此设定的非物质文化遗产代表性传承人和非物质文化遗产名录等，其工作的重点仍然呈现在较为静态的"保护"方面，对活动开展的动态传承及保护显然没有实质性的保障。福建原生态村落体育文化是以身体运动为特征的，以"口传身授"为主要传承形式，这也决定了其传承是通过活动的开展来实现的。正因为如此，对福建原生态村落体育文化可持续发展路径的探讨才是对这些非物质文化遗产真正意义上的保护与传承。

（二）加快新农村文化建设和精神文明建设

在城镇化进程及新农村精神文明建设中，作为仪式核心载体的原生态村落体育文化，承担着对历史文化传承、现代文化建设等许多方面的历史与现实使命。①

福建原生态村落体育文化扎根于乡土社会，以村落为发起单位，以村民为传承主体，以宗族祭祀、乡土宗教祭祀、节日庆典等为展演场域，突显了这些身体运动与村落文化之间的紧密关联，使其在传承发展过程中浓缩了这些场域的文化特质，并在村落社会中形成广泛影响。当然，福建原生态村落体育文化在这些场域的展演的确为其赋予了特殊的文化内涵，但是，它们本质的特征仍然来自这些项目源起的象征意义。宁德沙江的曳石活动与赛海马活动、福州平潭的藤牌操活动、莆田涵江的打铁球活动、泉州桃源村的蛇脱壳阵活动、厦门多村的宋江阵活动、漳州的三公下水操活动等，这些项目源自军事战争，大多与反侵略斗争息息相关，其源起也赋予了这些项目民族精神象征与内涵，这种精神与文化象征是当下新农村文化建设及精神文明建设所急需的。同时，正因为这些身体运动事项具有了这种象征文化内涵，所以它们往往成为村落族群重点关注的对象，并建构成族群文化的一部分，在族群延续与发展过程

---

① 参见吴祖会等《城镇化进程中原生态村落体育参与者的价值取向研究》，《南京体育学院学报》（自然科学版）2016年第4期。

中,对形成族群凝聚力、族群成员身心教化、族群文化认同、村落社会秩序维护、村落社会治理,以及当前的新农村文化建设与社会主义精神文明建设等产生影响。如何使得这些功效成为现实呢?很显然,需要通过代代相传的身体运动,并在不同的展演场域中来实现或传递,所以,对这些项目的可持续发展路径进行探讨,使其保持动态的传承发展才能促进这些方面的实践达成。

二 实践意义

(一)作为校园学生身心教化的现实教材

在福建原生态村落体育事项中,诸如宁德沙江的曳石活动与赛海马活动、福州平潭的藤牌操活动、莆田涵江的打铁球活动、泉州桃源村的蛇脱壳阵活动、厦门多村的宋江阵活动等,皆经历了一系列反侵略斗争场域的洗礼,已经使其具备了浓郁的爱国主义精神,不仅如此,在乡土社会的发展过程中,如宋江阵活动又与《水浒传》中梁山好汉的侠义精神相互融合,并通过对这些英雄形象和身体行为的模仿,使得宋江阵的文化内涵和身体文化象征更加丰富化和多元化。这种汇聚在乡土武术中的精神理念和身体行为不仅对社会大众是一种教育的"校本",同时更可以作为不同阶段校园学子身心教化的现实教材。2013年12月30日,习近平总书记指出:"对中国人民和中华民族的优秀文化和光荣历史,要加大正面宣传力度,通过学校教育、理论研究、历史研究、影视作品、文学作品等多种方式,加强爱国主义、集体主义、社会主义教育,引导我国人民树立和坚持正确的历史观、民族观、国家观、文化观,增强做中国人的骨气和底气。"[①] 2014年5月30日,习近平总书记强调:"今天,中华民族要继续前进,就必须根据时代条件,继承和弘扬我们的民族精神、我们民族的优秀文化。"[②] 福建原生态村落体育文化作为民族传统优秀文化的一部分,其所蕴含的社会价值将逐渐被社会、教育、家庭等认知与接收。以福建地区大中小学教育中的传承境况为例,这些项目成为

---

① 《习近平谈治国理政》,外文出版社2014年版,第162页。
② 同上书,第181页。

校园学子身心教化的一种"校本",已是不争的事实,势必会引领民间传统武术文化融入校园,成为校园中爱国主义精神教育的一种有益补充。

(二)作为乡土民众信仰培植的实践达成

2015年2月28日,习近平总书记在北京会见第四届全国文明城市、文明村镇、文明单位和未成年人思想道德建设工作先进代表时强调,"人民有信仰,民族有希望,国家有力量"①。在国家和社会层面上,广大民众对一个民族的生存和发展尤为重要,而民众的信仰对于中华民族的伟大复兴具有更多的基础性。人民的信仰并非一蹴而就的,是广大民众在日常生活中,秉承中华传统优秀文化的精髓而不断养成的。因为,中华优秀传统文化已经成为中华民族的基因,根植在中国人内心,潜移默化地影响着中国人的思想方式和行为方式。福建原生态村落体育文化在数百年的社会洗礼及文化滋养下,汇集了尚武爱国、自强不息、勇于拼搏、吃苦耐劳等民族传统优秀文化精髓,已融入地方乡土民众的生活之中,影响着他们的思想和行为,乃至信仰的延承与培植。

以部分福建原生态村落体育文化为媒介所型塑的"英雄人物"崇拜及祖先尊崇,在当下和谐社会建设中具有积极的影响。这些英雄人物的榜样作用,激发了广大乡土民众的爱国主义情怀,培养了"守诚信、崇正义、尚和合、求大同的时代价值,是中华优秀传统文化成为涵养社会主义核心价值观的重要源泉"②。对英雄先祖的尊崇和信仰,促使村落族群的凝聚力得以增强,使得族群认同得以诠释、维持和重构,村落伦理价值观被延承和发展,进而影响着村民的思想和行为,村民自治的现象也在潜移默化中达成。一言以蔽之,在福建原生态村落体育文化身体展演中所培育的乡土民众信仰,在爱国主义精神培育、和谐社会建设、村落社会治理等方面,突显了民族传统优秀文化理应承担的历史使命和当代责任。

---

① 《习近平谈治国理政》(第二卷),外文出版社2017年版,第323页。
② 《习近平谈治国理政》,外文出版社2014年版,第164页。

(三) 作为闽台文化共同体建设的载体

共同体是一种特殊的社会现象，是一种归属的观念，是"对意义、团结和集体行动的寻求"[①]，是为了共同体内部组成单元之间的彼此承认及生存的需要而被想象或建构出来的某种社会群体关系，从而解释与容纳我们的认同感与归属感。[②] 共同体又是建立在有关人员的本能的中意或者习惯制约的适应或者与思想有关的记忆之上的。[③] "共同体"学术问题是一个经久不衰的研究命题，早期的滕尼斯（Tönnies）、涂尔干（Durkheim）、亚里士多德（Aristotle）、马克思（Marx）、鲍曼（Bormann）、韦伯（Weber）、卢梭（Rosseau）、安德森（Anderson）等国外学者基于不同的研究视角，分别探讨过"共同体与社会""共同体与民族""共同体与宗教""共同体与族群"等的相关体系。伴随共同体在社会发展中的作用愈加突显，其研究领域、认识观、价值观等方面不断拓展，出现了利益共同体、道德共同体、民族共同体、文化共同体、宗教共同体、治理共同体、政治共同体、经济社会共同体、村落共同体、城乡共同体、精神共同体，甚至是人类命运共同体等学术研究领域，应该说，"共同体"一词不会比最近几十年来更为不加区别地、空泛地得到使用了。[④] 福建原生态村落体育文化（如南少林武术、宋江阵等）不仅是一种身体化的运动，更是广大民众民族奋勇拼搏精神的表达，这种精神共同体的型塑源自于这些身体运动所内含的特殊文化特质。

(四) 作为爱国主义精神培育的实践工具

列宁曾经说过，"爱国主义是由于千百年来各自的祖国彼此隔离而形成的一种极其深厚的感情"[⑤]。基于爱国主义情感和信仰而形成的民族凝聚力及向心力是中华民族复兴的强大精神动力。[⑥] 在近代社会，中华民族

[①] Gerard Delanty, *Community*, London: Routledge, 2003, p. 3.
[②] 李义天：《共同体与政治团结》，社会科学文献出版社 2011 年版，第 11—12 页。
[③] [德] 斐迪南·滕尼斯：《共同体与社会——纯粹社会学的基本概念》，林荣远译，商务印书馆 1999 年版，第Ⅱ—Ⅲ页。
[④] Eric Hobsbawm, *The Age of Extremes*, London: Michael Joseph, 1994, p. 428.
[⑤] 《列宁选集》第 3 卷，人民出版社 1995 年版，第 579—580 页。
[⑥] 参见袁银传《爱国主义与中华民族复兴的精神动力》，《武汉大学学报》（社会科学版）2003 年第 5 期。

的发展道路经历了多重磨难,甚至陷入水深火热之中,但是在民族最为危难的历史时刻,总有一些爱国志士挺身而出,不怕牺牲,奋勇拼搏,为拯救中华民族而作出了重大贡献,而其中支撑他们的正是这种中华民族的爱国主义精神。虽然,当前我们身处和平年代,但是福建原生态村落体育文化所留下的关于反侵略斗争的历史记忆绝不能被抛弃,诸如宋江阵抗倭、抗俄、抗日等,"历史的经验值得注意,历史的教训更应引以为戒"[1]。孔子曾经说过:"安而不忘危,存而不忘亡,治而不忘乱,是以身安国家可保也。"[2] 只有居安思危,才能安身保国。生在当下和平社会,我们更不应该忘记今之和谐社会的来之不易,要时刻牢记中华民族所经历的社会变迁,特别是具有教育、警示性质的社会历史,以及在这种历史中或服务于这种历史而遗存至今的民族传统优秀文化,及其所凝聚的精神价值。2013 年 3 月 17 日,习近平总书记指出:"实现中国梦必须弘扬中国精神。这就是以爱国主义为核心的民族精神……爱国主义始终是把中华民族坚强团结在一起的精神力量。"[3]

福建原生态村落体育文化活动大部分是在抗倭斗争中被型塑的,像宋江阵还在雅克萨抵抗沙俄入侵时展示了斗争精神,在郑成功收复中国台湾地区中继往开来并被广泛传颂,在近代鸦片战争和抗日斗争中虽败犹荣。这些身体所参与的一系列反侵略斗争的历史,都是中华民族历史上不可磨灭的"创伤",正因为如此,福建原生态村落体育文化在反侵略斗争中的"在场",使其凝聚了浓郁的爱国、爱族的民族精神。这种在征战场域所型塑的爱国主义精神的理性特质具有规范实践主体行为的作用,至少可以从纯化动机和规范行为两个方面规范具体实践。[4] 以福建原生态村落体育文化的历史记忆来纯化广大民众的动机,以身体模仿运动来规范广大民众的行为,是这些身体运动在当代社会延承下去的重要使命。党的十九大报告也曾强调要深入挖掘蕴含在中华优秀传统文化

---

[1] 《习近平谈治国理政》,外文出版社 2014 年版,第 390 页。
[2] 金景芳:《周易·系辞传》新编详解,辽海出版社 1998 年版,第 116—123 页。
[3] 《习近平谈治国理政》,外文出版社 2014 年版,第 40 页。
[4] 参见吴祖刚、张小飞《论爱国主义精神与中国特色社会主义实践特色之关系》,《西南民族大学学报》(社会科学版) 2013 年第 12 期。

中的思想观念、人文精神和道德规范，弘扬民族精神及时代精神，加强爱国主义精神教育，引导人们树立正确的历史观、民族观、国家观、文化观，以此为思想指导，使凝聚在福建原生态村落体育文化历史文化和身体文化中的民族精神逐渐被发掘，它们将成为爱国主义精神培育和践行的工具媒介。

第二节 福建原生态村落体育文化的发展形式及存在的问题

福建原生态村落体育文化根植于乡土社会，是在地域文化催生下孕育并传承下来的，具有浓郁的地域性特征。这些具有多样化特征的身体运动文化，是历经数百年甚至千余年的岁月洗礼，并融合多元文化为一体的共生文化。认知福建原生态村落体育文化的前提是要将这些身体运动事项置放在不同的历史场域中进行解构，如福建沿海一带的曳石活动、赛海马活动、宋江阵活动、蛇脱壳阵活动等项目的源起，皆与明朝抗倭斗争有着密切关联，对这些体育事项文化内涵的阐释，需要从福建的地理格局、明朝福建的社会环境、抗倭斗争历史等多方面进行分析，然而，这些项目在发展过程中又与乡土宗教、宗族、节日等习俗文化相互交融，因此，就要求我们对这些文化在福建地域的发展进行梳理。例如，福建地域的宗族文化底蕴异常深厚，特别是在闽南地域，许多原生态村落体育以宗族为传承主体，并在宗族繁衍过程中，被建构成宗族群体文化的一部分，成为宗族对内形成凝聚、对外形成族群优越性的一种理性工具，如厦门郭山村的宋江阵活动、漳州沙坂村的宋江阵活动、厦门西湖塘的宋江阵活动、泉州桃源村的蛇脱壳阵活动，等等。正因为福建原生态村落体育文化的起源各不相同，在发展过程中多以村落或宗族为传承主体，呈现出千差万别的发展样态，这些发展形式在不同的社会环境中都有其存续的合理性，同时也有其发展的局限性，特别是在当前城镇化快速发展及村落群体逐渐淡化的社会发展中，福建原生态村落体育文化早期的传承形式，有许多方面就与当下社会发展存在矛盾之处，进而影响到项目的可持续发展。为此，对当前福建原生态村落体育文化传承形式进行分析，从中发掘在当前社会环境中存在的发展问题，将有利于非物质文化遗产保护与传承的顺利推行。

一 以村落单位为主体

（一）发展形式

村落的生活自成体系，但它又作为区域社会和国家的一部分而存在，从某种意义来说，它也是社会和国家的一个象征。[①] 农耕社会是中华民族社会变迁的一种特殊存在类型，伴随中华民族数千年的发展历史，农耕文化最直接的社会记忆便是村落。所以，村落在中华民族共同体的型构过程中占有举足轻重的地位，同时也是中华民族承载历史记忆最为丰富的"单位"。说起历史记忆丰富是因为在不同的村落中，地域文化存在差异，历史记忆也各不相同，也形成了"五里不同村，十里不同俗"的"文化差异说"。福建原生态村落体育文化皆源自村落社会之中，在数百年的社会环境变迁过程中，一些被规划到城镇之中，但仍以"城中村"为依托存续，突显了这些原生态体育事项的村落化特征。在本书所统计的福建原生态村落体育文化项目中，有90%的项目依旧在村落社会发展，也有诸如沙埕的搬铁枝活动已经进入城镇环境之中，但依旧保持着早期村落社会的特质和习俗。村落的仪式可以说是在村落特定时空制度制约下形成的文化创造，既是村落历史的一种仪式性记忆，受村落时间的制约，是村落历史的延续，也是家族现实力量及村落结构的真实反映。[②] 扎根于村落社会是福建原生态村落体育文化存续的主要方式，在这样的社会环境中，人们共守着一份相同的文化，遵循着相同的村规民约，甚至共同信仰着同一祖先，久而久之，他们之间的相濡以沫使他们成了相互依存的"命运共同体"，正是这种特殊的群体性特征的存在，使得原生态村落体育文化获得了一个稳定的存在载体和传承主体，推动了这些体育事项得以持续被传承，并通过身体运动及"口传身授"的方式延续至今。

[①] 参见刘晓春：《仪式与象征的秩序——一个客家村落的历史、权力与记忆》，商务印书馆2003年版。

[②] 参见刘晓春：《仪式与象征的秩序——一个客家村落的历史、权力与记忆》，商务印书馆2003年版。

应该说,到目前为止,福建原生态村落体育文化的兴衰存续皆离不开村落社会环境的营造,村落成为这些体育事项保护与传承的主体"单位"。

(二) 存在的问题

福建原生态村落体育文化活动是在村落社会中孕育的,并在这种社会环境中,在村民们自发、自愿基础上开展活动和传承文化,这也是为何我们一再强调文化自觉,以及让原生态村落体育文化回归自发、自愿的根基性所在。为什么我们要强调"回归"呢?因为当前的"村落"已非昨日之"村落",很多东西都在变迁,村落解体、村落空巢化、村落城镇化、村落社会生态变迁等,同时也包括村民的思想观念变迁。如此等等,也影响到原生态村落体育文化的发展,甚至可能会加快这些体育事项走向衰亡。十多年以来,我国村落(自然村)正以每年近9万个的速度消失,以村落为载体的原生态村落体育非物质文化遗产也可能随之灰飞烟灭。[①] 因为原生态村落体育扎根于乡土社会,是在一种特殊的环境中被孕育出来的,诸如龙岩长汀的闹春田活动是在农田中开展的,宁德沙江的曳石活动是在村落巷道中进行的,龙岩庙前村的红龙缠柱活动是依托宗祠的建构格局而开展的,漳州正达村的盘古王戏水活动是在村边小溪中举行的,龙岩姑田的游大龙活动是在田野中进行的,如此等等,都在说明原生态村落体育与其所生存的生态环境之间的关系。那么,试想这些土生土长的原生态村落体育项目一旦离开了其生存及繁衍的土壤,该如何生存?又该何去何从?即使一些村落并没有像想象的那样严重消亡,但在村落社会改造过程中,原生态村落体育赖以生存的生态环境被改变,也可能使得这些村落体育文化失去存续之土壤,变得面目全非。当然,因为村落经济社会的变迁,大量的年轻劳动力外出流动,使村落逐渐形成了"空巢化"的境况,而许多原生态村落体育便是以这些中间力量为载体的,久而久之,这些项目便失去了主要的传承主体,其内涵或形式也就不复存在了,诸如三明茶坪村的打黑狮活动便是一个很好的案例。面对当前村落格局的变化,福建原生态村落体育文化迟早都将迎来失去村落社会生态环境之情形,这绝不是杞人忧天,我们应该未雨绸缪。

---

① 参见冯骥才《为什么仍为非遗担忧》,《人民日报》2012年6月19日第24版。

二 以宗族为传承载体

（一）发展形式

宗族是由父系血缘关系所建构起来的各个家庭单位，是在祖先崇拜及宗法观念的规范下生成的社会群体，也可将宗族称为家族。无论是宗族还是家族都需要厘清几个问题，即体现为以血缘系统为根基的人员关系，以家庭作为基本构建单位，具有聚族而居的特点或者相对稳定的居住区，由组织原则、组织机构及领导人进行管理。[①] 正如费孝通研究所指出的那样，所谓的"族"是由许多"家"组成的，是一个社群的社群。[②] 在我国乡土社会的传统村落中，以姓氏或以宗族聚集是最典型的村落建构特征，这种聚集多以长期的血缘关系为基础，以地缘形式构成一个村落群体。人们基于血缘、地缘也就形成了"差序格局"和伦理本位的社会关系结构。[③] 宗族通常只是村落的一个组成部分，然而，在福建和广东地域，宗族与村落两者之间有着明显的重叠现象，以致诸多村落只有单个宗族。[④] 福建地域这种兴盛的宗族文化氛围使得各项宗族习俗文化得以更好地保存和传承下来，同时也融入福建原生态村落体育文化之中。如厦门郭山村的宋江阵活动是以郭氏宗族为传承主体的，漳州沙坂村的宋江阵活动以陈氏宗族为传承主体，漳州珪塘村的三公下水操活动以叶氏宗族为传承主体，泉州桃源村的蛇脱壳阵活动以傅氏宗族为传承主体等，都体现了福建原生态村落体育文化依附宗族而存续的特质，特别是闽南一带，至今依旧保持着强烈的宗族意识。因为村落宗族的信仰一致性、习俗延传性、礼仪祖传性、意识凝聚性等特性，使得他们的尊祖信仰极其浓厚，以至于形成了一种特殊样态的村落宗族共同体，这种共同体的存在保证了宗族文化的延续，而福建原生态村落体育文化是宗族的遗

[①] 参见冯尔康等《中国宗族史》，上海人民出版社2008年版。
[②] 参见费孝通《乡土中国》，生活·读书·新知三联书店1986年版。
[③] 参见费孝通《乡土中国》，人民出版社2008年版。
[④] 参见［英］莫里斯·弗里德曼《中国东南的宗族组织》，刘晓春译，上海人民出版社2003年版。

留产物，或者是被宗族建构成一种族群文化组成部分，这也是我们在实地调研中，许多原生态村落体育传承人一再强调"某某某项目"是他们的哪一位先祖创造的，并由其家族代代相传的原因，其目的是突显宗族文化特质，以彰显宗族的优越性。从中我们也可以感受到，正是这样一个稳定的村落宗族单位为这些原生态村落体育事项的可持续传承提供了基础保障。

（二）存在的问题

弗里德曼认为，在家族或宗族的祭祀中，人们与他们"熟知"的逝者或多或少地取得了联系，并且通过这种祭拜仪式或身体运动的象征意义来表达对他们的供奉，从而使他们在不同的世界获得快乐。在宗族或族群的层面，亲属体系所要求的分化在仪式过程中得以表达和强化。[①] 福建原生态村落体育文化以宗族为依托的传承方式即突显这种象征内涵，并在相关的宗族仪式操控中存续和表达，这也是福建原生态村落体育文化最具特色的传承形式之一。但是，在村落城镇化、村落人口流动、村落空巢化、村落单元逐渐解体等发展趋势下，宗族意识也将不断受到影响。为了生活、教育等，村落族群也在不断迁徙，同样对早期聚集而居的宗族共同体及其凝聚力的保持构成威胁。虽然我们在实地调研中发现，在闽南一带这种宗族意识依旧强劲，但以上诸多情形的影响，村落宗族共同体意识也从自觉走向"勉强"，特别是当这一代土生土长的村落宗族"长老"不断老去之时，村落宗族共同体的维系将处在一种濒临边缘的状态。一旦村落宗族共同体在某个时间段"土崩瓦解"，那么以村落宗族为寄生的原生态村落体育文化不仅会失去原本存续的宗族社会环境，同时也将失去传承主体的坚持，日渐式微或者走向衰亡的境况是可以想象的。也许在一种强有力的宗族观念作用下，村落宗族的生命力并没有所说的那么"脆弱"，但这一系列的可能性仍然会给福建原生态村落体育文化的可持续发展造成麻烦。

---

① 参见 Maurice Freedman, *Lineage Organization in Southeast China*, Longdon: The Athlone Press, 1958。

三 以乡土宗教仪式为寄生载体

（一）发展形式

"在人类创造的各种文化形式中，宗教与文学恐怕是历史上最能潜移默化大众心灵的两种形式。"[①] 宗教之所以能够形成巨大的影响，特别是在福建乡土社会之中，是因为这些乡土宗教的仪式和文化具有特殊的象征意义，并以此形成凝聚共识与认同的作用。这种乡土宗教的认同效应往往是人群联系（affiliation）的重要方式，并由此产生具有归属感的社群。[②] 福建地方的郭山村的宋江阵、西湖塘的宋江阵、赵岗的宋江阵等阵头，每年都会在王审知北辰山祭奠中出阵表演。这些村落的先祖曾跟随王审知行军打仗，像郭山村的开基祖郭镕为王审知的十八部将之一，曾在开闽圣王东征西讨中立下汗马功劳，是该村所谓的"英雄先祖"，正是由于这种英雄祖先崇拜的历史心性使然，人们保持了参与到王审知祭祀仪式的习俗。如宁德沙江的曳石活动有妈祖信仰融入，莆田镇前村的打铁球活动也与宗教祭祀仪式相互关联，种种迹象表明，福建原生态村落体育文化与乡土宗教信仰相互融合的情形。福建原生态村落体育文化还有一些事项直接源自乡土宗教祭祀仪式活动之中，如厦门多村的送王船活动是王爷祭祀活动的一个部分，厦门的海沧蜈蚣阁活动是由保生大帝祭祀仪式衍生而来的，漳州珪塘村的三公下水操活动是由纪念陆秀夫仪式而型塑的，漳州正达村的盘古王戏水活动、漳州吉坂村的抢土地伯公活动等源自乡土神灵信仰祭祀，妈祖民俗体育、临水夫人祭祀体育等都是在乡土神灵的祭祀仪式中被孕育的。源自对乡土宗教神灵的信仰使这些项目保持了传承的动力，乡土宗教祭祀仪式又为这些原生态村落体育活动提供了展演的场域。无论是寄生于乡土宗教信仰仪式而存续的福建原生态村落体育文化，还是生于斯长于斯的地域性乡土宗教，我们皆可以看出其对原生态村落体育传承发展的重要性。一言以蔽

---

① ［德］比德曼：《世界文化象征辞典》，刘玉红等译，漓江出版社1999年版，第5页。
② 参见 Larsen, "Belonging: the Experience of Culture", *in Belonging: Identity and Social Organization in British Rural Cultures*, Manchester: Manchester University Press, 1982。

之，福建地域经久不衰的乡土宗教信仰是其地域文化的特色，影响着人们的思想观念和生活习性，使人们保持着对某种社会生活的期许，并通过原生态村落体育的身体运动形式而得以呈现。

（二）存在的问题

福建乡土宗教是一个较为复杂的体系，它们有地域化共同信仰的神祇。如妈祖信仰、临水夫人信仰、保生大帝信仰、王爷信仰等；同时它们也有族群先祖信仰，如陈氏宗族的陈元光信仰、王氏宗族的王审知信仰、畲族的盘瓠信仰等；当然还存在一些村落在造神运动中所建构出来的"村神"。这种现象在福建地域较为普遍，并有形无形地在广大民间社会通过仪式的形式发挥着特殊的作用。亚里士多德曾说过"人们按照他们自己的形象创造了神"，而在造神运动中，神也成为祭拜的主要对象，并形成了形式各异的祭祀仪式。古代中国礼书（大约公元前3世纪）记载"仪式是把群众会聚在一起的黏结剂，如果这种黏结剂不存在了，那么这些群众便会陷入混乱"[1]。可见，在某种社会场域中，仪式之社会功能十分明显，因为在仪式表演的过程中往往形成了一种转换，例如在祭祀神灵的宋江阵展演场域中，人们的日常生活将被转移到神灵与身体展演的场域之中，而正是在这种关联中，日常的东西被改变了。[2] 在这些仪式之中，福建原生态村落体育身体运动被创造或被传承，为仪式增添了诸多象征文化内涵。但是，乡土宗教的一些神化的身体运动被无限放大，混淆正常的社会视听。如宋江阵仪式中一些乩童的活动，被认为是民间武术乩童所传授；再如民间的一些抬神过火仪式被认为是神灵的保佑，而不会受伤；还有一些将仪式与气象相互关联在一起。我们不去讨论某些现象的出现是偶然或是必然，将这些原生态的身体运动建构在乡土神灵的框架之中，本身就带有某种蒙昧的成分，显然与当前社会知识体系的快速发展有相互矛盾之处。在实地考察中，我们通过访谈，也感到年青一代对这种神圣化的认同感要远低于年长一辈，因为年青一代对科学

---

[1] ［英］布林·莫里斯：《宗教人类学》，周国黎译，今日中国出版社1992年版，第149页。

[2] 参见 Alexander, Bobby C., "Ritual and current studies of ritual: overview", in Stephen D. Glazier ed., *Anthropology of Religion: a Handbook*, Westport, CT: Greenwood Press, 1997。

信息的掌握能力远远超出了上一辈的想象。那么，原生态村落体育这种神秘的"面纱"逐渐退化之后，其与乡土宗教文化之间的融合又该如何保持？是否会影响到下一代，甚至是多代之后传承主体思想的波动，进而影响到这些项目的传承与发展？

四 以节日庆典为展演平台

(一) 发展形式

节日庆典创造的是一种特殊的社会情境，在这种场域中，个体及群体的身体活动使得人们能够自由地表达这类情感，在这一意义上而言，它们是社会性的[①]，传统节日是我国最传统的习俗文化，不同的节日也有特殊的象征纪念仪式或活动，在这些场域中，民族历史文化往往寄生其中，诸如民族的衣食住行、社会关系、传统艺术、宗族习俗、民间信仰等，在节庆习俗文化中尽得彰显，所以说，节庆成为一种文化传统的"储存器"与重要载体。[②] 福建原生态村落体育文化依托节庆期间开展是最突显的依附性特征，这些节庆包括春节、元宵节、端午节、中秋节等，如游灯之类的民间传统体育活动多在元宵节进行，扒龙舟之类的民间传统体育活动多在端午节举行，举火把之类的民间传统体育活动多在中秋节举行，而在除夕至正月十五期间，不同村落都要举行各种仪式体育活动来欢庆节日，因此，在现代社会中，如果要寻找一个民族的历史文化遗产，就要去找民俗，要找民俗的家门，就要去年节。[③]

福建原生态村落体育文化依附在节日庆典场域进行展演的特质体现在中国较为传统的习俗节庆及一些族群的特殊节日中。像宁德乾源村的斩白蛇活动、宁德沙埕的搬铁枝活动、三明大田的板凳龙活动、三明宁化县太华镇华溪村的稻草龙活动、长泰正达村的盘古王戏水活动、南平枫坡的拔烛桥活动、龙岩姑田的游大龙活动、龙岩罗芳的走

---

① 参见杨念群《空间记忆社会转型：新社会史研究论文精选集》，上海人民出版社2001年版。
② 参见陈奇等《一项民族传统体育的文化人类学研究——广西南丹拉者村"斗牛斗"运动的田野报告》，《体育科学》2013年第2期。
③ 参见董晓萍《说话的文化：民俗传统与现代生活》，中华书局2002年版。

古事活动、龙岩苏邦村的上刀梯活动、莆田枫亭的游灯活动、莆田勾边村的九鲤灯舞活动、莆田市涵江区白塘镇镇前村的跳火活动、福州永泰县梧桐镇埔埕村的橡板龙活动等，都是在元宵节庆期间举行的民间传统体育活动；而宁德沙江曳石活动、厦门的博饼活动等民间传统体育活动都是在中秋节庆期间举行的；泉州石狮蚶江闽的台对渡习俗、泉州安海的嗦啰嗹活动和抓鸭活动等民间传统体育活动在端午节举行。还有一些诸如畲族的打黑狮活动、畲族拳、霍童线狮活动等项目会在一些族群特殊的节日中举行。像畲族的狩猎舞、龙头舞、铃刀舞、打黑狮活动、山哈藤阵活动、竹竿舞等多在本族群三月三的族祭中进行表演。总体而言，福建原生态村落体育文化寄生于节日庆典展演的情形十分普遍，无论是传统节日还是族群特殊节日，无疑都推动了这些体育事项的发展，同时，节庆中这些身体运动的参与也丰富了活动的内涵，给节日增添了氛围和韵味。

(二) 存在的问题

节日是我国传统文化的一种象征，其本质是一种精神，与人们的情感和理想息息相关，体现着民族与民间的精神传统、道德规范、审美标准及地域气质。正因为如此，在节日中孕育的非物质文化遗产也成为人们寄托情感、展示理想的工具。在当前大力倡导非物质文化遗产保护的社会背景下，冯骥才强调，我们在抢救非物质文化遗产的过程中，不仅要将山村乡野里那些有失传危险的古老艺术作为主要对象，同时也要抢救人们在不经意中可能丢失的"年味"。[①] 农历新年是我国最为隆重的节日，也是最具象征意义的日子。尽管这个日子是如此的重要，但是正如冯骥才所说，"年味"可能正在逐渐变淡，或许事实就是这样。我们在福建地域节日中进行调研时发现，这里的节日氛围看似较为兴盛，但据访谈中一些年长者传承人告知，这里的节日味道也在不断消退，而年轻受访者对节日的象征意义更是看得很淡，更何况他们一直为了生活，多奔波在外，习惯了外面的世界，那种情感的寄托已被岁月所洗涤。如果再过几十年或者更久一些，乡土村落人们的节日意识日渐式微之时，这些

---

① 参见冯骥才《春节是中华民族最大的非遗》，《人民日报》2010年2月9日第12版。

寄生在节日庆典中的福建原生态村落体育非物质文化遗产，可能也将会随之消退，而那时的类似"回复式的乡愁（Restorative Nostalgia）"[1]油然而生显得多么重要。所以，探讨如何使这种身体记忆中的乡愁作为重塑文化记忆的起源，以及原生态村落体育运动中身体的实践在这种"回复式的乡愁"的固着意念中，仍然会在召唤（calling）的行动中，转化成当下的体现与创造[2]，已经是非常值得深思的事情。

五 以馆社为组织机构

（一）发展形式

福建原生态村落体育文化以村落为传承单位，以村民为传承主体，其活动的开展并非无组织、无秩序地进行的，它们大多数都是在村落内部的相关组织机构的规范和指导下进行的，这些机构包括武馆、协会、村委会等。正如林建华的研究所指出的，逢年过节，武馆便组织村民们进行展演，乡土武术获得了民众极大的支持，特别是富有地方特色的杀狮活动、弄狮活动、叠罗汉活动、宋江阵活动、八卦阵等更是尽显风采，民间武术馆社的武术文化活动获得了广泛开展的空间。[3]我们在实践调研中发现，闽南一带至今仍保留着大量的武术馆社，并且一些馆社仍在运行。如漳州沙坂村的宋江阵依托于该村的耀德堂，厦门茂林村的宋江阵、赵岗村的宋江阵都有自己的宋江阵训练馆，泉州桃源村的蛇脱壳阵是在村里的武术馆组织下传承的，泉州朴里、沙美、卢厝等的刣狮阵也都有自身运行的馆舍。厦门吕厝的送王船活动是在村理事会的主持下进行的，漳州正达村举办的盘古王戏水活动也有一个理事会，三明高地村的关刀文武灯活动是依托宗族理事会运行的，南平建瓯的挑幡活动有三个馆长负责，还有诸如厦门郭山村的宋江阵活动是在村委会的帮助下运行的，如此等等，皆说明福建原生态村落体育文化的运行与村落相关组织结构之间的密切关系，因为福建原生态村落体育文化事项多为集

---

[1] Boym, S., *The future of nostalgia*, New York: Basic Books, 2001.

[2] 参见 Szu-Ching Chang, *Dancing with Nostalgia in Taiwanese Contemporary "Traditional" Dance*, California: University of California, 2011。

[3] 参见林建华《福建武术史》，厦门大学出版社2013年版。

体性村落活动，如果没有一个协调和筹办相关事宜的组织，集体性活动便不容易顺利举行，这体现出这些项目的寄生性特征。

（二）存在的问题

村落相关组织机构为福建原生态村落体育文化的保存与发展提供了重要的人力、物力、财力等方面的支撑，即使到了今天，这种现象仍然存在。比如武馆就是一个很好的例子，因为有了武馆，福建一贯尚武的传统得以延续。1920年前后，龙溪、海澄两县有武术馆百余处；1979年，侨乡角美组建22馆，有武术队员1200人；1991年，龙海全县组织武术队79个，参加锻炼活动4424人。[①] 但是，在当前村落城镇化快速发展，娱乐休闲、健身手段极大丰富，以及社会法治化程度不断提升的社会背景下，武馆的生源在不断缩减，武馆规模也在不断萎缩，其经济效益也在不断下滑。我们在实地考察中发现，一些武术馆社多有闲置，更有甚者门庭冷落，院落杂草丛生，当年盛极一时的场景已荡然无存，萧条景象可见一斑，即使是当年漳州本地盛名的"耀德堂"，也多保留在当地老人的记忆之中。我们知道出现这种现象的原因有很多，城镇化、经济发展、生态变迁、人口流动、思想转变、社会需求等都或多或少地参与其中。对于这些依托武术馆社而运行的福建原生态村落体育文化来说，馆社的发展及运行也终将会对这些项目的可持续发展形成影响。不仅这些依托馆社的项目发展堪忧，而且那些依托村落老人协会、理事会等机构开展的项目，在村落"空巢化"、城镇化等社会情形的影响下，也将面临重组或解散的风险。即使一时间这些问题不会完全爆发出来，但现存的迹象已经正在加速这种趋势的进程，对福建原生态村落体育非物质文化遗产的保护与传承势必形成阻碍，已成为不争的事实。

六　将社会与校园相结合

（一）发展形式

福建原生态村落体育文化有着丰富的历史文化和象征文化内涵，在儿童启蒙、传统教育、道德修养及审美情趣培养等多方面都将发挥重要

---

① 参见福建省龙海县地方志编纂委员会《龙海县志》，方志出版社1993年版。

的作用。① 在福建原生态村落体育文化展演的过程中，身体运动所型塑的模仿运动，让他们重温过去，感受传统记忆，以自己所表现的统一性和一致性，实现对个体行为的约束与规范，形成普遍的社会秩序。② 这种身体的规训和行为教育是福建原生态村落体育文化价值内涵的一种实践性彰显，乡土民间传统体育是这种社会教化成为可能和现实的工具。如沙江曳石活动、闽东赛海马活动、枫亭游灯活动、宋江阵活动、蛇脱壳阵活动等民间传统体育事项，由戚继光抗倭的历史演化而来，通过后人的建构赋予了这种项目以民族精神，并体现在身体运动之中。珪塘村的三公下水操活动是模仿崖山海战中，陆秀夫背帝跳海后与元军搏斗的场景，其中折射了陆秀夫不甘被俘、勇于抗争的民族精神。通过在身体运动场域中学习历史和感触历史场景，可以达到对身心的教化作用，特别是这些内涵民族精神的乡土民间体育文化，对于培养民族情感，以及进行爱国主义教育，具有重要的现实意义。

在福建原生态村落体育文化的实践调查中，我们发现，目前通过这些项目活动形式开展对青少年的教育主要有两种形式，即村落社会场域中的教育和校园形式的教育。首先是在村落社会场域进行的对青少年学生实施的教育。例如，厦门茂林村的宋江阵传习基地，组织本村小学生学习宋江阵技术并培养小学生的尚武精神。宁德金斗洋村的畲族拳传承人——钟团玉利用周末及寒暑假在金斗洋村进行畲族拳的传习，教习本村青少年学习本族群的文化。泉州吕厝村运用假期时间，无偿为本村青少年传授刣狮阵武术文化。厦门赵岗村的宋江阵传习基地的重点培养对象同样是中小学生，并利用节假日进行传习。其次是在校园场域进行福建原生态村落体育文化的传习。厦门莲塘的宋江阵活动以闽台宋江阵历史博物馆为基地，在林良菽的倡导下，在翔安黄厝小学等中小学内逐渐得以传承；宁德金斗洋的畲族拳在传承人钟团玉的努力下，在宁德市民族中学进行传承；宁德猴盾村的畲族龙头舞活动在蕉城区民族实验小学

---

① 参见赵炳南《"人文"释义和我国民族传统体育的人文价值》，《体育学刊》2007年第4期。

② 参见韦晓康、蒋萍《民俗体育文化在社会治理中的作用研究》，《中国体育科技》2016年第4期。

由传承人雷明祥进行传承；泉州咏春拳以课间操的形式在中小学传承；莆田妈祖民俗体育在莆田城厢区逸夫小学、莆田秀屿区妈祖中学等校传承。毫无疑问，无论是以社会场域的形式，还是以学校场域的形式传承福建原生态村落体育文化，皆拓宽了这些项目的传承对象，缓解了传承人匮乏的境况，同时，项目中所包含的有益价值，可对学生身心形成良好的教化，可弥补学校教育中该方面存在的不足。

（二）存在的问题

2016 年，教育部出台了《国务院办公厅关于强化学校体育促进学生身心健康全面发展的意见》，其中明确指出"进一步挖掘整理民族民间体育，充实和丰富体育课程内容"[①]。这一文件充分体现了国家教育部门对民族民间体育文化的重视和认可程度，这也是相关部门不止一次地提及此事了。就福建原生态村落体育文化进入校园教育的情况来看，远没有跟上国家相关文件的精神与倡导。第一，我们很难看到具体的文件将这些原生态村落体育纳入课程建设。因为没有强有力的文件规定，地方相关部门虽然倡导将地方特色民间体育引入校园课程，也进行了大量的课程规划研讨，但真正促成此事的却少之又少，延缓了福建原生态村落体育文化校园课程化建设。第二，校本教材开发缓慢。因为缺乏课程规划的基础保障，校本教材的开发积极性不高，同时也有一定的难度。即便一些民族中学对诸如陀螺之类的民间体育进行过教材编写，但其内容也过于简单与单一，课程教学缺乏基本依据。第三，课程教学缺乏系统性。目前福建原生态村落体育文化校园场域及社会场域所开展的面向学生的课程教学，随意性较大，系统性不足，如妈祖民俗体育在大多数学校中仅仅开展一次课的教学。第四，重技能传授，轻理论教化的情形严重。虽然，我们强调原生态村落体育文化的身体教化的功能，但是一些蕴含在历史事件中的民族精神，有时候却很难在身体运动中被传教，在教育范畴中可能会导致本末倒置。总体来看，在校园中开设福建原生态村落

---

① 中华人民共和国教育部：《国务院办公厅关于强化学校体育促进学生身心健康全面发展的意见》，http：//www.moe.edu.cn/jyb_xxgk/moe_1777/moe_1778/201605/t20160507_242349.html。

体育文化课程还未形成规范化，致使传承效果和教育效果都有待提升。出台相关文件，纳入学校课程建设规划，开发校本教材，形成系统性、常态化、规范性教学，进行爱国主义精神教育等，还需要一个很漫长的过程。

第三节 福建原生态村落体育文化可持续发展的实践

在我国非物质文化遗产保护工作的十几年历程中，逐渐形成了一种"中国经验"，其保护方式主要有抢救性保护、生产性保护和整体性保护等几种类型[1]，而对于以人为传承主体的福建原生态村落体育文化来说，推动其可持续发展是这项保护工作的重中之重。因为，此类非物质文化遗产具有世代传承的可能与必要，其具有"活遗产性"[2]，它们并不是一个"静止不变的"文化表现形式，而是一个不断发展变化的"活"的传统文化。[3] 所以说，福建原生态村落体育非物质文化遗产是在动态传承中，以身体运动的形式不断延续下来的，动态传承或"活"保护才是真正意义上的保护，并不能依照其他类型的非物质文化遗产的保护方式，将其储存在博物馆中，这样就失去了身体运动本身的社会意义。《保护非物质文化遗产公约》中也明确指出"确保非物质文化遗产的生命力"[4]才是正确或合理的保护方式。那么，何为"有生命力"的保护呢？一个最主要的特征就是要使它们保持可持续发展的态势，在实践中得以不断传承。那么，面对现实传承中出现的种种问题，该如何传承呢？探讨福建原生态村落体育非物质文化遗产的"活"态传承，势必要考虑到它们的"路"该如何走的问题，也就是可持续发展的路径。对于福建原生态村落体育非物质文化遗产可持续发展路径的提出，我们不仅要建

---

[1] 参见汪欣《中国非物质文化遗产保护十年（2003—2013年）》，知识产权出版社2015年版。
[2] 崔艳峰：《中国非物质文化遗产法律问题研究》，《法治与社会》2007年第8期。
[3] 参见杨明《非物质文化遗产的法律保护》，北京大学出版社2014年版。
[4] 联合国教科文组织：《保护非物质文化遗产公约》，2003年10月17日。

立在对当前发展境况的深度调查、分析的基础上，而且还要对这些非物质文化遗产的传承特征进行归纳阐释，并在相关原则思考的前提下，来合理规划其可持续发展路径，使得这种发展路径的提出有理有据，经得起社会检验。

一　福建原生态村落体育文化可持续发展的原则

（一）以人为本的原则

"以人为本"的理念[1]是非物质文化遗产保护的重要定位，因为非物质文化遗产的本质是生命性的，即活态的；一旦失去活态，便不再是非物质文化遗产。[2] 以"口传身授"为传承形式的福建原生态村落体育非物质文化遗产，更离不开人的行为。无论原生态村落体育如何发展，始终都离不开作为主体的人的传承，失去了这一传承主体，其也将不复存在。传承人是非物质文化遗产的重要承载者和传递者，对传承人的保护是非物质文化遗产工作的关键和基础环节。[3] 王文章也指出，保护传承人是非物质文化遗产保护的核心。[4] 为此，国家也制定了针对传承人的认定制度及保护措施，这一举措是启动整个非物质文化遗产传承人保护制度的基础。[5] 基于现实情境中福建原生态村落体育非物质文化遗产对传承人的保护境况，强化"以人为本"的保护原则是非常有必要的。因为在某些地方，一些非物质文化遗产因传承人离世而出现"广陵绝唱"的现象也不鲜见。[6] 泉州踢球舞的4位主要传承者已有1人离世，而其他3位传承人年岁已高，所以他们非常担心自己离世后，这项运动的真正文化内涵将随之而去。这也是我们非物质文化遗产保护者最不愿

---

[1] 参见李韵《文化部非遗司负责人就非遗传承人群研培计划答记者问》，《光明日报》2016年2月26日第8版。

[2] 参见冯骥才《为什么仍为非遗担忧》，《人民日报》2012年6月19日第24版。

[3] 参见李韵《文化部非遗司负责人就非遗传承人群研培计划答记者问》，《光明日报》2016年2月26日第8版。

[4] 参见秦佩华《"十二五"将加大对"非遗"传承人扶持力度》，《人民日报》2011年2月26日第2版。

[5] 参见田艳《非物质文化遗产代表性传承人认定制度探究》，《政法论坛》2013年第4期。

[6] 参见罗旭《非遗为何难解传承人之困》，《光明日报》2012年12月26日第15版。

看到的，同时也是最担忧的。所以，在福建原生态村落体育非物质文化遗产可持续发展路径规划的过程中，我们不仅要对现任非物质文化遗产的传承人进行大力保护，同时还要为下一代传承人提供支持。当然，对于福建原生态村落体育文化而言，其多为集体性项目，那么我们的保护就不仅仅局限于传承人这个个体，同时也要关注这些项目所型塑的文化共同体。

（二）以组织为根基的发展原则

我们在实践调研中发现，福建原生态村落体育文化多为集体性项目，除了个别的武术项目可开展单人演练外，其余都需要一个团体来共同参与活动的开展。如宁德地区的霍童线狮活动、沙埕的搬铁枝活动、沙江的曳石活动、漳湾村的狩猎舞活动等；厦门多村的送王船活动、多村的宋江阵活动、东屿村的蜈蚣阁活动、潘涂村的车鼓弄活动、集美的龙舟赛等；三明大田的板凳龙活动、沙县的肩膀戏活动、乌坑村的打黑狮活动、高地村的关刀文武灯活动等；漳州送坑村的高山族拉手舞活动、正达村的盘古王戏水活动、珪塘村的三公下水操活动、多村的宋江阵活动等；泉州桃源村的蛇脱壳阵活动、多村的刣狮活动、安海的抓鸭活动、英都的拔拔灯活动、岩峰村的造火把活动、芳亭村的宋江阵活动、江崎村的宋江阵活动等；南平河坊村的抢酒节活动、枫坡村的拔烛桥活动、王台村的黄龙灯舞活动、建瓯的挑幡活动等；龙岩姑田的游大龙活动、罗坊的走古事活动、庙前的红龙缠柱活动、举林村的闹春田活动等；莆田枫亭的游灯活动、前村的打铁球活动、麟山村的皂隶舞活动、沟边自然村的九鲤灯舞等；福州埔埕村的橡板龙活动、高湖的舞龙灯活动、琴江满族的台阁活动、平潭的藤牌舞活动等。由此可见，福建原生态村落体育文化活动的开展呈现出集体性特征，不仅如此，诸如此类项目的开展也是在相关组织机构的发起和规划中进行的，主要体现在以武术馆社、村落理事会、宗族理事、村落委员会、村落老人协会等村落组织结构为主导。那么，在规划这些项目的可持续发展路径的过程中，决不可忽略这些组织的存在，以及其在传承过程中所发挥的作用，而且还要突显他们的重要位置，充分肯定他们的贡献，激发他们的参与激情，这也势必要求我们坚持以组织为根基的原则。

（三）保持原生性的原则

2005年以来，从政策文件的制定方面可以看出我国对非物质文化遗产的保护逐渐重视起来，开始对全国各地的非物质文化遗产进行整理，并启动收录程序，相继有许多地域性非物质文化遗产进入名录之中，这种以原真性为特征的原生态村落体育项目受到极大的重视。原真性是非物质文化遗产的重要特征，甚至可以说是标志性特征，其往往又成为定义、评估及监控非物质文化遗产的一项基本因素。保持原真，就是为了维护民族传统体育文化遗产的表现形式和文化意义的内在统一。[①] 我们所说的非物质文化遗产的核心特征重在相对原真性，脱离了这种"相对原真性"，也就不能称其为非物质文化遗产。[②] 何为"相对原真性"呢？也就是需要遵循"秉承传统，不失其本"的基本要求。[③] 对于福建原生态村落体育文化的定性，在第一章已经较为清晰地阐释，其不可能做到完全保持"原汁原味"的存续，"口传身授"的特质也决定了这些项目在传承过程中，不可避免地会随着传承人的理念、传承人的自身素质、社会环境变迁等因素，而产生某种程度上的改观，使其保持与时俱进。虽然一些原生态村落体育项目在发展过程难以回避某种程度上的变迁，但是，我们在考量一个项目是否具有原真性时，也是着重突出其身体文化内涵和象征意义上的原真性。如果丢掉了根本，福建原生态村落体育文化就失去了存续的社会价值，只能沦为社会的一种附属品，甚至已经不能称之为"非物质文化遗产"。所以，在福建原生态村落体育非物质文化遗产可持续发展路径的规划过程中，必须做到"秉承传统，不失其本"的发展原则。

（四）以保护传承为出发点的原则

福建原生态村落体育文化是我国非物质文化遗产的组成部分，多数项目被国家级、省级、市级等非物质文化遗产名录收录，许多传承人也

[①] 参见倪依克、胡小明《论民族传统体育文化遗产保护》，《体育科学》2006年第8期。

[②] 参见王伟凯《再论"非遗"的基本问题——兼答孙天胜教授》，《中国社会科学报》2013年2月25日第B01版。

[③] 参见李韵《文化部非遗司负责人就非遗传承人群研培计划答记者问》，《光明日报》2016年2月26日第8版。

被认定为"非物质文化遗产代表性传承人",从这些具体的保护工作中可以感触到相关部门对非物质文化遗产保护的积极态度。从国际的《保护非物质文化遗产公约》到国内的《国务院办公厅关于加强我国非物质文化遗产保护工作的意见》《国务院关于加强文化遗产保护的通知》《国家级非物质文化遗产保护与管理暂行办法》《中华人民共和国非物质文化遗产法》等相关文件的制定与推行,都可以看出其最主要的目的就是对非物质文化遗产进行保护与传承。如《保护非物质文化遗产公约》的宗旨就是"保护非物质文化遗产"①。我国颁布的多项政策法规,几乎都是围绕加强非物质文化遗产保护、保存工作而展开的。可见,对待诸如福建原生态村落体育文化之类的非物质文化遗产,我们当下的重要任务是保护和传承,不让其消亡。为什么要一直提倡"保护"呢?在实践调查中,我们发现一些福建原生态村落体育文化的传承受到城镇化建设、生态环境变迁、农村人口流动、村落社会经济转型、传承主体的价值观念改变等因素的影响,或多或少地都存在一些传承隐患,甚至一些项目已处在"失真"或失传的境况之中。在某些地方还存在保护意识非常淡薄之现象,重申报、重开发、轻保护及轻管理等现象时有发生;更有甚者还进行超负荷利用及破坏性开发,假借继承创新之名随意篡改民俗艺术,损害了非物质文化遗产的原真性。②面对福建原生态村落体育文化在现实传承中的种种境况,我们首要的任务就是合理规划其发展路径,确保这些项目的顺利传承得到保障。

(五)合理利用的原则

福建原生态村落体育文化历经数百年的岁月沉积,结合自身源起的象征文化内涵,使其具有了多样化的社会价值。我们要使这些文化得以传承发展,就是要发挥蕴含在其中的社会价值,服务于人类社会的发展。这样一来就涉及如何在现实社会发展中,使这些社会价值得以发挥的问题。一些地方为了彰显这些非物质文化遗产所具有的特殊价值,采取了多项措施,重在"开发",而不是利用。冯骥才曾指出这种思想运用在非

---

① 联合国教科文组织:《保护非物质文化遗产公约》,2003年10月17日。
② 参见王文章《非遗保护,问题何在?》,《人民日报》2007年6月5日第8版。

物质文化遗产的保护上存在不适宜性。他强调,"对于非物质文化遗产来说,'开发'是个野蛮的词汇,世界上没有任何一个国家及地区,对自己的非物质文化遗产使用'开发'一词"①。他分析这种现象出现主要是因为,"一些地方政府忘了文化遗产最需要的是保护与传承,并非所谓的'开发'"②。所以说,"开发"这个概念是绝对不能使用在非物质文化遗产上的。③ 在非物质文化遗产保护及使其正能量得以发挥的过程中,需要根据国家相关政策法规文件的指示,坚持以"合理利用"④ 为原则,妥善处理好保护与利用之间的相互关系,坚持非物质文化遗产保护的原真性与整体性,在有效保护的前提下加以合理利用,防止出现对非物质文化遗产产生误解、歪曲或滥用的现象。

二 福建原生态村落体育文化可持续发展的路径

(一)以传承人为主体的发展方式

1. 发展目标

首先,确立传承人在福建原生态村落体育非物质文化遗产可持续发展中的核心地位。福建原生态村落体育文化是以人为传承主体的,传承人是掌握最为核心技术的群体,负责参与人员的组织、技术的传授、历史的叙事等工作,责任重大,是保证项目得以传承的基础。

其次,提升传承人在福建原生态村落体育非物质文化遗产可持续发展中的自我认同意识。倡导重视传承人在技术文化传承中的作用,让更多的群体关心、关注、关怀传承人的生活,促使其在原生态村落体育事项中发展自我认知、自我认同,使传承人保持传承工作激情和热情,更好地完成传承事业的内在要求。

最后,使传承人形成文化自觉意识。福建原生态村落体育非物质文化遗产的可持续发展需要建立在文化自觉的基础上,重点是传承主体要

---

① 冯骥才:《莫让非遗法成一纸空文》,《光明日报》2014年3月10日第11版。
② 同上。
③ 参见冯骥才《为什么仍为非遗担忧》,《人民日报》2012年6月19日第24版。
④ 国务院办公厅:《国务院办公厅关于加强我国非物质文化遗产保护工作的意见》,2005年3月26日。

有文化自觉意识,特别是传承人。因为,只有文化自觉意识形成,传承主体才能够自愿、自发、自觉地参与到项目的传承与发展之中,而非为了从中获得某种利益而从事这项工作。

2. 发展步骤

围绕福建原生态村落体育非物质文化遗产可持续发展的目标及发展原则,可以从三个步骤来推行。

第一,关于福建原生态村落体育非物质文化遗产传承人保护的相关文件制定阶段。要想确保传承人在项目传承中的核心地位,保障传承人的权利与义务、保护传承人的利益、维护传承人的监督权,如此等等,都需要落实到相关文件上,围绕传承人为主体设置相关政策文件,要改变已有文件的笼统性弊端,细化相关措施,为这些文件能够顺利实施提供保障,确保传承人在维护自身权益时有法可依。

第二,关于福建原生态村落体育非物质文化遗产传承人保护的相关文件实施阶段。国家及地方相关部门已经制定了关于非物质文化遗产传承人的保护意见,或者相关政策法规文件中已涉及传承人保护的措施。但是,因种种原因所致,这些保护性政策法规文件并未在实践实施中发挥应有的作用,以至于正如一些学者所言,这些文件在一些地区成为"一纸空文"。那么,在这些文件实施的过程中,务必要强化执行力度,做好监督工作,确保执法必严、违法必究。

第三,关于福建原生态村落体育非物质文化遗产传承人保护政策的完善阶段。对传承人的保护并非一朝一夕就能够完成的,这是一项持续性的工作,要求对传承人的保护与时俱进。实践是检验真理的唯一标准,针对传承人所制定的相关保护性文件,只有在实践中才能得以检验其适宜性。通过实践推行,要做好政策法规实效性的考察工作,及时修正与完善相关内容。当然,在不同的社会环境中,相关政策法规的内容也并非都是与时俱进的,所以,也要做到跟踪观察,必要时进行修复,确保相关政策法规效益的可持续性。

3. 发展策略

第一,聆听来自传承人关于原生态村落体育文化可持续发展的心声。在倡导对非物质文化遗产积极保护及推行的十多年中,各部门也在强调传承人的重要性，出台了相关政策文件，其中也涉及对传承人的保护条例，但是，其效果甚微。我们不是怀疑相关部门所做出的努力，我们只想说明一点，传承人是"活"态的，在对传承人的保护过程中，以及相关的文件制定过程中，我们有没有思考过，传承人需要什么？他们发自内心的心声是什么？这是决定一些政策法规制定有没有针对性，有没有充分考虑到传承人的基本需求，乃至最终影响到政策法规的效果问题。要想真正意义上制定行之有效的针对传承人的保护措施，必须立足于传承人的现状及需求。那么，这就要求相关部门进行大量的实地考察，以口述历史的形式，聆听传承人的心声，了解他们对福建原生态村落体育文化可持续发展的看法，以及在此过程中，他们需要什么样的保障，相关部门如何提供相应的服务。如此等等，是对传承人进行保护，也是制定相关传承人保护措施的必要依据。

第二，组织开展传承人的学习、培训与交流工作。学习、培训与交流是提升传承人工作能力、提高传承人思想认知、优化传承人工作思路等的重要方式。一些地方将这种对非物质文化遗产传承人的培训安排在高校，也充分体现了他们把高校放在地方社会文化建设中的重要位置上，可以做到合理利用高校的资源。在高校开展培训工作有利于提高传承人的文化艺术素养，开拓传承人的眼界。[1] 国家及相关地方部门已经认识到这些方式对传承人保护的重要性，并积极开设了传承人培训班，对部分非物质文化遗产传承人进行理论知识传授，以及技能、保护经验的交流等。这项工作从 2015 年暑期就开始进行试点工作。在实践工作中，有 23 所院校被确定为培训基地，分批次启动与开展对非物质文化遗产传承人进行普及培训工作，并最终由国家非物质文化遗产保护中心对这些试点培训工作进行总体评估。在实践与总结的基础上，文化部与教育部发布了相关通知，正式在全国范围实施研培计划。[2] 可见相关部门对这项工作的重视程度，以及其社会价值的积极肯定。这种形式的再学习，不仅能

---

[1] 参见李韵《文化部非遗司负责人就非遗传承人群研培计划答记者问》，《光明日报》2016 年 2 月 26 日第 8 版。

[2] 同上。

够提升传承人的理论水平、教学水平、传承思路、认识观、价值观等，而且能够增强传承人的自我认同意识，对传承人文化自觉意识的形成大有裨益。但是，关于体育类或者福建原生态村落体育非物质文化遗产传承人的相关研修事项还未正式开启，如何规划和实施对此类传承人的再学习工作，是福建原生态村落体育非物质文化遗产传承人保护，及其项目可持续发展的必要工作，也是迫在眉睫的事宜。

第三，提供传承人开展项目活动的基础保障。福建原生态村落体育文化要保持可持续发展，就必须保证活动可持续开展，而活动的开展受到经费、场地、地方部门支持、参与者的参与意愿等相关因素的影响。我们在实地考察中发现，因为城镇化快速发展，原生态村落体育活动开展的一些场地或训练场地被挤压到狭小的空间中，存在很多安全隐患，这种生存境遇也在与传承人的意志力做斗争，如建瓯的挑幡活动。因经济价值观而导致的一些竞争也在冲击原生态村落体育的发展，例如从踢球舞的传承人口述得知，除了他们这四位"正宗"的传承人外，还有一些后来自发组织的人在教习这个项目，他们并不"正宗"。我们该如何看待这种情况？又该如何协调？如果真的涉及侵犯传承人的遗产权益，又该如何维护？在此过程中，传承人还有一个心愿，那就是满足传承人传承技术的心愿。从口述可知，传承人也联络过相关地方部门，希望可以得到他们的支持，由传承人免费传授这项技术，但其结果仍不理想。我们不知道过程是什么样的，但既然我们要保护非物质文化遗产及其传承人，相关部门就应该在可能的情况下，做好服务工作，提供必要的开展非物质文化遗产传承工作的保障，也唯有这样，传承人的热情和激情才能迸发，并将这项工作做好。

（二）以校园为发展场域的传承方式

1. 发展目标

第一，拓宽传承路径，培养传承对象。针对当前福建原生态村落体育非物质文化遗产传承人所面临的发展困境，在地域大、中、小学中有针对性地开展相关项目活动或者开设相关课程，其目标就是拓宽传承路径，培养传承者，为这些非物质文化遗产事项的可持续发展提供保障。

第二，对校园教育的实践达成。在大、中、小学校园开展福建原生态村落体育文化活动，或开设课程教学，首先是为了更好地传承这些文化。其次，在活动或教学实施的过程中，这些项目所蕴含的文化象征内涵对学生的身心教化将会产生影响，特别是一些具有民族精神的体育事项，对培养学生的爱国主义精神具有积极的推动作用。

第三，丰富校园文化，陶冶学生情操。福建原生态村落体育文化内容丰富，形式多样，无论是技术体系，还是文化内涵都与学校体育有很大的差异性。在学校课间操、学生课外活动、学生社团等场域开展，将会丰富校园文化和学生课余生活，在学习技术与文化的同时，对学生身心健康形成影响，实现培养学生情操的目标。

第四，实现校园与地方融合。在大力提倡开发地域文化课程资源的环境中，原生态村落体育理应起到服务于地方校园建设之教育价值，而地方学校也应该承担起对地方文化的保护、传承与弘扬的任务，实现校园与地方的双向互动。

2. 发展步骤

根据福建原生态村落体育非物质文化遗产可持续发展的目标及发展原则，依据这些项目的特征和价值，结合地方院校的实际情况，可以从三个步骤来实施地方原生态村落体育进校园的措施。

第一，制定学校传承的相关文件。一直以来，教育部、文化部等相关部门都在积极倡导地方院校利用地域性特色文化进行课程化建设，同时也在相关文件中进行了明示，但就福建原生态村落体育文化进校园的总体情况来说，还是不太乐观。当然，在推行的过程中会受到种种因素的影响。因此，从国家到地方相关教育部门，在课程纲要和课程标准制定的过程中，都要对原生态村落体育文化进校园给予足够的重视。

第二，选定校园传承的相关项目。福建原生态村落体育文化项目数目众多，地域化分布不均衡，而且诸多项目具有自身的开展特征，不一定都适合在校园内传承。因此，在地方大、中、小学中开展福建原生态村落体育文化项目，需要对这些项目进行筛选，也要循序渐进地开展多个项目。

第三，规划校园传承思路。在选定校园传承项目的基础上，地方院校要根据本校的实际情况，制定相关课程开设及课余时间开展这些体育文化教育的规划。如大学校园可以在课程建设方面重点考虑，在学生课外活动、校园社团建设等方面也要充分利用高校优势，利用场地、学生等各种优势开展文化传承。在中小学教育传承的过程中，不仅要在课程建设中给予充分重视，同时也要充分利用学生课间操的持续性，进行广泛推广。

3. 发展策略

在《保护非物质文化遗产公约》中就明确指出，要"通过正规和非正规教育"[①]的方式来保护与传承非物质文化遗产；《中华人民共和国非物质文化遗产法》第三十四条也明确指出，学校应当按照国务院教育主管部门的规定，开展相关的非物质文化遗产教育。因此，在大、中、小学教育中设置原生态村落体育课程，已是时代的选择，为大势所趋，关键是我们该如何实施的问题。

第一，在地方高校传承福建原生态村落体育文化。地方高校代表一个地方的最高教育机构，在师资配备、课程设置、图书资源、科学研究等方面都具有得天独厚的教育资本，在原生态村落体育文化传承方面有着非常雄厚的资本。就福建省而言，原生态村落体育所分布的 9 个地级市都至少有一所高校，为这些项目在地方高校传承提供了可能。在地方高校传承福建原生态村落体育非物质文化遗产，可以从以下五个方面考虑。(1) 课程资源规划。地方高校要在深入调研的基础上确定本地域哪些项目适合在高校课程中开展课程建设和教学，合理规划这些项目课程开发的先后顺序。(2) 校本教材编制。高校相关学科教师要结合民间传承人的力量，编撰适合高校学生的校本教材。教材的编写不仅要体现技术特质，还要将理论与实践相结合，同时还要以图形为主体，体现趣味性特点。(3) 师资培养和教学实施。可以学校传承与民间传承相互结合，再逐渐过渡到以学校师资为主。要让相关科室教师先到民间学习这些技术，然后在学校课程教学中教授，还应邀请民间传承人到学校进行讲座或指导技术。这种结合有利于发挥学校教师的主体作用，同时也可以弥补传承人教育在教学教法、教案编写等方面存在的不足。(4) 教学评价。

---

① 联合国教科文组织：《保护非物质文化遗产公约》，2003 年 10 月 17 日。

教学评价要根据项目的特征来制定，如集体性项目要注重过程评价，单个项目要注重创新性拓展思维评价。（5）在其他场域开展传承活动。如以学校的学生社团为主体，专门组建原生态村落体育文化发展社团，组织学生去地方调研，学习相关技术，当然，要处理好费用和学生安全的问题。可以推荐这些社团的项目参与学校大型节目的演出，还可以在相关文化节中设置这样的展演或比赛。

第二，在地方中小学传承福建原生态村落体育文化。虽然地方中小学校不像地方高校那样具有得天独厚的教育资源，但是，这些机构也具有自身的优势。首先是教育机构丰富。许多村落都有小学，镇上都有中学，相比较地方高校来说，更具有地域分布广、数目多的优势。其次，这些学生多来自原生态村落体育发源地，在耳濡目染的过程中，甚至参与过程中，对这些项目有着不同的认知或情感，在这些群体中开展，具备了较为扎实的思想认识基础。因为，中小学生这个群体，在身体和心理上与大学生存在很大差异，在这些群体中开展教学或活动，要有针对性，具体措施可以参考六个方面。（1）做好课程规划。根据中小学生的身心特征，在选取项目时，要注重趣味性，吸引学生的注意力。（2）校本教材编纂。中小学生的认知和理解能力与大学生相比有一定的差异，在校本教材编纂的过程中，可采用大量的照片附相应的文字，以生活化或者动漫化为主，不能长篇都是文字，缺乏可观性。（3）师资配备。中小学校的师资力量可以考虑以民间传承人为主体，以学校教师为主导。如金斗洋的畲族拳传承人钟团玉在宁德民族中学传授畲族拳就是一个很好的案例。（4）教学实施方面。因为考虑到民间传承人的身份问题，在教学实施过程中，要配合学校的教师进行工作。具体做法可以以传承人为主教，学校教师做协助思想教育、课堂组织、课堂管理等工作。（5）教学评价。中小学生的课程评价，主要对过程进行评价，高年级的学生可适当增加一些期末考核评价。（6）其他。课间操是中小学生的一种课外活动内容，在中小学传承原生态村落体育文化，要充分运用好这种场域。可采用教师引领，同学们跟做的形式实施。在小学校园，因年龄的差异，对高年级与中、低年级的要求也应区别对待。

(三) 以师徒、家庭为传承主导的发展方式

1. 发展目标

第一，扎根基础，保持底蕴。通过对福建原生态村落体育文化的实践调查得知，诸多项目都是以师徒或者家庭的形式传承下来的，特别是武术之类及有特殊技能的项目，这种传承现象更加明显。因此，保持师徒传承和家庭传承是对一直以来的传承方式的尊重，同时也是保持底蕴的要求。

第二，运用亲情，维持帮带。在师徒传承或者家庭传承的过程中，特别注重亲情关系，如"师徒如父子"等是最直接的展示。我们不仅要保持这种发展模式，而且还要特别关注，其中蕴含了两代人，甚至多代人之间所保存的文化习俗和礼仪教化。

第三，维护传统，传递礼仪。应该说，师徒传承和家庭传承是早期福建原生态村落体育文化最传统的传承方式，这种传承方式是基于中国乡土社会的"礼治"来维护的。这种蕴含在师徒和家庭中的礼仪对广大民众的身心教化能起到积极的作用，同时对当前乡土社会"法治"与"礼治"的共同建构产生一定的影响。

2. 发展步骤

根据福建原生态村落体育非物质文化遗产可持续发展的目标及发展原则，依据这些项目所延续的传统传承方式，结合当前师徒传承及家庭传承在可持续发展及社会治理等方面的作用，可以从三个方面规划其发展步骤。

第一，延续传统方式，型塑传承思想动机。师徒传承或家庭传承在福建原生态村落发展中已经保持了数百年的历史，实践证明其必然有存在的合理性。我们首先要肯定这种传承方式的重要性，以亲情或拟亲情关系来保持传承者的积极性，是型塑传承者思想的重要方式，是当下其他传承方式所不具有的，同时又是革新可持续发展模式的有益补充。

第二，规划师徒及家庭传承方式。我们强调师徒传承和家庭传承方式的重要性和当代意义，并不等于这种传承方式就是完美无缺的。虽然这种方式历经数次社会环境变迁，依旧被保存下来，但其中也有不合理的部分。如为了某种目的，而将一些核心的东西"据为己有"，或者只传

其然而不传其所以然，这必将会影响到传统的完整性，造成一些精髓的流失。所以，应该鼓励传承者毫无保留地传授技术和思想，同时也要扩大传承主体，端正"传内不传外"的思想。

第三，保障传承主体的利益。在当前社会快速发展的时代，不适宜的模仿或不切实际的创新"抹杀"了传统的特质。例如为了吸引观众眼球，一些社会组织或团体将一些师徒传承或家庭传承的福建原生态村落体育文化进行大量的改头换面，便成为"自我"所拥有的创新型"产品"，甚至这些东西在这些年轻人眼中，更具社会竞争力，从而对传统文化形成干扰，或对年轻人形成误导，所以针对这些现象，我们要确保传承主体的利益不受侵害，使他们保持对传统的尊重，以及对传承的信心。

3. 发展策略

第一，尊重师徒传承方式，引领其与时俱进。在福建原生态村落体育文化的发展过程中，师徒传承或家庭传承是最传统的传承方式，至今仍然在某些项目的发展中起着作用。但随着其他发展模式的介入，这种传承方式也逐渐被人们淡化，很可能走向消亡。我们不是要使传统一成不变，对于福建原生态村落体育文化传承走过数百年历史的一些方式方法，首先我们要尊重，支持其继续发挥作用。当然，对于这些传承方式中与时代不适宜的部分，我们要加强引导，通过进修学习、参观交流等形式，帮助传承人转化其思想，在维持传统的基础上，引领传承人与时俱进。我们突显这些项目的原真性对于它们存续的重要意义，同时也应该直观审视每个时代环境所带来的新思潮的影响，所以，要做好传承人在该方面的思想工作，让他们更加自愿地接受现实。师徒之间在传承过程中所形成的礼仪规范要鼓励其保持下来，对其中有利于人的教化、有利于社会发展的部分，可以通过形成文字保存下来，进行宣传和利用。

第二，维护家庭传承模式，鼓励或营造传承氛围。在福建原生态村落体育文化传承过程中，家庭传承也是一种古老而又重要的方式。特别是一些武术类项目，还有"传内不传外""传男不传女"的习俗。泉州桃源村的蛇脱壳阵活动就是典型的家庭传承方式，他们可以将这种技术传给儿媳，却不能传给女儿。漳州珪塘村的三公下水操活动的火把游行仪式，这些火把都是放在各自的家庭之中，是代代相传的。当然，还有一些项目的技术也是通过家庭的传承形式延续的，由此可见家庭传承形式对某些技术内涵保留的重要性。所以，对于某些的确需要家庭传承方式进行的传承项目，我们要尊重传统，使其保存下来，但是，为了避免某些特殊技术失传，我们也要鼓励传承人拓展传承对象。可以通过学习、交流、参观等形式，逐渐使传承人转换思维，但我们要突出保护这些技术的目的性。具体的做法，可以下一代传承人为突破点，因为这些传承主体的知识体系、对社会信息的掌握程度，以及思想的开放程度都较他们上一代有所进步，他们的工作比较容易开展，而且可以通过他们来形成对上一代的影响，从而拓展传承主体的范围。可以先尝试从家庭到家族的过渡，然后再推及到村落、学校等场域中传承。

第三，为师徒传承、家庭传承提供必要的政策支持。在福建原生态村落体育文化的发展历程中，师徒传承多与武馆相互结合，由于生存、生活，以及社会生活方式的单一化等因素影响，这种传承方式不仅需要一定规模的传承场所，同时也需要日常运行的费用。据金斗洋的畲族拳传承人口述，早期拜师学艺的确要缴纳一些费用，但现在完全不同，不但不用缴纳费用，甚至为了鼓励小孩子来学习武术，还要给予一些小小的报酬，传承人也是非常无奈，但是为了这份传统的保持和发展，他们也是煞费苦心。家庭传承一直以来都是一种特殊而又正常的传承方式，不需要多么宽阔的场所，也不需要多少经费投入，多是基于对祖辈的一种尊崇。随着村落社会"空巢化"的出现，这种家庭传承的方式也受到很大冲击，当这种"交代"逐渐淡化之际，所谓的家庭传承传统可能也将随之消失。为了对师徒传承和家庭传承给予充分的尊重和支持，相关地方部门应该给予极大的关注与关怀，在传承思想上做工作，在经费投入上适当鼓励，在场地建设规划上给予扶持，使他们保持一种乐观积极的态度开展这项传承工作。

（四）以宗族组织为载体的发展方式

1. 发展目标

第一，保持宗族传承方式。无论我们对某种传承方式如何研讨，最终都是为了服务于福建原生态村落体育非物质文化遗产的可持续发展，以宗族组织为载体的发展方式亦是如此。就研究目标本身而言，讨论这种传承方式，其目的是将其保存下来。

第二，传承宗族文化特质。福建原生态村落体育文化在数百年的传承过程中，诸多是以村落宗族为发起及传承载体的，甚至在传承过程中，与宗族的习俗、规训、禁忌等融合在一起，成为宗族文化的一部分，还有一些宗族将这些文化建构成族群文化体系，探讨这种传承方式，显然是对宗族文化特质的一种系统梳理。

第三，发挥宗族社会作用。我们研究村落宗族传承方式，重点是为了探讨宗族社会在这些原生态村落体育非物质文化遗产保护、传承及弘扬等方面所发挥的作用，同时也从中透视宗族社会对村落乃至地域社会所形成的影响。

2. 发展步骤

根据福建原生态村落体育非物质文化遗产可持续发展的目标及发展原则，依据村落宗族社会对这些项目的延续、发展、弘扬等方面所起的作用，可以从三个方面规划以宗族为载体的发展步骤。

第一，尊重宗族传承方式，关注宗族传承变化。在福建地域乡土社会，很多情况下，宗族与村落是相互重叠的，村落社会即宗族社会。这些原生态村落体育项目无疑都是在村落宗族社会中发起和延续下来的，可以说，乡土宗族社会是多数福建原生态村落体育文化的根基，同时也是其得以传承的传统方式。那么，既然不能丢掉原生态村落体育的"传统"，这种传承方式依旧应该受到重视。所以，我们要正确地看待宗族社会在项目传承过程中所起到的作用，做到既要理解又要尊重，同时面对社会各种挑战，更要关注村落宗族社会的变化。

第二，合理规划传承方式，营造宗族传承氛围。在福建原生态村落体育文化寄生的乡土社会中，许多宗族依旧在当下原生态村落体育文化的传承中起着积极的推动作用。但是，在宗族参与保护传承的过程中，我们要直面其中所存在的问题。比如，城镇化快速发展导致部分村落社会的解体，村落人口的大量流动形成村落"空巢化"的社会现象，这些现象对乡土社会宗族的发展与延续造成不利影响，同时也将直接影响到那些以村落宗族为传承载体的原生态村落体育的可持续发展。因此，面对这些复杂的情境，我们仍需要努力去营造乡土宗族氛围，对于濒临失传或者已经失传的项目，要合理规划其传承方式。

第三，给予必要支持，确保正常运行。以宗族为传承载体的福建原生态村落体育文化多是在宗族内部发展的，在早期甚至是一种看似比较"崇高"而又"神圣"的宗族活动，较少受到外界的干扰，以宗族为运行主体，遵循宗族的礼仪规章，运用宗族的开展方式。即使到了当前社会，一些原生态村落体育项目的延续仍然是这样运行的，但面对复杂的社会变化，一些事情已经不能完全受村落宗族社会的管控。这个时候，一些行政职能部门需要在宗族传承过程中，协助其处理一些纷争事宜，我们是说在职责范围内，同时又是为了处理宗族在传承过程中无法解决的问题，以保障这种传承方式正常运行下去。

3. 发展策略

第一，延续传统，做好规划。无论是家庭传承还是师徒传承，很多情况下都是在宗族内部进行的，这体现出宗族式传承是福建原生态村落体育文化最为重要且最为古老的方式之一。这种传承方式在当下福建原生态村落体育非物质文化遗产传承中依旧十分普遍。如厦门郭山村的宋江阵活动以郭氏宗族为传承载体，漳州沙坂村的宋江阵活动以陈氏宗族为传承载体，厦门茂林村的宋江阵活动以蔡氏宗族为传承载体，泉州桃源村的蛇脱壳阵活动以傅氏为传承载体，等等。应该说，诸如此类的以宗族为传承方式的体育项目，都在延续着传统，这也是福建原生态村落体育非物质文化遗产的重要组成部分。我们在保护和传承这些项目的过程中，要积极倡导将这种方式延续下去。如何延续呢？这不仅是传承主体的事情，同时也是保护主体的事情。传承主体要做好传承人的传帮带工作，合理选拔传承人，避免引起纷争，同时也要组织好活动的开展，确保每次活动的开展都能够顺利运行。作为保护主体，往往具有外部推动活动运行的价值，应该充分发挥其在保护和推动方面的作用。

第二，提供支持，保持活力。一直以来，许多学者都指出了原生态村落体育非物质文化遗产可持续发展所面临的困境，并有针对性地提出了相应的对策建议。我们在实地考察中也洞悉到地方政府部门在保护这些非物质文化遗产时所做出的大量工作，也聆听到他们保护的心声，以及由此对保护所产生的实际影响，这是值得肯定和赞赏的。但是，缘于不同项目存在的传承方式、活动开展形式、运动特质等方面的差异，地方部门应该区别对待，投入不同的关注和支持。如对待以身体运动为特质的原生态村落体育事项，要关注其"口传身授"的传承特点，重点关注以宗族为载体的传承模式，因为这种模式往往都是内生性的，很少受到外界的干扰。因此，相关保护主体在保护过程中，不可强行介入，保持服务的角色，从场地建设、经费支持、安全保障等方面为活动的开展提供服务。这样一来，宗族内部便可以将精力集中在活动传承和开展方面，以确保活动的正常开展。

第三，规训思想，发挥作用。在以村落宗族为传承载体的过程中，我们要突显宗族社会对福建原生态村落体育非物质文化遗产保护及传承所发挥的作用，合理运用，同时，我们也要思考这些项目在发展过程中对宗族文化认同、宗族凝聚，甚至是宗族延续所形成的影响。在中国乡土社会中，村落宗族是一个较为稳定的群体，传承脉络较为清晰，非常注重礼仪规训，正是源于村落宗族社会的这些特质，才为原生态村落体育文化的传承提供了稳定的载体，成为这些项目开展的重要基础。虽然，当前面临着一些情形，但我们仍然要强调这种传承方式的必不可少性。所以，可以在宗族修谱的过程中，将这些对族群延续具有重要意义的原生态村落体育项目写进族谱，以突显其重要性，并使其掌握在每个家族的权威人物手中，有利于推动宗族传承这项事业。当然，我们强调宗族群体对这些项目传承所体现的价值，也要充分利用这些项目在宗族延续、宗族文化认同、彰显宗族魅力、增强宗族凝聚力等方面所起到的作用，特别是要在活动开展期间，做好宗族群体后代的思想规训工作，使其感受到参与这些项目对自我认同的象征意义，以及他们可以从先人那里获得哪些荣誉，逐渐型塑他们的文化认知、文化认同，由此培养文化自觉意识。

（五）以乡土宗教为寄生的发展方式

1. 发展目标

第一，保持传承，夯实根基。在福建地域，乡土宗教信仰是村落社会文化的重要构成部分，许多原生态村落体育活动与宗教祭祀仪式相互关联，甚至一些项目直接源自宗教仪式活动。根据福建原生态村落体育文化的延承特点，对这种寄生或内生的传承形式进行探讨，更多的是为了夯实传承基础，保持传承的目标。

第二，传递文化，增进信仰。在宋江阵仪式文化中，一些乡土宗教习俗、礼仪、信仰等与这种身体运动融为一体。对这些乡土社会中身体运动仪式的展开探讨，也是对这些乡土信仰文化的传播，在身体运动的场域中，有利于广大民众保持一种信仰观念。

第三，持续关注，合理利用。乡土宗教信仰具有广泛的信众，并不缺乏关注，还包括地方相关部门、学者、新闻媒体等。我们研讨这种传承方式，其主要目的是想让一些内生其中的项目同样获得关注，以发挥他们在乡土宗教仪式、乡土社会治理方面的有益价值。

2. 发展步骤

根据福建原生态村落体育非物质文化遗产可持续发展的目标及发展原则，依据乡土宗教在这些项目的传承、发展、弘扬等方面所起到的作用，可以从三个步骤规划以乡土宗教为媒介的发展。

第一，客观评价乡土宗教参与保护的重要性。乡土宗教在福建地域有着广泛的信仰基础，有着特殊的延续历史，无论是在历史上还是在当下都发挥着积极的作用。当然，很多人认为乡土宗教有许多类似迷信的成分，将会影响到人类社会文明化进程，但是，在世界范畴中，或多或少地都存在一些科学无法解释的现象，正如黑格尔所说："凡是合理的都是存在的，凡是存在的都是合理的。"[1] 所以，我们要本着积极的态度来看待这些乡土宗教在乡土社会中存续的价值，特别是在原生态村落体育非物质文化遗产传承中所发挥的作用，充分利用这一功能，使其成为顺利传承这些项目文化的重要场域。

---

[1] ［德］黑格尔：《法哲学原理》，范扬、张企泰译，商务印书馆1961年版，第11页。

第二，维护目前的传承方式。乡土宗教祭祀仪式不仅能够为原生态村落体育提供展演的场域，同时也为参与者提供了信仰寄托。如在王爷信仰中内生的送王船活动、由祭祀保生大帝产生的蜈蚣阁活动、由祭祀临水夫人而形成的斩白蛇活动、由祭祀妈祖产生的妈祖民俗体育，以及依附于每年北辰山王审知祭奠中的出阵表演的郭山村的宋江阵活动、西湖塘的宋江阵活动等，都体现了乡土宗教在这些项目传承中的作用，而且在这些乡土宗教祭祀仪式中，这些项目的展演呈现出欣欣向荣的景象，所以，我们要重点关注这种与乡土宗教祭祀仪式相互融合的福建原生态村落体育文化的发展，要努力使这种形式得以保存下去。

第三，协调相关部门共同参与管理。乡土宗教仪式过程受地方宗教事务局管理，而原生态村落体育受体育局、文化局、非物质文化遗产保护中心等部门统筹管理。在乡土宗教仪式上开展这种活动，体现了一种附属关系，更多的是随着乡土宗教的相关政策而运行。为了在这种场域中更好地开展，这些部门应该相互协商、规划管理，制定双方受益的发展模式。

3. 发展策略

第一，从寄生到共生思维的转换。我们在实践调研中发现，福建原生态村落体育文化与乡土宗教祭祀仪式相关的项目，大多都寄生在乡土宗教的仪式之中，成为宗教祭祀活动的一项内容，体现了服务于宗教祭祀的目的。诸如厦门的送王船活动、莆田的妈祖民俗体育、宁德临水夫人斩白蛇活动、厦门的保生大帝蜈蚣阁活动等，其中一些身体运动的项目是内生于祭祀活动的，同时也存在一种寄生关系；然而，龙岩举林村的闹春田活动是与关公祭祀同时举行的，体现一种相互依存的关系；如漳州沙坂村的宋江阵活动、厦门郭山村的宋江阵活动、赵岗村的宋江阵活动等阵头出阵前都要祭拜相关神灵，以保出阵平安凯旋，当然也存在在活动之前祭祀先祖的个案。福建原生态村落体育文化与乡土宗教祭祀所存在的关系，分为三种，即寄生关系、共生关系、主导关系。无可厚非，后面两种关系可以说是以这些身体运动为主导的，乡土宗教仪式是服务于身体运动的。在这三种场域中，无论是寄生关系，还是共生关系，或是主导关系，在原生态村落体育的身体展演中，或者是在宋江阵活动之类的仪式中都对宗教仪式产生了积极的影响。所以，从总体来看，原生态村落体育与乡土宗教仪式之间的关系是相互的，体现了一种共生关系。我们在非物质文化遗产的保护过程中，要通过相关部门的协调，将这种身体运动与乡土宗教仪式置放于一个同等重要的共生界面来对待，才有利于双方的共生发展。

第二，利用平台展示影响，挖掘可参与性传承主体。虽然，我们强调要建立福建原生态村落体育文化与乡土宗教祭祀仪式之间的共生关系，但是在短时间内仍无法改变，这种寄生关系需要面对服务于乡土宗教祭祀仪式的目的性和工具性。当然，原生态村落体育也完全可以利用这种场面大、参与者多的场景，展现出自身特色，打造自我品牌，形成社会影响，在宣传自我的同时，也可以强化自身优势，吸引更多的社会群体关注这种身体运动，推动其可持续发展；当然，如果能够带动志同道合者加入，也可拓宽传承主体范围，解决当前传承人匮乏的境况。

第三，相关部门共同探讨传承模式，提供必要支持。在福建原生态村落体育文化的实践调查中发现，福建原生态村落体育文化与乡土宗教仪式之间的关系分为寄生、共生和主导三种类型。一些寄生或内生于乡土宗教仪式中的原生态村落体育项目，其受关注度是非常小的。例如在厦门的送王船活动中寄生的舞龙舞狮活动、体育舞蹈、蜈蚣阁活动等项目，主要以游街为主，进行展演的时间和地点有相应的规定，完全是为了王船游街服务的。那么，在开展此类项目时，可以考虑在宗教仪式启动之时，将这些项目安排展演，在一些中间环节的特殊场域和结束部分都分别设置项目的展演，这样既能增添全过程的气氛，又能突显这些项目的参与性。在以共生和主导为关系类型的活动中，要保护这种模式的运行，不要进行外界干扰。在这三种类型的活动中，相关地方部门都要积极配合他们开展活动，提供必要的社会服务，确保传承主体全身心地投入传承之中。

（六）以村落共同体为单位的发展方式

1. 发展目标

第一，型塑共同体意识，发展共同体思路。共同体是近十多年来讨论较多的研究视角，这种体系通过共同体内部构成成员之间的相互关系来维持共同体的运行。型塑村落共同体，走共同体道路对于推动原生态村落体育的可持续发展有着重要影响，同时也是这些项目顺利推行的保障。

第二，突显共同体意义，营造共同体氛围。以原生态村落体育发展为核心，推动村落共同体建设，反过来在村落共同体的建构过程中，也要充分发挥共同体在推动这些项目保护与传承中的作用，使其形成相互影响的格局。

第三，彰显共同体作用，打造共同体平台。建构村落共同体不是为了建构而建构，而是为了合理利用这种共同体在村落社会发展中的作用。在原生态村落体育可持续发展中，要发挥村落共同体的基础作用、职能指挥作用、内部协调作用，通过反复验证逐渐形成以项目为运转核心的共同体平台。

2. 发展步骤

根据福建原生态村落体育非物质文化遗产可持续发展的目标及发展原则，依据这些项目生于斯长于斯的村落特质，以项目运行为核心建构村落共同体，可以从三个步骤进行规划。

第一，做好以项目为核心的共同体思想的传递。以原生态村落体育非物质文化遗产的保护与传承建构村落共同体，需要确定项目的核心地位。从某种程度来说，村落社会其实就像或者就是一个共同体，这种共同体正在通过早期的宗族理事会、老人协会，或者村委会发挥着运作功能，但是就目前来说，这些村落社会组织还没有完全能够以这些原生态村落体育为运作核心，实现凝聚或型塑村落共同体，所以，这种村落共同体的建构就难免出现偏离，这些非物质文化遗产推行就很难形成两者之间的互动关系。因此，以原生态村落体育为发起对象，建构村落共同体意识是将二者紧密结合，并充分发挥二者社会效应的重要前提。

第二，建构共同体场域，引入共同体参与保护。当我们确定以原生态村落体育为运行核心建构村落共同体时，共同体才能实际意义地参与到这些项目的保护、传承、开展及弘扬等方面的工作中。我们知道村落共同体是一种实体的社会组织结构及内部关系系统，在以项目为运行核心推动村落共同体建设的过程中，要调动村委会、村落宗教组织、村落学校机构、村落老人协会、村落理事会等在村落社会建设中的作用，以它们为牵引，以村民为主体，建构村落共同体。要协调好这些组织之间的关系，让它们来调动村民共同参与到原生态村落体育的可持续发展之中。

第三，制定相关规定，合理规划管理。在以项目为核心的村落共同体建设，以及推行这种共同体运行的过程中，可能涉及多个村落社会组织，同时又涉及村落的广大村民，要确保共同体能够在推行过程中发挥应有的社会价值，需要制定相关的共同体规章制度，来合理规划管理。如可以确立村委会为规章制度制定机构，广泛征集全村民众的意见与建议，制定相关村规民约。在以项目运行为核心的共同体推行过程中，由村委会来主导，以活动主持的理事会为主体，其他协会及村民参与。

3. 发展策略

第一，倡导村规民约的推行，建构以项目运行为核心的共同体场域。村落共同体是一种自组织形式，是以村落为主体建构起来的，很少受到外界的干扰，一般也不受法律法规的约束。那么，在这种共同体建构和运行过程中，就需要有相应的村规民约来辅助其运行。实际上，村落共同体是隐约地存在于村落社会中的，并潜移默化地影响着村落社会秩序的维护、村落社会建设、村落社会监督等。虽然在以原生态村落体育为运行核心的场域中，一些相关机构和广大村民也参与其中，但还未真正形成一种共同体场域。因此，要建构一个以原生态村落体育为运行核心的村落共同体，并使其在项目可持续发展中起到作用，需要采取一些措施。如先要制定村落共同体成立及其运行的相关规定，明确规定共同体内部相关组织的职责和权利，明确共同体的运行主体和保护主体及参与主体。在原生态村落体育非物质文化遗产保护和传承的过程中要充分发挥共同体内部的协同作用，组织这些共同体机构参与到这项工作之中，塑造以项目运行为核心的共同体场域。

第二，通过规范共同体建设结构，维护共同体正常运行。村落共同体能否正常运行，并在原生态村落体育非物质文化遗产保护及传承过程中发挥应有的社会作用，需要规范共同体的结构，规划其管理，特别是运行过程中的管控。首先，在共同体的建设结构方面要做到主次分明，运行主体和保护主体要明确区分。如在共同体规章制度制定中,可以考虑在项目运行过程中,以传承人为中心的项目组织机构为运行主体,以村委会等相关组织为保护主体,明确运行主体和保护主体在共同体参与原生态村落体育非物质文化遗产保护及传承过程中的各项职责、义务与权力,使他们在运行过程中各司其职、各尽其责。其次,在共同体运行过程中,要考虑到村落社会的结构问题,尽量由代表村落行政机构的村委会来组织,这样更容易统筹管理,动员全民参与,并能够及时协调运行中出现的一些矛盾。

第三,发挥共同体在项目保护和传承中的作用。在乡土社会中,村落共同体是国家意志达于民众的传输器,是乡村治理的职能主体,也是村族成员表达利益诉求的一个基本渠道。[1] 相对于村落内部而言,村落共同体有助于维系村民之间的认同意识,有利于增强村落的凝聚力、向心力和内聚力,在保持民族文化传统的可持续发展方面具有不可替代的作用[2],同时也使村民参与到村落社会治理中[3]。应该说,村落共同体在村落社会发展过程中起到了举足轻重的作用,当然,在原生态村落体育非物质文化遗产保护与传承过程中,同样在潜移默化地起作用,但是其主体和主导作用还没有能够充分地体现出来,因为以项目运行为核心的共同体尚未真正形成,或者还没有合理运用这种共同体的实体价值。如何在项目运行过程中发挥共同体的作用呢?首先,要通过共同体内部各组织之间的协同作用,以项目的运行主体为核心来执行,其他共同体组织协助,村落行政组织起到统筹规划、安全保障、矛盾处理等作用。其次,调动共同体主体的作用,无论共同体组织如何合理配置,以及协调关系,最终执行还是要依靠共同体的成员,因此培养共同体成员的执行能力非常重要,需要这些共同体组织规划好、组织好、协调好和掌控好执行力度,充分调动他们的参与热情。

---

[1] 参见冯婷《宗族与农民的政治参与——对浙中祝村的经验研究》,《浙江学刊》2010 年第 6 期。

[2] 参见唐娜《民族民间传统实践与村落共同体的保护》,《贵州民族研究》2017 年第 5 期。

[3] 参见吴青喜《社会化媒体与社区治理难题的破解——基于社区共同体的分析视角》,《南京大学学报》(哲学社会科学版) 2017 年第 4 期。

(七) 建构传承主体与保护主体共生的发展方式

1. 发展目标

第一，构建多方参与保护的格局。在当下，我国非物质文化遗产的保护不是某一方的职责与任务，需要全社会的共同关注，特别是与非物质文化遗产密切相关的传承主体和保护主体。建构传承主体与保护主体共生的发展方式，就是为了突显多方参与保护格局对非物质文化遗产保护的重要性。

第二，突显保护主体与传承主体合作的必要性。传承主体是福建原生态村落体育文化非物质文化遗产最核心的保护者与传承者，而保护主体是最直接协助这一群体进行保护的人群，二者通力合作，突显了内外结合的形式，是当下原生态村落体育非物质文化遗产保护的必然选择。

第三，确保政策法规得以推行，构建相互监督模式。福建原生态村落体育文化的传承主体和保护主体是国家与地方相关政策法规的执行者和实施者，二者构建共生体系，有利于推动这些规定的运行，同时也能够在政策法规运行过程中，起到相互监督的作用。

2. 发展步骤

根据福建原生态村落体育非物质文化遗产可持续发展的目标及发展原则，依据这些项目传承与发展的特点，构建传承主体和保护主体相互融合的共生模式，可以从三个步骤进行规划。

第一，确立传承主体的主导性及保护主体的参与性。在福建原生态村落体育非物质文化遗产保护与传承过程中，传承主体和保护主体是极为重要的两个群体，但是，对这两个主体的定位往往并不是很准确，导致一些问题的出现。我们知道在原生态村落体育非物质文化遗产的保护过程中，传承主体是最直接与这些项目接触的一部分群体，也是执行传承工作的人员，在保护与传承过程中，应该将这部分群体定性为起主导作用的主体。保护主体往往是地方政府部门、媒体、学术界、商界等，这部分主体主要参与保护与发展过程，对这些项目的保护和传承起到协助和推动作用。

第二，明确传承主体与保护主体的职责分工。在明晰传承主体和保护主体在原生态村落体育非物质文化遗产保护和传承过程中的定位后，就要考虑他们各自的职责分工问题,以便他们各司其职,协调工作。传承主体主要直接负责项目保护规划、活动开展等相关事宜,对相关政策法规直接执行;而保护主体主要协助传承主体解决传承和保护过程中出现的问题,推动政策法规运行,保障项目的活动开展、项目传承等工作顺利推行。

第三,构建传承主体与保护主体的共生关系。在福建原生态村落体育非物质文化遗产保护和传承过程中,传承主体和保护主体并不单独发挥作用,他们之间存在着"你中有我,我中有你"的相互关系,即共生关系。这种共生关系的形成需要二者的相互协作才能建构,如在活动的开展过程中,传承主体主要负责活动的规划和执行任务,而保护主体主要负责安全保障、协调矛盾等方面。能否顺利开展活动,关键是要看传承主体的规划和执行力度,这是内因;而保护主体所提供的安全措施成为外部保证,这是外因。内因起主导作用,外因起辅助作用,外因因为有内因而存在,内因因为有外因而发挥导向作用,二者是相互关联的共生关系。

3. 发展策略

第一,依托相关文件或者制定相关文件,确保传承主体与保护主体的重要性。在第四章中,我们强调有针对性的政策法规的指导性和重要性,使得福建原生态村落体育非物质文化遗产的保护工作有法可依,获得了可靠的依据。虽然,国家和地方相关部门出台了与非物质文化遗产保护相关的政策法规文件,但在执行过程中,效果并不是非常理想,其中可能存在诸多方面的因素,当然,首当其冲的是这些政策法规的针对性、专项性、职责性等方面仍有可完善之处。关于原生态村落体育非物质文化遗产的保护工作,相关政策法规文件应该考虑对传承主体和保护主体的重要性的突显。例如在传承主体方面,相关文件的确明晰了传承人的重要性,但是一些集体性项目,不仅仅是传承人在起作用,其他参与传承的主体依旧起着非常大的积极作用,在文件中也要突显他们的重要性,不然,将会影响到这一群体参与保护的积极性。在保护主体方面,他们能够为原生态村落体育非物质文化遗产保护与传承提供必要的法律援助、经费争取、场地建设协调、媒体宣传、知识传播等方面的支持，在相关政策法规文件中，不仅要明确他们的职责分工，同时也要给予他们足够的尊重，对他们所做出的工作给予积极肯定。这些不仅是对传承主体和保护主体身份的认同，更是对他们工作的认可。

第二，传承主体与保护主体协同发挥共生作用。福建原生态村落体育非物质文化遗产保护与传承中传承主体和保护主体是一种相互关联的共同体，他们之间存在着一种共生关系。作为一种"生存性智慧"的共生原则，不是一种共生单元之间的相互替代，而是一个共生调节下的自我完善及不断提高自身的"复杂度"和"精细度"的过程。[1] 我们要建构传承主体与保护主体之间的共生关系，并不是为了突显他们之间的关系如何，而是要突显这种共生关系对原生态村落体育文化的保护与传承所起到的作用，以及这种作用是如何通过他们所建构的共生平台来产生效益的。在这种共生关系所建构的共同体中，单个共生单元的作用要远远小于共生体的作用，而共生体的作用主要通过他们所建构的共生界面来实现。因为在他们所构建的共生界面中，共生单元成为构成稳定性共生界面中共生体或共生关系的基本能量和交换单位，是形成共生体的基本物质条件[2]，共生能量生成于此，共生效应成型于此。所以，要想使传承主体和保护主体之间的作用大于两个单元，需要他们内外结合、协调配合，去共同建构共生关系，并在原生态村落体育文化的具体保护与传承事宜中型塑共生界面。

第三，保障传承主体与保护主体之间相互监督的权利。当我们将传承主体和保护主体建构成为一个共生关系体时，无形中拉近了二者之间的距离，使他们也能感受到在这项工作中是一个共同体，或者至少可以说是一个利益共同体。这样就非常有利于他们之间形成通力合作的关系，而不是某一方面的决断，另一方面的执行，在不同视角的相互补充中，也将更有利于保护与传承工作的开展。正是因为这种共生关系的建立，才使他们的隔阂也逐渐缩小，如村民对于地方政府的畏惧心理将得以缓

---

[1] 参见袁年兴《族群的共生属性记忆逻辑结构：一项超越二元对立的族群人类学研究》，社会科学文献出版社2015年版。

[2] 参见周金其《基于共生理论的高校独立学院演变研究——以浙江省为例》，博士学位论文，浙江大学，2007年。

解，这样一来也有利于相互监督机制的推行。对于相关政策法规的执行，需要确立一定的监督对象，这种监督最好是相互的。但是从以往政策法规执行过程来看，上级往往能够很好地监督下级部门，而下级部门并未形成对上级部门的监督，往往也形成了一些诸如传承人补贴不能很好落实等情况的出现。那么，将传承主体和保护主体建构成这种共生关系，在将二者融为一体的同时，也将更加有利于传承主体对保护主体进行监督，确保相关政策法规顺利推行，为福建原生态村落体育非物质文化遗产保护提供必要的政策保障。

本章小结

福建原生态村落体育文化具有项目繁多、源起多样、类型丰富、分布区域广、地域化显著、涉及族群多、存续方式不一等特质，这也促进了项目传承的多元化，对保护和传承工作提出了挑战。本章从这项保护工作的理论与实践意义入手，挖掘整理了目前福建原生态村落体育文化发展的形式，分析了这些传承模式中的利弊，提出了推动福建原生态村落体育文化可持续发展的原则，规划了福建原生态村落体育文化可持续发展的多样化路径。福建原生态村落体育文化之所以能够历经不同时期的社会洗礼，而得以延承数百年，主要归因于其在不同社会时期所表现的价值驱动。所以，在当下对这些非物质文化遗产的保护，在理论上具有文化传承、新农村文化建设、精神文明建设等作用；在实践上具有作为校园学生身心教化的现实教材、作为乡土民众信仰培植的实践达成、作为文化共同体推行的载体、作为爱国主义精神培育的实践工具等作用。从以村落单位为主体、以宗族为传承载体、以乡土宗教仪式为寄生载体、以节日庆典为展演平台、以馆社为组织机构、社会与校园相结合等方面，系统梳理了目前福建原生态村落体育文化发展形式中的合理性，以及在实践运行过程中存在的问题。基于此，从以人为本的原则、以组织为根基的发展原则、保持原生性的原则、以保护传承为出发点的原则、合理利用的原则等方面，提出了建构福建原生态村落体育文化可持续发展的原则。依据目前存在的问题及相关原则，基于发展目标、发展步骤、发展对策等方面的思考，分别从以传承人为主体的发展方式、以校园为发展场域的传承方式、以师徒与家庭为传承主导的发展方式、以宗族组织为载体的发展方式、以乡土宗教为寄生的发展方式、以村落共同体为单位的发展方式、建构传承主体与保护主体共生的发展方式等方面，提出福建原生态村落体育文化可持续发展的路径。

参考文献

中文文献

《列宁选集》第3卷，人民出版社1995年版。

《邓小平文选》，人民出版社1983年版。

《习近平谈治国理政》，外文出版社2014年版。

习近平：《青年要自觉践行社会主义核心价值观》，《人民日报》2014年5月5日第2版。

习近平：《人民有信仰民族有希望国家有力量》，http：//news.xinhuanet.com/politics/2015-02/28/c_1114474084.htm。

习近平：《文化是灵魂》，《西部大开发》2012年第12期。

习近平：《在纪念孔子诞辰2565周年国际学术研讨会暨国际儒学联合会第五届会员大会开幕会上的讲话》，人民出版社2014年。

《科学发展观若干重要问题读本》，人民出版社2006年版。

艾泽秀：《构建中国武术职业化可持续发展的理论框架》，《西南民族大学学报》（人文社会科学版）2004年第6期。

白晋湘等：《中国特色社会主义新时代体育非物质文化遗产保护论纲》，《上海体育学院学报》2018年第1期。

毕桂凤：《生态体育的发展研究》，《内蒙古体育科技》2014年第4期。

蔡绦：《西清诗话》，转引自郭绍虞《宋诗话辑佚》，中华书局1980年版。

常建阁：《对口述史价值的思考》，《黑龙江史志》2012年第11期。

陈达：《南洋华侨与闽粤社会》，商务印书馆1938年版。

陈金山：《涵江区志》，方志出版社1997年版。

陈奇、杨海晨、沈柳红:《一项民族传统体育的文化人类学研究——广西南丹拉者村"斗牛斗"运动的田野报告》,《体育科学》2013年第2期。

陈上越、郭学松:《赛海马研究》,《体育文化导刊》2013年第5期。

陈雪燕、赵莹、王希柳:《科技体育和生态体育——未来体育发展的新模式》,《山东体育科技》2002年第6期。

陈永存、许晶:《传统体育与竞技运动的比较与发展研究》,《辽宁师范大学学报》(自然科学版)2004年第9期。

陈振亮:《乡规民约与新农村伦理道德建设》,《科学社会主义》2013年第1期。

陈振勇、童国军:《节庆体育的集体记忆与文化认同——以凉山彝族自治州火把节为例》,《体育学刊》2013年第4期。

陈支平:《福建宗教史》,福建教育出版社1996年版。

陈支平、徐泓:《闽南文化百科全书》,福建人民出版社2009年版。

陈志强:《知识产权视野下的"原生态歌舞"保护——以泉州市为例》,《中北大学学报》(社会科学版)2008年第4期。

辞海编辑委员会:《辞海》,上海辞书出版社1979年版。

崔艳峰:《中国非物质文化遗产法律问题研究》,《法治与社会》2007年第8期。

崔援民:《现代管理学原理》,中国经济出版社1989年版。

戴有山、周耀林:《完善非物质文化遗产公法保护机制》,《中国社会科学报》2017年9月13日第5版。

邓莹辉、谭志松:《原生态文化概念与非物质文化保护和传承的原则》,《云南民族大学学报》(哲学社会科学版)2010年第6期。

董晓萍:《说话的文化:民俗传统与现代生活》,中华书局2002年版。

樊华、和向朝:《一个炒出来的概念》,《文学评论》2011年第1期。

范伟达:《现代社会研究方法》,复旦大学出版社2007年版。

费孝通:《乡土中国》,生活·读书·新知三联书店1986年版。

费孝通、张之毅:《云南三村》,天津人民出版社1990年版。

冯尔康等:《中国宗族史》,上海人民出版社2008年版。

冯骥才：《春节是中华民族最大的非遗》，《人民日报》2010年2月9日第12版。

冯骥才：《记忆是重要的精神财富》，《群言》2004年第2期。

冯骥才：《莫让非遗法成一纸空文》，《光明日报》2014年3月10日第11版。

冯骥才：《为什么仍为非遗担忧》，《人民日报》2012年6月19日第24版。

冯婷：《宗族与农民的政治参与——对浙中祝村的经验研究》，《浙江学刊》2010年第6期。

福建府县志辑：《同安县志》，上海书店出版社2000年版。

福建省地方志编纂委员会：《福建省志·军事志》，新华出版社1995年版。

福建省龙海县地方志编纂委员会：《龙海县志》，方志出版社1993年版。

福建省宁德地区方志编纂委员会：《宁德地区志》，方志出版社1998年版。

福建省三明市地方志编纂委员会：《三明市志》，方志出版社2002年版。

福州市地方志编纂委员会：《福州市志》第一册，方志出版社1998年版。

高丙中、宋红娟：《文化生态保护区建设与城镇化进程中的非遗保护：机制梳理与政策思考》，《西北民族研究》2016年第2期。

龚建林：《生态文明视域中的生态体育》，《体育学刊》2008年第7期。

郭学松：《南少林武术与反帝反封建运动关系研究》，硕士学位论文，福建师范大学，2011年。

郭学松：《沙江中秋曳石活动的体育价值研究》，《体育文化导刊》2014年第1期。

郭学松：《原生态村落体育"盘古王戏水"的调查研究》，《军事体育学报》2016年第1期。

郭学松、陈萍：《民间体育挑幡运动的文化表达与存续之道研究》，《南京体育学院学报》（自然科学版）2017年第3期。

郭学松、方千华：《乡土村落武术的变迁规律：畲族八井拳的格言研究》，

《体育成人教育学刊》2016 年第 4 期。

郭学松、阴腾龙：《仪式过程理论"阈限"范畴中的身体展演研究》，《首都体育学院学报》2016 年第 3 期。

郭学松等：《福建体育旅游开发研究》，《体育文化导刊》2014 年第 11 期。

郭学松等：《民俗体育"搬铁枝"活动的变迁研究》，《宁德师范学院学报》（自然科学版）2015 年第 2 期。

郭学松等：《三公下水操的体育价值研究》，《体育文化导刊》2015 年第 2 期。

郭学松等：《乡土社会仪式中的身体运动研究》，《南京体育学院学报》（社会科学版）2016 年第 4 期。

郭学松等：《一个少数民族村落传统武术人口变迁的考察》，《武汉体育学院学报》2015 年第 12 期。

郭学松等：《原生态民俗体育"菜头灯"活动的农耕文化记忆》，《武汉体育学院学报》2015 年第 5 期。

郭学松等：《作为象征载体的身体运动：乡土社会仪式中历史记忆与认同研究》，《上海体育学院学报》2016 年第 6 期。

郭玉成：《中国民间武术的传承特征、当代价值与发展方略》，《上海体育学院学报》2007 年第 2 期。

国家体委武术研究院：《中国武术史》，人民体育出版社 1997 年版。

国务院：《国务院关于加快发展体育产业促进体育消费的若干意见》，http://www.gov.cn/zhengce/content/2014-10/20/content_9152.htm。

国务院办公厅：《国务院办公厅关于加强我国非物质文化遗产保护工作的意见》，2005 年 3 月 26 日。

何红霞：《浅析社会环境对党的民族团结政策实践的影响》，《党史博览》2013 年第 6 期。

何绵山：《八闽文化》，辽宁教育出版社 1998 年版。

胡惠林：《文化产业发展与国家文化安全——全球化背景下中国文化产业发展问题思考》，《学术季刊》2000 年第 2 期。

胡小明：《体育人类学方法论》，《体育科学》2013 年第 11 期。

胡小明：《体育人类学与学科建设》，《体育学刊》2013年第4期。

黄聪：《论田野调查在民族传统体育研究中的应用》，《中国体育科技》2006年第3期。

建瓯县地方志编纂委员会：《建瓯县志》，中华书局1994年版。

姜明安：《论公法与政治文明》，《法商研究》2003年第3期。

金景芳：《周易·系辞传》新编详解，辽海出版社1998年版。

兰润生、林荫生：《试论福建省畲族传统体育的历史源流与发展》，《北京体育大学学报》2004年第3期。

蓝运全、缪品枚：《闽东畲族志》，民族出版社1999年版。

李成贵：《政策执行：一个需要纳入学术视野的问题》，《国家行政学院学报》2000年第3期。

李宏斌：《生态体育的生态伦理底蕴》，《伦理学研究》2011年第1期。

李进宏、梁娜妮：《群众监督的心理困境与长效机制构建》，《武汉理工大学学报》（社会科学版）2017年第5期。

李景汉：《北京郊外之乡村家庭》，商务印书馆1929年版。

李康：《保护原生态地的法制化轨道——纵观美国保护原生态地的有关法律及对策》，《四川环境》1989年第4期。

李秘：《从连锁社群到社会网络：走向民间交流的两岸关系理论》，《台湾研究集刊》2011年第6期。

李松：《原生态——概念背后的文化诉求》，《光明日报》2006年7月7日第6版。

李向平、魏扬波：《口述史研究方法》，上海人民出版社2010年版。

李学栋等：《管理机制的概念及设计理论研究》，《工业工程》1999年第12期。

李延超、虞重干、杨斌：《论原生态体育的内涵——以苗族村寨体育为例》，《山东体育学院学报》2009第6期。

李义君、易碧昌：《"土洋体育之争"的回顾与启示》，《体育学刊》2015年第5期。

李义天：《共同体与政治团结》，社会科学文献出版社2011年版。

李韵：《文化部非遗司负责人就非遗传承人群研培计划答记者问》，《光明日报》2016年2月26日第8版。

连水兴：《从"文化共同体"到"媒介共同体"：海峡两岸传媒业合作研究的视角转换》，《福建师范大学学报》（哲学社会科学版）2013年第3期。

联合国教科文组织：《保护非物质文化遗产公约》，2003年10月17日。

寥上兰、吴玉华：《身体与精神双重构建下的民俗体育村落治理——以江西宁都"中村傩戏"为例》，《武汉体育学院学报》2017年第2期。

林国耀：《翔安文史资料》，厦新出（2004）内书第101号2004年版。

林建华：《福建武术史》，厦门大学出版社2013年版。

林理：《科学评审，规范操作——文化部非物质文化遗产司负责人答记者问》，《中国文化报》2009年4月26日第1版。

林荫生：《福建武术拳械录》，人民体育出版社2011年版。

林荫生：《闽东畲族文化全书·体育卷》，民族出版社2009年版。

林荫生：《试论南派武功的特点及形成条件》，《上海体育学院学报》1991年第2期。

林荫生：《中国南少林》，福建人民出版社2013年版。

林荫生、王建民：《畲族拳》，人民体育出版社1987年版。

刘冰清、徐杰舜、韦小鹏：《原生态文化保护与开发研究综述》，《原生态民族文化学刊》2011年第4期。

刘慧君：《社会经济环境及其对科技政策的影响力分析》，《科技管理研究》2010年第17期。

刘铁梁：《感受生活的民俗学》，《民俗研究》2011年第2期。

刘铁梁：《民俗志研究方式与问题意识》，《北京师范大学学报》（社会科学版）1998年第6期。

刘晓春：《仪式与象征的秩序——一个客家村落的历史、权力与记忆》，商务印书馆2003年版。

刘永佶：《经济文化论》，中国经济出版社1998年版。

刘永祥、王清生：《论"海西"发展中的闽台"妈祖体育圈"建设》，

《北京体育大学学报》2012年第5期。

刘仲林：《中国交叉科学》（第一卷），科学出版社2006年版。

刘宗碧：《"原生态文化"研究的方法及其反思》，《昆明理工大学学报》（社会科学版）2012年第1期。

刘宗碧、唐晓梅：《我国原生态文化概念使用谱系》，《昆明理工大学学报》（社会科学版）2013年第4期。

龙岩地区地方志编纂委员会：《龙岩地区志》，上海人民出版社1992年版。

罗建新、王亚琼：《彝族原生态传统体育文化资源的流失与保护研究》，《贵州师范大学学报》（自然科学版）2012年第3期。

罗旭：《非遗为何难解传承人之困》，《光明日报》2012年12月26日第15版。

麻勇恒：《"原生态文化"探讨的理论预设》，《贵州师范大学学报》（社会科学版）2011年第1期。

马廉祯：《论现实视角下的近代"土洋体育之争"》，《体育科学》2011年第2期。

孟亚峥：《生态体育与全民健身的融合发展研究》，《体育文化导刊》2014年第11期。

苗琦昆、叶平：《宿迁市生态体育的发展现状及对策探讨》，《体育科技文献通报》2015年第2期。

缪仕晖：《环三体育旅游产业发展的SWOT分析及对策研究》，《南京体育学院学报》（自然科学版）2012年第5期。

缪仕晖、郭学松：《"金斗洋"畲族武术研究》，《宁德师范学院学报》（自然科学版）2014年第1期。

缪仕晖、郭学松：《畲族武术文化缘起及特征研究》，《临沂大学学报》2014年第3期。

南平市地方志编纂委员会：《南平地方志》，方志出版社2004年版。

倪依克、胡小明：《论民族传统体育文化遗产保护》，《体育科学》2006年第8期。

彭兆荣：《人类学仪式的理论与实践》，民族出版社 2007 年版。

莆田县地方志编纂委员会：《莆田县志》，中华书局 1994 年版。

秦佩华：《"十二五"将加大对"非遗"传承人扶持力度》，《人民日报》2011 年 2 月 26 日第 2 版。

邱丕相：《中国武术文化散论》，上海人民出版社 2007 年版。

泉州市地方志编纂委员会：《泉州市建置志》，海峡文艺出版社 1993 年版。

泉州市地方志编纂委员会：《泉州市志》，中国社会科学出版社 2000 年版。

泉州宗教志编纂委员会：《泉州宗教志》，泉州晚报印刷厂 2005 年版。

任远金、卢玉、陈双：《徽州民俗体育在村落社会的文化意蕴与存在价值》，《西安体育学院学报》2013 年第 6 期。

邵卉芳：《记忆论：民俗学研究的重要方法》，《云南社会科学》2014 年第 6 期。

石奕龙：《浅谈民族传统文化保护的若干问题》，《中央民族大学学报》（哲学社会科学版）2005 年第 1 期。

史一棋：《非遗传承，与时间赛跑》，《人民日报》2017 年 9 月 21 日第 19 版。

史一棋、管璇悦：《古老非遗，还需现代"淬火"》，《人民日报》2017 年 2 月 15 日第 12 版。

司马云杰：《文化社会学》，中国社会科学出版社 2001 年版。

宋晓琳、王亚琼：《对毛南族原生态传统体育文化的多维审视》，《贵州民族研究》2014 年第 9 期。

苏静：《原生态舞蹈与原始宗教崇拜——舞蹈文化艺术的发展与终极追求》，《山东大学学报》（哲学社会科学版）2007 年第 4 期。

苏雪芳：《两岸专家聚首厦门交流闽台送王船文化》，http：//taihai.fjsen.com/2013-06/14/content_ 11654346.htm。

孙宇：《福建南少林武术与明代抗倭战争的关系研究》，硕士学位论文，福建师范大学，2009 年。

孙云：《论台湾民众两岸"共同体感"的建构》，《厦门大学学报》（哲学社会科学版）2014年第6期。

谭志丽：《生态环境变迁中的原生态体育发展》，《体育科研》2014年第2期。

唐东辉、覃立：《体育科学跨学科研究简论》，《西安体育学院学报》2010第1期。

唐娜：《民族民间传统实践与村落共同体的保护》，《贵州民族研究》2017年第5期。

田川流：《论原生态文化的价值及其判断标准》，《东岳论丛》2011年第4期。

田艳：《非物质文化遗产代表性传承人认定制度探究》，《政法论坛》2013年第4期。

万义：《少数民族原始宗教与身体运动文化形成的文化生态学分析——东巴跳与达巴跳的田野调查报告》，《体育科学》2014年第3期。

汪康乐等：《跨学科研究法在体育科学创新中的作用》，《上海体育学院学报》2009年第4期。

汪欣：《中国非物质文化遗产保护十年（2003—2013年）》，知识产权出版社2015年版。

汪雄、吕全江：《摩梭民族生态体育研究》，《福建体育科技》2013年第5期。

王春福：《政策网络与公共政策效力的现实机制》，《管理世界》2006年第9期。

王福州：《面向未来的非遗保护》，《人民日报》2014年5月6日第14版。

王岗：《民族传统体育发展中的问题：文化模仿》，《体育科学》2006年第7期。

王积超：《人类学研究方法》，中国人民大学出版社2014年版。

王卡：《对重要文化遗迹的保护应建立监督机制》，《中国宗教》2003年第2期。

王露璐：《伦理视角下中国乡村社会变迁中的"礼"与"法"》，《中国社会科学》2015年第7期。

王明珂:《反思史学与史学反思:文本与表征分析》,台北:允晨文化2015年版。

王明珂:《华夏边缘:历史记忆与族群认同》,社会科学文献出版社2006年版。

王明珂:《华夏边缘:历史记忆与族群认同》,浙江人民出版社2013年版。

王铭铭:《村落视野中的文化与权力:闽台三村五论》,生活·读书·新知三联书店1997年版。

王宁:《代表性还是典型性——个案的属性与个案研究方法的逻辑基础》,《社会学研究》2002年第5期。

王若光、刘旻航:《我国民俗体育功能的现代化演进》,《武汉体育学院学报》2011年第10期。

王世荣:《枫桥经验:基层社会治理的实践》,法律出版社2008年版。

王伟凯:《再论"非遗"的基本问题——兼答孙天胜教授》,《中国社会科学报》2013年2月25日第B01版。

王文章:《非遗保护,问题何在?》,《人民日报》2007年6月5日第8版。

王文章:《非遗保护走向文化自觉》,《人民日报》2008年10月31日第16版。

王晓葵:《民俗学与现代社会》,上海文艺出版社2011年版。

王晓葵、何彬:《现代日本民俗学的理论与方法》,学苑出版社2010年版。

王尧、林建法:《新人文对话录丛书》,苏州大学出版社2003年版。

王周刚:《优化国家监督体系的效能联动机制》,《中国社会科学报》2017年1月4日第7版。

王卓:《公益诉讼:传统体育非物质文化遗产法律保护的新思路》,《上海体育学院学报》2013年第4期。

韦晓康、蒋萍:《民俗体育文化在社会治理中的作用研究》,《中国体育科技》2016年第4期。

魏镛：《迈向民族内共同体：台海两岸互动模式之建构、发展与检验》，《中国大陆研究》2002年第5期。

文化部：《国家级非物质文化遗产保护与管理暂行办法》，2006年10月25日。

巫允明：《中国原生态舞蹈文化》，上海音乐出版社2010年版。

吴莲花、郭学松：《走向共生：乡土仪式体育的生存性智慧——福建乌坑村"打黑狮"运动的人类学考察》，《山东体育学院学报》2017年第3期。

吴青喜：《社会化媒体与社区治理难题的破解——基于社区共同体的分析视角》，《南京大学学报》（哲学社会科学版）2017年第4期。

吴祖刚、张小飞：《论爱国主义精神与中国特色社会主义实践特色之关系》，《西南民族大学学报》（社会科学版）2013年第12期。

吴祖会等：《城镇化进程中原生态村落体育参与者的价值取向研究》，《南京体育学院学报》（自然科学版）2016年第4期。

厦门市地方志编纂委员会：《厦门市志》第2册，方志出版社2004年版。

厦门市非物质遗产中心：《我市举办"闽台送王船"大型民俗活动》，http://www.xmculture.com/whkb/whxw/201212/t20121214_77020.htm。

项继权：《集体经济背景下的乡村治理》，华中师范大学出版社2002年版。

肖唐标：《村治中的宗族：对9个村的调查与研究》，上海书店出版社2001年版。

谢亮：《闽西客家武术的生存状态与发展对策研究》，硕士学位论文，福建师范大学，2012年。

谢肇淛：《五杂俎》，中华书局2001年版。

徐晓望：《福建通史》第一卷，福建人民出版社2006年版。

徐勇：《法律下乡：乡土社会的双重法律制度整合》，《东南学术》2008年第3期。

徐友梧：《霞浦县志·礼俗志》，成文出版社1928年版。

许传宝：《体育生态学——生态体育的理论基础》，《沈阳体育学院学报》

2001 年第 4 期。

许莉:《原生态舞蹈与民族文化生态保护》,《艺海》2010 第 8 期。

薛欣、傅涛:《民族传统体育与新农村文化建设》,《体育文化导刊》2008 年第 2 期。

阎江:《非物质文化遗产保护与"原生态"》,《重庆文理学院学报》(社会科学版)2007 年第 3 期。

杨昌鑫:《生态美学视域下的原生态审美文化探微——以贵州苗侗民族原生态审美文化为例》,《贵州师范大学学报》(社会科学版)2010 年第 2 期。

杨广波、莫菲:《原生态价值取向下武术的传承与保护》,《搏击·武术科学》2010 年第 7 期。

杨海晨:《论体育人类学研究范式中的田野调查关系》,《体育科学》2012 年第 2 期。

杨海晨等:《论体育人类学研究范式中的跨文化比较》,《体育科学》2012 年第 8 期。

杨静:《关于非物质文化遗产活态保护的思考——兼谈对原生态的看法》,《美与时代》2011 年第 12 期。

杨明:《非物质文化遗产的法律保护》,北京大学出版社 2014 年版。

杨念群:《空间记忆社会转型:新社会史研究论文精选集》,上海人民出版社 2001 年版。

杨湘海等:《健全党内民主制度,完善党内监督机制》,《理论探索》1986 年第 6 期。

姚磊、田雨普:《新农村建设进程中农村体育文化服务体系研究——以安徽省为例》,《中国体育科技》2014 年第 3 期。

余涛等:《村落语境中传统体育的文化功能——以芜湖县崔墩穿马灯活动为例》,《中国体育科技》2011 年第 5 期。

虞金星:《非遗保护,积跬步至千里》,《人民日报》2011 年 12 月 8 日第 24 版。

袁年兴:《族群的共生属性记忆逻辑结构:一项超越二元对立的族群人类

学研究》，社会科学文献出版社 2015 年版。

袁银传：《爱国主义与中华民族复兴的精神动力》，《武汉大学学报》（社会科学版）2003 年第 5 期。

苑利：《非遗的去伪与鲁迅的担忧》，《人民日报》2010 年 6 月 25 日第 19 版。

苑利：《刹住非遗改编热》，《人民日报》2012 年 4 月 20 日第 17 版。

岳永逸：《磕头的平等：生活层面的祖师爷信仰》，《中国农业大学学报》（社会科学版）2009 年第 3 期。

曾梦宇：《原生态背景及对西部民族地区经济的影响》，《原生态民族文化学刊》2011 年第 2 期。

翟寅飞、熊炎、郭敏刚：《构建"生态体育"体系之必要性与可行性思考》，《湖北体育科技》2007 年第 4 期。

詹正发：《非物质文化遗产的法律保护》，《武当学刊》（哲学社会科学版）1997 年第 4 期。

张俊华：《社会记忆和全球交流》，中国社会科学出版社 2010 年版。

张力为：《体育科学研究方法》，高等教育出版社 2002 年版。

张连海：《论现实民族志方法的源起——以马林诺夫斯基的三次民族志实践为例》，《中央民族大学学报》（哲学社会科学版）2014 第 2 期。

张妙瑛等：《台湾体育史》，五南图书出版股份有限公司 2009 年版。

张青仁：《身体性：民俗的基本特性》，《民俗研究》2009 年第 2 期。

张闪士：《民间武术的"礼治"传统及神圣运作——冀南广宗乡村地区梅花拳文场考察》，《民俗研究》2015 年第 6 期。

张岩、刘雪松：《元体育学初探》，《北京体育大学学报》2004 年第 9 期。

漳州市文化志编纂委员会：《漳州文化志》，漳州市文化局 1999 年版。

赵炳南：《"人文"释义和我国民族传统体育的人文价值》，《体育学刊》2007 年第 4 期。

赵文洪：《历史学与社会发展》，《天津师范大学学报》（社会科学版）2014 年第 6 期。

赵小丁：《蒙古族舞蹈中"原生态文化资源"探索》，《北京舞蹈学院学报》2007年第2期。

郑大华：《民国乡村建设运动》，社会科学文献出版社2000年版。

郑国华：《我国民族传统体育失范研究》，《中国体育科技》2011年第3期。

郑敬容、郭学松：《枫亭民俗体育"菜头灯"的特征及价值研究》，《南京体育学院学报》（自然科学版）2015年第4期。

郑晓祥：《生态体育的内涵与特点》，《成都体育学院学报》2005年第2期。

中国非物质文化遗产保护中心：《各地贯彻落实〈中华人民共和国非物质文化遗产法〉情况评估报告》，2016年12月28日。

中国非物质文化遗产保护中心副主任：《保护"非遗"，"文化自觉"的表征》，《人民日报》2010年12月7日第22版。

中华人民共和国教育部：《国务院办公厅关于强化学校体育促进学生身心健康全面发展的意见》，http://www.moe.edu.cn/jyb_xxgk/moe_1777/moe_1778/201605/t20160507_242349.html。

钟敬文：《话说民间文化》，人民日报出版社1990年版。

周传志、陈俊钦：《宗族社会视角下的闽台民俗体育历史作用与现代价值》，《武汉体育学院学报》2013年第7期。

周飞舟、王绍琛：《农民上楼与资本下乡：城镇化的社会学研究》，《中国社会科学》2015年第1期。

周君华、孙涵：《生态体育资源开发及模式构建与应用研究——基于山东省的实证研究》，《山东体育学院学报》2010年第7期。

周密：《武林旧事·卷三·迎新》，文化艺术出版社1998年版。

周晓红：《人类学跨文化比较研究与方法》，云南大学出版社2009年版。

朱炳祥：《何为"原生态"？为何"原生态"？》，《原生态文化民族学刊》2010年第3期。

朱勇：《原生态价值取向与村落体育的"善本再造"》，《西安体育学院学报》2010年第6期。

庄孔韶：《人类学通论》，山西教育出版社2002年版。

邹广文:《全球化进程中的哲学主题》,《中国社会科学》2003年第6期。

邹源丰:《"原生态"现象的哲学思辨》,《原生态民族文化学刊》2011年第2期。

[德] 比德曼:《世界文化象征辞典》,刘玉红等译,漓江出版社1999年版。

[德] 斐迪南·滕尼斯:《共同体与社会——纯粹社会学的基本概念》,林荣远译,商务印书馆1999年版。

[德] 黑格尔:《法哲学原理》,范扬、张企泰译,商务印书馆1979年版。

[德] 尼采:《历史的用途与滥用》,陈涛、周荣辉译,上海人民出版社2000年版。

[美] 艾尔·巴比:《社会研究方法》,四川人民出版社1987年版。

[美] 腓力普·威尔逊·毕:《厦门方志》,中国基督教卫理公会出版社1912年版。

[美] 贾雷德·戴蒙德:《枪炮、病菌与钢铁——人类社会的命运》,谢延光译,上海译文出版社2000年版。

[美] 理查德·M. 勒纳:《人类发展的概念与理论》,张文新译,北京大学出版社2011年版。

[挪威] 弗雷德里克·巴斯:《族群与边界——文化差异下的社会组织》,李丽琴译,商务印书馆2014年版。

[日] 阿部安成、小关隆:《コメモレイションの文化史·記憶のかたち》,柏书房1999年版。

[日] 片冈严:《台湾风俗志》,陈金田译,大立出版社1987年版。

[日] 小关隆:《コメモレイションの文化史のために》,转引自《記憶のかたち2 コメモレイションの文化史》,柏书房1999年版。

[日] 岩本通弥:《作为方法的记忆——民俗学研究中"记忆"概念的有效性》,《文化遗产》2010年第4期。

[英] 爱德华·泰勒:《人类学——人及其文化研究》,连树声译,上海文艺出版社1993年版。

[英] 爱德华·泰勒:《原始文化》,连树声译,上海文艺出版社1992

年版。

［英］布林·莫里斯：《宗教人类学》，周国黎译，今日中国出版社1992年版。

［英］菲奥纳·鲍伊：《宗教人类学导论》，金泽、何其敏译，中国人民大学出版社2004年版。

［英］马林诺夫斯基：《西太平洋的航海者》，梁永佳等译，华夏出版社2002年版。

［英］莫里斯·弗里德曼：《中国东南的宗族组织》，刘晓春译，上海人民出版社2003年版。

［英］培根：《新工具》，北京出版社2008年版。

外文文献

A. C, Haddon, *Haddon Collection*, Cambridge: University Library, cited in Roldan, 2003.

A. Chan, R. Madsen &J, Unger, *Chen Village: the Recent History of a Peasant Communist in Mao's China*, Berkeley: University of California Press, 1984.

Alexander, Bobby C., "Ritual and current studies of ritual: overview", in Stephen D. Glazier ed., *Anthropology of Religion: a Handbook*, Westport, CT: Greenwood Press, 1997.

B. Malinowski, *Coral Gardens and Their Magic*, Vo. 12., London: Routledge, 1935.

B. Malinowski, "The Problem of Meaning in Primitive Languages, Supplement I", in C. K. Ogden & I. A. Richards, *The Meaning of Meaning*, San Diego, New York and London: Harcourt Brace Jo—vanovich, Inc., 1923.

Boym, S., *The future of nostalgia*, New York: Basic Books, 2001.

Daniel Harrison Kulp, *Country Life in South China*, The Sociology of Familism, New York Teachers College, Columbia University, 1925.

D. I. Kertzer, *Ritual, Politics, and Power*, New Haven & Lonfond, 1988.

Eric Hobsbawm, *The Age of Extremes*, London: Michael Joseph, 1994.

Foucauit, M., *Discipline &Punish: The Birth of the Prison*, translated by Alan Sheridan, New York: Random House, 1979.

Gerard Delanty, *Community*, London: Routledge, 2003.

J. E. Cirlot, *A Dictionary of Symbols*, New York: Philosophical Library, 1971.

Larsen, "Belonging: the Experience of Culture", *in Belonging: Identity and Social Organization in British Rural Cultures*, Manchester: Manchester University Press, 1982.

Marx Weber, "The Ethnic Group", in Parsons and ShilsEtal, eds, *Theories of Society*, Vol. 1, New York: The Free Press, 1961.

Maurice Freedman, *Lineage Organization in Southeast China*, London: The Athlone Press, 1958.

Marcel, Mauss, "Body techniques", *in Sociology and Psychology*, London and Boston: Routledge and Kegan Paul, 1979.

Nathan Glazer, Daniel P, Moynihan, *Ethnicity-Theory And Experience*, New York: Havard University Press, 1975.

Nora Pierre, *Between memory and history les lieux de memoire*, USA anthropology conference representations, 1989.

René Girard, *Violence and the Sacred*, translated by Patrick Gregory, Baltimore: The Johns Hopkins University Press, 1972.

Robert E. Stake, "Qualitative Case Studies", in Norman K. Denzin and Yvonna S. Lincoln (eds.), *The Sage Handbook of Qualitative Research*, London: Sage Publications, 2005.

Robert K. Yin, *Case Study Research Design and Methods*, London: Sage, 1984.

R. Sanjek, "On ethnographic validity", in Sanjek, R. ed, *Fieldnotes: the Making of Anthropology*, Ithaca, N. K. : Cornell University Press, 1990.

Richard Schechner, *Performance Theory*, New York and London:

Routledge, 1994.

Szu-Ching Chang, *Dancing with Nostalgia in Taiwanese Contemporary "Traditional" Dance*, California: University of California, 2011.